FRITZ ZERBST · STEINZEIT HEUTE

FRITZ ZERBST

STEINZEIT HEUTE

Gelbe Buschmänner im Süden Afrikas und die europäische Vorzeit

1983
HERMANN BÖHLAUS NACHF. WIEN · KÖLN · GRAZ

Dem Fonds zur Förderung der wissenschaftlichen Forschung gebührt Dank für die Finanzierung der Reisen in den Süden Afrikas und für einen Druckkostenzuschuß und dem Amt der Niederösterreichischen Landesregierung für Unterstützung zur Drucklegung.

CIP-Kurztitelaufnahme der Deutschen Bibliothek

Zerbst, Fritz:

Steinzeit heute: gelbe Buschmänner im Süden Afrikas u. d. europ. Vorzeit / Fritz Zerbst. – Wien · Köln · Graz: Böhlau, 1983.

ISBN 3-205-07197-2

ISBN 3-205-07197-2

Satz: Fotosatz Rizner, Salzburg
Druck: Welsermühl, Wels

Inhalt

Vorbemerkungen zum Thema

Wer unter dem Titel »Steinzeit heute« eine Darstellung erwartet, die auf eine Rückkehr zur Steinzeit im Sinne einer Überspitzung ökologischer Forderungen auch nur im Sinne einer skizzenhaften Empfehlung zielt, muß enttäuscht werden. Der Rückgriff auf die Steinzeit *heute* erfolgt, wie der Untertitel deutlich macht, zunächst um der im südlichen Afrika noch anzutreffenden gelbhäutigen Menschen willen – mit ihrer merkwürdigen Sprache. Wie lange die spärlichen Reste dieser »gelben Buschmänner« inmitten der weißen und schwarzen Populationen dem Druck, vor allem der modernen Zivilisation und Technik, noch widerstehen können, ist nur dann eine Frage, wenn dieser Druck verstärkt oder zurückgenommen wird. Manche Forscher schätzen das Alter der gelben Buschmänner auf mindestens 6000 Jahre und nehmen an, daß sie ursprünglich das gesamte Afrika besiedelt haben. Sollten sie tatsächlich infolge bestimmter klimatischer Verhältnisse auch in Nordafrika umhergeschweift sein, so ist es nicht unvorstellbar, daß sie die Meerenge von Gibraltar überwanden und an die ostspanische Levante gelangt sind. Felsmalereien hier wie dort scheinen diese Annahmen nahe zu legen. Aber nicht nur um Felsmalereien und Gravierungen geht es, sondern um eine ganz andere Weltschau und eine andere geistige Bewältigung der bedrohenden Wirklichkeit. Haben wir hier die Anfänge unserer Zivilisation und den Beginn einer geistigen Entwicklungsstufe zu sehen, von der manches in uns noch zu leben scheint und werden wir wegen dieser im Grunde von uns nicht bewältigten Vergangenheit auch mit unseren heutigen Problemen so schwer fertig?

Das Thema hat aber auch eine persönliche Geschichte.

Nach Vorbereitungen unternahm ich 1972 und 1973 Reisen in das südliche Afrika, um »Untersuchungen auf ökumenischem Gebiet pluralistischer Lebensstile in Kirchen, Missionen und Universitäten im südlichen und südwestlichen Afrika« vorzunehmen. Die Universitäten in Stellenbosch und Kapstadt (jetzt »offene« Universitäten auch für Angehörige schwarzer Völker), für Mischlinge in Belleville, für Bantus in Turfloop, Zulus in Ngoye, Xhosas in Port Hare, Inder in Durban, theologische Ausbildungsstätten in Alice und Umpumulo habe ich ebenso besucht, wie mit Missionaren und kirchenleitenden Persönlichkeiten unterschiedlicher Kirchen, mit Farmern etc. Kontakte aufgenommen. Mit verschiedenen Politikern, Wirtschaftskreisen, Linguisten, vielen Menschen in Lokationen und Reservaten (wie zum Beispiel in Soweto) habe ich vielfältige Beziehungen geknüpft. Die Gespräche kreisten natürlich überall auch um das Zusammenleben der Schwarzen, Mischlinge, Asiaten und Weißen und landeten bei der in Stadt und Land unterschiedlich interpretierten »Apartheid«, beleuchtet von verschiedenen Gesichtspunkten. Auffallend war, daß sich zeigte, wie hier vieles in Bewegung zu geraten schien. Noch standen in Angola und Moçambique die Portugiesen, in Rhodesien (Zimbabwe) besaßen die englischsprachigen Weißen die Vorherrschaft. Aber es war abzusehen, daß sich in diesen Gebieten die politische Lage in absehbarer Zeit irgendwie ändern könnte, wie in den zwischenmenschlichen Beziehungen in Südwest- und Südafrika sich Änderungen anzudeuten schienen. Auch in Kirchen und Missionen traf ich unterschiedlichste Auffassungen an, die zum Teil unnötige Konflikte schufen, etwa zwischen den mit europäischen Problemen vertrauten, oft nur kurzfristig eingesetzten

Pastoren beziehungsweise vorwärtsdrängenden Priestern und den schon seit Jahrzehnten oder seit Geburt angesiedelten kirchlichen Vertretern. Es wurde klar, daß eine Darstellung der Verhältnisse, wie sie sich darboten, gar nicht sachgemäß zu geben wäre, ohne nach der einen oder anderen Seite mögliche Fehleinschätzungen weiterzugeben. Daneben tauchten die jeweils unterschiedlichen sprach-, kultur- und stammesgeschichtlich bedingten Schwierigkeiten auf. Der Pluralismus der Lebensstile wäre derartig zu erweitern gewesen, daß sie unübersichtlich werden müßten oder sie wären derart zu vereinfachen, daß keine neuen Gesichtspunkte gewonnen werden konnten, die nicht schon so oder so in der Literatur beschrieben worden sind.

Wir versuchen zunächst einen, aber sehr gewichtigen Punkt ein wenig auszuführen. Wir meinen die Rassenfrage in der Sicht der Biologie. Bei der Einstufung von Menschengruppen werden gewöhnlich Kriterien angewandt wie Körperform, körperliche Eigentümlichkeiten etc. die sich mehr oder wenig häufig vererben, aber bei allen Menschenrassen vorkommen, nur in unterschiedlicher Häufigkeit. Von ganz »reinen Rassen« kann man nicht sprechen, da Abweichungen überall auftreten. Erbliche Merkmale können sich durch Mutationen ändern, die wiederum erblich sind. Warum diese Mutationen auftreten, kann sicher niemand exakt nachweisen. Es gibt also *ein* für alle Menschen gemeinsames Erbe, wie sich auch verschiedene physische Abweichungen ergeben. Werden nun diese Unterschiede mit psychischen und soziologischen Aussagen gekoppelt, dann ergibt sich leicht die These von der Überlegenheit der einen Rasse über die andere. Psychologische Tests sind jedenfalls nicht stichhältig, weil sie von der sozialen und bildungsmäßigen Umwelt abhängen, die geändert werden kann. Mittels Darwins Theorie der Selektion, der Überlebens-Chance des Tüchtigeren ist das Problem auf die soziologische Ebene übertragen worden. So konnte eine Gruppe leicht ihre sozialen Vorteile und Privilegien untermauern und, verbunden mit Gewalt, grundsätzlich für sich wirtschaftliche und politische Macht beanspruchen. Darwinistische Erkenntnisse auf die Soziologie zu übertragen, ist schon sehr häufig angefochten worden. Bei Aufrechterhaltung dieser Kombination entstehen leicht, wie wir aus unseren eigenen Verhältnissen her wissen, aus rationalen Begründungen irrationale Vorurteile. Tatsächlich verändern sich aus wirtschaftlichen Gründen sowohl zuerst die alltäglichen Verhältnisse wie später politische Maßnahmen. Das alles schlägt sich natürlich auch in Kirchen und Missionen nieder. Aber bereits mit diesen kurzen Bemerkungen können Aussagen entstehen, die der alltäglichen Wirklichkeit so oder so nicht gerecht werden können.

Wir sind nun über Anregung eines Linguisten-Kongresses in Windhoek und im Gespräch mit Missionaren auf eine Gruppe gestoßen, die auf Grund der sich ihnen so überlegen fühlenden Schwarzen und Weißen auf ihr eigenes Leben zurückverwiesen worden sind und die sich nur in Resten behaupten konnten. Für sie waren die ursprünglich von Missionaren für ihren Schutz vorgeschlagenen Reservate eher eine Wohltat. Wir meinen die Buschmänner, die im feindlichen Pluralismus der Völker auf der einen Seite erhebliche Kulturverluste hinnehmen mußten, sich aber auch kulturbewahrend verhielten – ein gutes Beispiel dafür, wie das Ursprüngliche beibehalten werden kann.

Die Buschmänner sind nicht die Urbewohner in Südafrika, aber heute gehören sie zum ältesten Volksstratum. Sie dürften – nach einigen Thesen – am Ende des Paläolithikums aus Nordafrika gekommen sein, brachten wahrscheinlich die Wilton-Smiethfield-Kultur mit und vermischten sich mit den ansässigen Boskop-Menschen. Auf dem Marsch nach Süden sollen sie ein äthiopisches (oder nach ihrer Sprache ein hamitisches) Volk getroffen haben, die Hottentotten, die sich mit ihnen teilweise vermischten und so die heutigen Hottentotten darstellen. Unterschieden werden die Kap-Hottentotten, die Ost-Hottentotten, die Korana im Westen und die Nama, die sich am stärksten erhalten haben. Ebenso werden die Buschmänner in Hauptgruppen unterschieden: die Hei//kom, südlich der Etoscha-Pfanne, die den Nama-Dialekt annahmen; die !Kham-Buschmänner, von denen nur vereinzelte Individuen noch leben dürften, die uns aber die Mythen hinterlassen haben, die die Bleek-Familie aufgenommen hat; einzelne Reste der Namib-Buschleute, die nach Hugo Hahn noch Felsbilder malten, etwa in der zweiten Hälfte des vorigen Jahrhunderts; die in der mittleren und nördlichen Kalahari lebenden Naron; die !Gwi und andere; im Nordosten die Tati-Buschmänner; im Norden, im Kaukaufeld finden wir die ≠ Auen und die !Khung, die auch über den Kavangofluß bis nach Angola reichen. Im westlichen und Zentralgebiet des Kavango leben die !Khu – ihr fester und ständiger Siedlungsplatz ist Mpungu – und im Osten die !Khoe, die auch in Botswana zu finden sind. Die Sprachen der verschiedenen Buschmann-Gruppen sind so verschieden, daß sie sich untereinander nicht verständigen können, obwohl ihnen allen die Schnalzlaute mit verschiedenen Tonhöhen eigentümlich sind, die so leicht von Europäern oder Amerikanern unkorrekt wiedergegeben werden können. Auf die verschiedenen Bantusprachen in ihrer Umgebung und deren Kultur wollen wir hier nicht eingehen, um das Thema nicht ausufern zu lassen.

In äußeren Merkmalen stehen sich Hottentotten und Buschmänner nahe, wie etwa mit ihrer gelben, im Alter sehr runzlig werdenden Haut, dem kornartigen Kopfhaar, kleinen Händen und Füßen, der Steatopygie bei Frauen (dem hervortretenden Fettsteiß). Dagegen unterscheidet sich erheblich die jeweilige Körpergröße, wie ihre Lebens- und Wirtschaftsform. Hottentotten sind Großvieh-Züchter wie die Herero und die Zulu. Die gemeinsamen äußeren Merkmale könnten auch auf eine ursprünglich gemeinsame Khoi-San-Rasse hindeuten. Reste von ihnen finden sich in Ober-Ägypten und im Sudan. Falls die eine oder anderen Gruppe Nordafrika berührt haben sollte, wäre es nicht undenkbar, daß sie mit dem spanischen Levante-Stil, der franco-kantabrischen Kultur in Verbindung gekommen sein könnten. Hier handelt es sich um nicht weniger als die Vorzeit Europas. Diese Gebiete haben wir 1982 aufgesucht und die Felsbilder studiert.

Wir sehen, daß die Probleme sich häufen und nach dem neuesten Stand zusammenfassend noch nicht dargelegt wurden. So haben wir unsere eigenen Beobachtungen und Überlegungen mit der recht umfangreichen Primär- und Sekundär-Literatur, die sich auf einzelnen Gebieten findet, verglichen und uns mit ihr kritisch auseinander gesetzt. Es erschien uns recht zu sein, das Thema so zu formulieren, wie es in diesem Buche getan worden ist.

Südwestafrika, Brandberg, Detail, Musikanten oder (nach Holm) Mädchenschule, Tiere, Malerei nach Frobenius, Madsimu . . . T. 81

Einführung

Die Buschmänner, von denen wir hier hören werden, hat man früher gern als »Primitive« bezeichnet. Dem Wort haftet unter uns etwas an vom Rückständigen in einer sehr abwertenden Weise. Aber das trifft auf sie so gar nicht zu. Darum hat man den Vorschlag gemacht, lieber von schriftlosen oder von Naturvölkern zu sprechen. Schriftlos ist zu weit gegriffen. Darunter fallen ja auch viele Völker der Agrikultur. Mit »Naturvölkern« verbinden wir die Beziehung des gesamten Lebens mit der Natur. Auch das gilt für verschiedene Kulturen. Trotzdem trifft der Begriff Naturvölker noch am ehesten auf jene Menschen zu, die als nomadisierende Jäger und Sammler beschrieben werden. Der Schönheitsfehler besteht darin, diesen Terminus nicht eindeutig ins Englische übertragen zu können, ohne dort Verwirrung zu stiften. So finden wir in der englisch-amerikanischen Literatur weiterhin die Bezeichnung »Primitive«, ohne jenen im deutschen assoziierten falschen Beigeschmack. Dagegen hat sich bei uns der Name »Naturvölker« durchgesetzt und wird auch von uns gebraucht.

Damit kommen wir sehr weit in die Vorgeschichte des Menschen zurück. A. Toffler[1)] hat einige, wie uns scheint, sehr beachtliche Bemerkungen zur Menschheitsgeschichte gemacht. Zur Orientierung geht er, unter Hintansetzung der biologischen Entwicklungsgeschichte, von den letzten 50.000 Jahren der Geschichte des Menschen aus. Bei einem Durchschnittsalter von 62 Jahren stehen wir jetzt im 800. Lebensalter. Davon hat die Menschheit rund 650 Lebensalter in Höhlen, unter Felsabhängen oder Windschirmen etc. verbracht. Wir haben also allen Grund, uns mit dieser unserer Vergangenheit zu beschäftigen, wo immer sie noch in Resten auffindbar ist. Genau dies soll hier an einem Beispiel, den Buschmännern, untersucht werden. Der Einwand, daß diese Basis zu klein gewählt ist, ist überlegenswert. Aber die Einbeziehung anderer Gruppen, zum Beispiel der Pygmäen in Zentralafrika, der Ureinwohner in Australien, der Papuas, der Feuerländer, früher Völker des amerikanischen Kontinents, bringt den Nachteil mit sich, daß viel zu rasch generalisiert wird und so zusammenfassende Darstellungen im einzelnen zu unscharf bleiben und ein abstraktes Bild vermitteln. Gerade das möchten wir vermeiden.

Toffler hat weiterhin auf eine bekannte, aber zu wenig beachtete Erscheinung aufmerksam gemacht. Die Erfindung des Ackerbaues, die Haltung und Domestizierung von Tieren fällt in die Jungsteinzeit, also etwa 6000 vor Chr. und umfaßt mithin etwa 160 Lebensalter. Immerhin ist die Agrikultur einige Jahrtausende alt und ist ein Fundament unserer Zivilisation, Kultur und Religion geworden. Sie ist in einem rapiden Rückzug beziehungsweise in einer beachtenswerten Umstellung begriffen. Das industriell-technische Zeitalter hat erst vor drei Lebensaltern begonnen und ist eben dabei, sich weiter zu entwickeln und in einer Weise unser Leben zu strukturieren, wie wir es uns nur annähernd vorstellen können. Die Grenzen, an die unsere Zivilisation zu stoßen scheint, dehnen sich zugleich aus. Das vorhandene Unbehagen scheint auch damit zusammenzuhängen, daß die gegenüber der Menschheitsgeschichte sehr kurze Zeit der Entwicklung unserer Zeit nicht ausreicht, um mit ihren Problemen fertig zu werden und darum zu einer Desorientierung bis zum Desinteresse an einer weiterführenden Entwicklung in der jüngsten Zeit führt. Ist uns in dieser Situation etwas verloren gegangen, weil wir die Vergangenheit zu kurzschlüssig absetzen? Dabei zeigt die Betrachtung der nacheinander folgenden Lebensalter, wieviele Relikte vergangener Zeiten sich in unserer Sprache und in unserer Lebensweise finden.

Zur Begegnung mit den Buschmännern haben wir uns in den Jahren 1972 und 1973 in der Kalahari-Steppe, dem Kavango-River – zwischen dem 18. und 23. Breitegrad – entschlossen. Auf einem Teil dieser Route haben sich 1950 und 1953 M. Gusinde aus St. Gabriel und 1952/53 die Marshall-Familie aus den USA bewegt.[2] Ihre vorgelegten Ergebnisse waren zu überprüfen. Merkwürdigerweise sind beide an aufschlußreichen Felsmalereien und Gravuren, die sich zu Tausenden finden, vorbeigegangen. Mit ihnen hat sich L. Frobenius 1931 und E. Holm 1969 befaßt, der aber seine weltanschaulichen Hintergründe in recht unklarer Weise angegeben hat, wie noch zu zeigen sein wird. Umfassendere Veröffentlichungen sind noch von anderen Autoren erfolgt. Die Verhaltungsforschung unter den !Ko-Buschmännern durch Eibl-Eibesfeldt 1972 hat genaueste Untersuchungen einiger Lebensformen vorgelegt, vieles andere aber vernachlässigt. Soziologen wie Heinz seit 1961 gehen von der Überzeugung aus, daß es nötig ist, die Clans zur Viehhaltung und zur Benutzung von Zivilisationsgütern zu bewegen, was im großen und ganzen noch nicht gelungen ist.

Wir haben einerseits auch viele Farmen aufgesucht, bei denen Buschmänner sich zeitweise aufhalten – sowohl im Bezirk Gobabis wie im Bereich von Omitara. Mit einer Ausnahme haben alle aufgesuchten Farmer dankenswerter Weise ältere Buschmänner und Medizinmänner zu langen Gesprächen zur Verfügung gestellt. Nur selten war der Farmbesitzer selbst anwesend. Andererseits sind Missionsstationen aufgesucht worden und zwar östlich und westlich von Rundu längs des Kavango und der von hier aus südlichen Gebiete. Zu nennen sind Kapako, Mupini, Rupara, Nkurenkuru, Mpungu und Sambia. In diesen Gebieten arbeitet die finnisch-lutherische Mission seit 100 Jahren. Katholische Missionare kamen vor etwa 55 Jahren ins Ovamboland. Die niederländisch-reformierte Missionsarbeit befindet sich in Tsumkwe, wo Rev. F. Weich seit 1961 lebt.

Tuulikki Jantunen hat 1967 in ihrem Buch »pähkinänsydän« (= Nußkerne), über ihre Erfahrungen in finnischer Sprache berichtet. Eine Übersetzung ins Ungarische ist erfolgt, aber hier fehlen alle nur irgendwie religiös anklingenden Passagen. F. Weich hat die ersten zehn Kapitel des Markus-Evangeliums ins !Khung übersetzt (hektographiert 1972). Darüberhinaus habe ich vielen Missionaren, Schwestern und Missionarinnen aller Konfessionen in den genannten Gebieten und im Gobabisbezirk zu danken. Zu einigen Farmen und in die Kalahari, besonders zu den Werften Gam, Karu, !Nama, hat mich F. Metzger begleitet. Er selbst hat seine Beobachtungen an Buschmännern, die durch viele Jahre zeitweise als Saisonarbeiter bei ihm beschäftigt waren, zusammengefaßt in »Narro and his clan«, Windhoek 1950. Professor E. Westphal, Kapstadt, hat in zwei Teilen einen Index der erschienenen Literatur, 1960, herausgegeben. Ihm, wie Rev. van der Westhuisen habe ich viele Hinweise und die Einführung in linguistische Probleme zu danken. K. F. R. Budack, Windhoek, bin ich für viele Hinweise und Unterstützungen zu Dank verpflichtet. Auf die Namen anderer Kontaktpersonen darf ich hier verzichten, sie sind für den Leser unerheblich oder finden sich zum Teil im Text dieses Buches. Allen bewahre ich eine tief-dankbare Erinnerung.

Einige Clans leben in sogenannten festen Siedlungen. Sie kehren immer wieder zu ihnen zurück. Andere leben in der Kalahari und wechseln zu den verschiedenen Wasserstellen. Sie alle hatten seit je Kontakte zu den Bantu, mindestens auf dem Tauschwege, und zu den Weißen, sei es in der Mission, ihren Schulen und kleinen Hospitälern, sei es durch die Administration oder über die auf Farmen lebenden Gruppen. Auffällig ist die Distanz, die sie der Zivilisation der Weißen ebenso entgegensetzen, wie zu den Schwarzen, während umgekehrt die letzteren und die Namas (ein Teil der Hottentotten) auf die Buschmänner verachtungsvoll herabschauen. Dieser spöttisch herabsetzende Abstand besteht gegenseitig.[3]

Zu den schwer zu lösenden Problemen der Buschmänner gehören ihr Herkommen, ihre gelbe Hautfarbe, die kleine Körperform, ihre Sprache, ihr Leben und ihre darin zum Ausdruck kommenden Kulturformen, ihr Erzähltalent, ihre Mythen und Sagen, Felsbilder und Gravuren, ihre Musik, ihre Religion beziehungsweise Elemente und Ansätze von Religion. Es sind eine Fülle offener Fragen, Erklärungsversuche und Hypothesen die seit Jahrzehnten, in Einzelfällen seit Jahrhunderten, vorliegen, aber, wie sich zeigen wird, oft sehr unzulänglich sind, und ebenso oft ein großes Durcheinander erzeugen. Eine Eigentümlichkeit dieses Forschungszweiges ist, daß Autoren versichern, gerade noch zurecht gekommen zu sein, um Ursprüngliches zu erforschen, gleichsam gerade noch fünf Minuten vor Zwölf. Tatsächlich sind wir alle schon erheblich nach zwölf Uhr gekommen, wenn damit zum Ausdruck gebracht werden soll, daß Einflüsse von anderen Völkern bereits schon in der Vergangenheit vorgekommen sind. Die wirklichen Anfänge der Naturvölker, der »Primitiven«, liegen für uns völlig im Dunkeln und können durch Phantasie, als die sich hypothetische Rückschlüsse zumeist erweisen, erhellt werden. Was sich am stabilsten erhalten hat, ist die Lebensform in ihren Grundzügen. Ansätze, sie zu verändern oder zu zerstören, gehen von verschiedenen Seiten aus, mit sanftem oder stärkeren Druck. Überzeugt von der Überlegenheit unserer westlichen Zivilisation, Kultur und Religion, die wir qualitativ nicht etwa nur als andersartig, sondern als restlos überlegen zu halten geneigt sind, können wir bei dieser Haltung eine andere Alternative kaum anbieten. Nur, ist diese unsere weit verbreitete Sicht der gegenwärtigen und kommenden Situation nicht von vielen Seiten her ernsthaft in Frage gestellt? Was ist es also mit dem »einfachen Leben«, das sich niemals nur kopieren läßt?

Zur Methode ist folgendes zu sagen: einen bedeutenden Kern der Problemkreise haben wir an Ort und Stelle mit Magnetophon und in Stenographie festgehalten, sodaß auch im nachhinein eine doppelte Kontrolle möglich ist. Bloß Stichworte festzuhalten haben wir vermieden und uns damit eine an Hand dieser Stichworte nachträgliche Aufzeichnung der Ereignisse, Erzählungen etc. versagt. Situationen wurden bewußt nicht gefilmt, weil die Apparaturen zu auffällig sind und nachts eine entsprechende Lichtquelle benützt werden müßte. Dagegen habe ich ständig mit einer Tele-Kamera, mit einem eigens eingebauten Spiegel-Objektiv gearbeitet, sodaß Aufnahmen möglich waren, die von niemanden erwartet wurden. Nachts bin ich mit einem winzigen Blitzlicht ausgekommen. Bei der Aufnahme von nächtlichen Tänzen wurden so zum Beispiel Bilder erzielt, die einen ganz anderen Eindruck geben als dieselben Tänze, die ich zum Vergleich bei Tageslicht wiederholen ließ.

Im Gespräch wurden möglichst keine direkten Fragen gestellt, auf die die vom Frager involvierten Antworten seitens der Informanten leicht erkennbar sind und auch prompt so erfolgen. Die Didaktik lehrt uns seit der Jahrhundertwende mit Anstößen und Impulsen zu arbeiten. Sie erfolgten in unserem Falle zumeist durch Erzählungen von analogen Verhältnissen aus dem Bereich unserer Volkssitten vor etwa 50 Jahren. Nach einem geduldigen Warten erfolgte eine Gegenerzählung, die fast immer richtig stellte, was nach Auffassung der Informanten aus ihrer Situation heraus zu tun oder zu sagen wäre.

Erläuterungen

Zeichen für Schnalz-, Klick-Laute und Vokale in den Buschmann-Sprachen

/ = dental = die Zungenspitze liegt an den vorderen Zähnen.
≠ = palatal = die Zunge liegt am vorderen Gaumen.
! = zerebral = die Zunge liegt am mittleren Gaumen.
/ / = lateral = die Seitenränder der Zunge werden von den Backenzähnen her abgezogen.
ã = nasaler Vokal
a̲ = stimmhafter Vokal
h̲ oder *x̲* = stimmhafter Buchstabe
h oder x = stimmloser Buchstabe
' = nach oder vor einem Buchstaben tritt eine kurze Unterbrechung ein.
1 2 3 4 = die Tonhöhen fangen an mit 1 für den tiefsten Ton und gehen höher bis zu 4.

Als Regel gilt:
i = wird lang ausgesprochen wie im Deutschen »d*ie*«
e = wird kurz ausgesprochen wie im Deutschen »bedeut*e*t«
eu = ausgesprochen wie im Deutschen »bed*eu*tet«

Gelegentlich werden bei einigen Autoren die Schnalzlaute auch ganz weggelassen (aus Gründen der Vereinfachung für den Leser) oder auch durch einen anderen Buchstaben ersetzt, zum Beispiel c, X.

Genaueres mit gezeichneten Mundstellungen bei:
E. O. J. Westphal, Vowel Systems and X-Ray Photography, African Sudies Nr. 36, Cape Town, 1971

Im Text vorkommende Worte in Afrikaans:

Duiker = kleine Antilope
Oryx = Gemsbock
Rooibock = Impala
Steenbock = Steinbock, kleine Antilope
Veld = Steppe, Ried-Graßland
Werft = kleine Siedlung z. B. der Buschmänner

Zeitalter der Vorzeit nach französischem Schema

Alt-Paläolithikum 600.000 – 110.000
Mittel-Paläolithikum 110.000 – 50.000
Jung-Paläolithikum 50.000 – 20.000

Mittlere Steinzeit 10.000

Neolithikum 6.000 – 3.000
Bronzezeit 3.000 – 2.000

Acheuléen 300.000 – 75.000
Moustérien 80.000 – 40.000
Aurignacien 34.000 – 30.000
Gravéttien 30.000 – 25.000
Solutrien 18.000 – 15.000
Magdalénien 15.000 – 10.000
Capsien 9.000 – 7.000

Südwestafrika, Bezirk Outjo,
Gravierung, 3 Giraffen,
n. Scherz II/126

1. Europa sucht Afrika
Erste Kontakte und Forschungsergebnisse

Früheste Berichte zeigen auf, daß Afrika immer wieder im Blickpunkt vieler Beobachter gelegen ist. So weiß der Grieche Herodot, der um 400 v. Chr. lebte, zu berichten, daß unter Pharao Necho (616 – 600) durch Phönizier eine Umseglung Afrikas geglückt sei (Her. II/158/9, IV/42). Die Richtigkeit dieser Mitteilung wird allerdings stark angezweifelt. Aber als gesichert gilt, daß ein Seefahrer Karthagos namens Hanno um 500 eine Reise jenseits der Säulen des Herkules, sicherlich westlich Lybiens, möglicherweise bis Guinea und Kamerun gemacht hat. Er berichtet darüber in punischer Sprache; eine griechische Übersetzung ist erhalten (Periplus 16). Im Jahre 19 v. Chr. drangen die Römer bis zur Oase Ghadames vor. Wenig Beachtung fand der Bericht Senecas, der von einer Expedition unter Kaiser Nero weiß, die ins Innere Afrikas vorgedrungen ist und vergeblich nach den Nilquellen suchte. Diese gesuchten Nilquellen sollten später noch eine bedeutsame Rolle spielen. Am Anfang des 2. Jahrhunderts n. Chr. hat ein römischer Feldherr Julius Maternus die Hochebene Air in der Zentralsahara erreicht. Im 6. Jahrhundert hat Kosmas von Alexandrien eine topographia christiana geschrieben und mitgeteilt, daß sich jenseits von Barbaria ein Ozean (gemeint ist der indische Ozean) und ein Land Sasso befinden, das Goldminen besitzt und im Tauschhandel gegen Gold Ochsen erhielt. Wir kennen auch zwei weitere arabische Quellen von Masudi zirka 950, nach der Seefahrer bis Kanbalu (Madagaskar) gekommen seien und von Edrisi zirka 1150, der von einem Lande weiß, in dem häßliche Einwohner eine Sprache sprechen, die an »ein Pfeifen« erinnert, womit möglicherweise an die Schnalzlaute gedacht wird.

Fassen wir zusammen, so haben in der Antike die Kontakte selbstverständlich Nordafrika erreicht, sind in die Zentral-Sahara vorgestoßen und im indischen wie im atlantischen Ozean weit nach Süden vorgedrungen. Nach den arabischen Quellen ist auch Südafrika von Expeditionen erreicht worden und über eine gewisse Zeit bestand auch ein Tauschhandel. Die erwähnten Goldminen sind möglicherweise in Ruinen in Zimbabwe zu orten. Hier setzen Hypothesen über einen Kulturaustausch ein, eimal durch die Römer, vor denen vorhandene Kulturen nach Süden ausgewichen sein könnten, andererseits durch Araber, vielleicht auch Abessinier. Eine nachhaltige Wirkung läßt sich leider nicht nachweisen.

Anders verhält es sich mit den Entdeckungen, die bis zum Ende des 15. Jahrhunderts, vor allem zuerst durch die Portugiesen erfolgten. Anfang des 14. Jahrhunderts wurden die Kanarischen Inseln, die schon der Antike und den Arabern bekannt waren, von Genuesen wieder »entdeckt«. Südlich davon liegt Kap Bajador, über das hinaus zu dieser Zeit weder Araber noch Christen vordrangen, aber das am Ende des 15. Jahrhunderts der Ausgangspunkt wurde, von dem aus der Vorstoß in den unbekannten Atlantik unter portugiesischer Flagge begann und damit das westliche und südliche Afrika in das europäische Gesichtsfeld rückte. Die Portugiesen beziehungsweise, wie wir noch sehen werden, Heinrich der Seefahrer, haben diese Unternehmen geplant, organisiert, finanziert und schließlich durchgeführt – trotz geringer Bevölkerungszahl, nämlich eine Million Einwohner gegenüber neun Millionen heute. Die anderen europäischen Mächte waren zumeist uninteressiert oder, wie zum Beispiel die Italiener dagegen, weil sie ihre Interessen im Mittelmeer unnötig beeinflußt glaubten. Gleichwohl war Europa indirekt dadurch mitbeteiligt, daß neue nautische Instrumente erfunden wurden, die Segeltechnik und der Schiffsbau verbessert worden sind. Davon profitierten alle, auch die Portugiesen.

Was aber hat gerade Portugal zu diesem, damals ungeheuerlich anmutenden Unternehmen veranlaßt? Die Geschichtsforschung hat sich über diese Frage in den letzten Jahrzehnten einigermaßen geeinigt. Wie immer sind es unterschiedliche Motive und Interessen, besonders hervorstechend ist jedoch ein Motiv, das die durch Jahrhunderte gehende Vorstellung, der Atlantik sei von Dämonen beherrscht, überwand. Der Infant von Portugal und Hochmeister des Christus-Ordens, Heinrich der Seefahrer, war der erste der die westafrikanischen Erkundungsfahrten seit 1415 einleitete. Er selbst ist nie zur See gefahren, aber hat diese Fahrten organisiert durch den Christus-Orden und persönlich finanziert. Heinrich starb, ohne den Erfolg seiner weit gesteckten Unternehmen zu erleben. Das treibende Interesse des Ordens war die Auseinandersetzung mit den Moslems. Vorher hatte Mitteleuropa sieben Kreuzzüge geführt, ohne das Ziel zu erreichen, die heiligen Stätten, vor allem das heilige Grab Jesu dauernd in den Besitz der Christenheit zu bringen und ihren Besuch den Pilgern gefahrlos zu ermöglichen. Die iberische Halbinsel hatte sich an diesen Kreuzzügen kaum beteiligt. Die Auseinandersetzung mit dem Islam lag für sie in Südspanien und Nordafrika, das in den Händen der Moslems war. Nachdem klar geworden war, daß ein Sieg, wie ihn sich die Kreuzritter vorgestellt hatten, nicht möglich war, tauchte die Idee auf, den Islam in einen Zweifrontenkrieg zu verwickeln und damit auch den Druck des Islams auf die iberische Halbinsel zu vermindern oder ihn entscheidend zu besiegen. Das war zugleich die Idee eines Glaubenskrieges, wie er übrigens – ohne daß gegenseitige Einflüsse nachweisbar wären – auch von Martin Luther vertreten wurde.

Seit alters geisterte auch die Vorstellung von einem Priesterkönig im Osten Afrikas, gemeint war wohl Äthiopien, umher, den man für ein Bündnis gewinnen wollte. Erreichen konnte man ihn durch jene West-Ost-Passage, die durch Afrika zu den Nilquellen führen sollte und die es im Atlantik zu finden galt. Es war ein großes Ziel, für das es sich einzusetzen lohnte, weil es zugleich eine Seite des christlichen Glaubens ansprach und auch von hier aus den Kampf mit dem dämonischen Atlantik aufzunehmen möglich machte.

Ein zweites gegen ein solches Unternehmen bestehendes Hindernis geistiger Art zu überwinden, war sehr viel leichter. Wenn die Erde mit dem damals bestehenden Weltbild als Scheibe gedacht war, mußte ein Vorstoß an ihre Ränder selbstmörderisch erscheinen. Zwar hatte der große alexandrinische Gelehrte Ptolemäus – um 140 n. Chr. – in seiner theoretischen Zusammenfassung, der mathematischen Syntax, eine Zusammenstellung der Beobachtungen der Antike über die Himmelskörper, die Stellung der Erde hinterlassen, in der die Erde, und das ist in unserem Zusammenhang wichtig, als Kugel aufgefasst wurde. Den ersten Globus in der Mitte des 2. Jahrhunderts v. Chr. hatte der pergamenische Gelehrte Krates von Mallo – zirka 200 v. Chr. – geschaffen. Aber erst nach der Eroberung von Byzanz, 1453, durch die Türken, als hochgebildete Griechen nach Westen flohen und Werke der Antike mitbrachten, wurde der ganze Umfang der ptolemäischen Theorien bekannt. Auf der anderen Seite haben die Araber, die eine ausgedehnte Küstenschiffahrt entwickelt hatten, die Kugelgestalt der Erde schon früher als selbstverständlich angesehen. Wahrscheinlich ist auch durch sie diese Kenntnis an seefahrende Kreise Europas weitergegeben worden. Von hier aus gesehen war es kein Problem, den Vorstoß in den Atlantik nach Süden vorzunehmen. Auf die wirren geographischen Vorstellungen die über diese Zeit hinaus noch herrschten, brauchen wir hier nich weiter einzugehen.

Etappenweise waren Unternehmen über das Kap Bajador hinaus gestartet. 1456 wurden die Kapverdischen Inseln und die Goldküste von Cades Mosto erreicht. 1460 starb Heinrich der Seefahrer. Aber seine Ideen lebten unter Johann II., 1481 – 1495 König von Portugal, wieder auf. Der Portugiese Diego Cao erreichte auf seiner zweiten Entdeckungsreise 1484 – 1488 sogar das Cap Cross, nördlich von Swakopmund in Südwestafrika. Schließlich machte sich Bartholomäus Dias mit zwei kleinen, schnellen Karavellen auf, an der Westküste des Atlantik über die erreichten Punkte weiter zu segeln, um 1488 am Cabo de Padrona bei der Algoa-Bucht in der Nähe der heutigen Stadt Port Elizabeth, also schon im Indischen Ozean, zu landen. Das Kap an der Südküste Afrikas hatte er wegen Schlechtwetters nicht entdeckt, auf der Rückreise vermerkte er es als Cabo tormentoso – Kap der Stürme –, dem der König nach dem Report des Dias den Namen »Kap der guten Hoffnung« gab.

Hier muß wegen vieler Mißverständnisse ein kleiner Vermerk eingefügt werden. Der markante Tafelberg liegt unmittelbar vor Kapstadt. Das Kap jedoch liegt 50 km südlich von Kapstadt, an der Spitze einer Halbinsel. Der südlichste Punkt Afrikas ist das Kap Aghulas (Nadelkap), 230 km östlich von Kapstadt. Erst zehn Jahre nach Dias suchte und fand Vasco da Gama den Seeweg nach Indien, mit anderen Vorstellungen und Zielen.

Dias also hatte nicht die Westpassage, aber den Weg um die Südspitze Afrikas gefunden. An dem Ziel, Vorbereitungen für eine Auseinandersetzung mit dem Islam zu schaffen, wurde in Portugal weiterhin bis in die Hälfte des 16. Jahrhunderts festgehalten. Leider ist das Tagebuch des Dias noch nicht wieder aufgetaucht. Aber sicher ist, daß sich an Bord keine Missionare oder Händler befanden, dafür aber ein Notar. Denn für die weiteren Fahrten, die man immer als einen Sieg über die islamischen Feinde ansah, wurden feste Plätze für die Wasser- und Lebensmittelversorgung weiterer Schiffe rechtlich dadurch sichergestellt, daß man Padroes, Hoheitszeichen, Wappenpfeiler aufrichtete, die lateinische Inschrift in gotischen Minuskeln tragen. Damit wollte man klarmachen, daß es sich um Rechtsakte für den angegebenen Zweck handelt. 1938 wurden Überreste der Padroa gefunden, die Dias am 12. März 1488 am Cabo de Padroa aufgestellt hatte. Wichtig ist festzuhalten, daß eine Kolonialisierung und Missionierung nicht vorgesehen war.

1497 beschreibt Vasco, daß er und seine Leute »Schwarze und einen Mann« Honig sammelnd gesehen haben. Etwa 200 Jahre später berichten erst Holländer und dann Engländer von dort lebenden Namas (Hottentotten) und möglicherweise auch von ebenso gelbhäutigen Buschmännern. Aber die Berichte sind spärlich. Bemerkenswert ist nur, wie verschiedene Kulturen nebeneinander leben konnten.

Nach allem vorher Erörterten ist klar, daß die Portugiesen nicht daran dachten, sich an der Tafelbucht niederzulassen. Als Versorgungsstützpunkt haben sie lieber Moçambique gewählt. Nur gelegentlich landeten Schiffe nach oder von Indien am Kap. Nachdem der Erste Vizekönig von Indien, Dom Francisco D'Almeida auf dem Wege nach Lissabon durch Hottentotten am Fuße des Tafelberges ums Leben gekommen war, bestand wenig Neigung, sich hier niederzulassen. Erst die Holländer, genauer die ostindische Kompanie, hat das Kap als Proviantierungsstation für ihre Schiffe benutzt. Jan von Riebeck landete am 6. April 1652, 31 Jahre alt, mit einigen Segelschiffen in der Tafelbucht mit Zuchtrindern und insgesamt 100 Männern. Gleichzeitig wurde mit den Hottentotten, die rinderzüchtende Nomaden waren, Kontakte aufgenommen. Als Pfarrer fungierte ein »Krankentröster« – auch für die in Dienst genommenen Hottentotten und deren Kinder. Im übrigen wurden sie paternalistisch behandelt. »Wer einen Eingeborenen schlägt oder stößt, ob er im Recht oder Unrecht ist, erhält 50 Hiebe und zwar in Gegenwart des Mißhandelten« – heißt es in einer Proklamation van Riebecks von 1652, auf Grund von Instruktionen, die die Herren von Amsterdam herausgegeben hatten. Aber van Riebeck konnte zum Beispiel auch in einem oft zitierten Brief aus europäischer Sicht schreiben, die »Hottentotten seien dumm, ungeschickt, faul und sie stinken«. Weil man keine Kolonie gründen wollte, wurde auch die Einwanderung von Weißen nicht gefördert und die kleine aus landwirtschaftlichen Interessen gegründete Siedlung mit einem Fort nur geringfügig ausgebaut. Die Siedler, soweit sie Bauern, »Buren«, waren, drangen auch nicht weiter in das Landesinnere vor, obwohl sie durch 16 bis 17 Kinder pro Familie anwuchsen. Um diese Zeit kamen auch die ersten Sklaven aus Guinea (Westafrika), Madagaskar, Asien – besonders Malayen. Auch ein Hinweis darauf, daß man in der Nähe nur ungenügend Hottentotten und schon gar nicht Schwarze zur Verfügung hatte. Ebensowenig dachte man an eine Mischung, die erst nach den Burenkriegen verboten wurde. Da man am Kap immer mehr Frauen vorfand, kam es natürlich zu Verhältnissen und Ehen mit Frauen der Hottentotten.

Der erste Missionar war der ehemalige Fleischhauer Georg Schmidt, der 1732 die Missionsstation Genadental in der »Affenschlucht«, gründete und mit wenigen Hottentotten eine kleine Herrenhuter Siedlung anlegte. Schmidt war ein mährischer Herrenhuter. Wegen Schwierigkeiten mit den Herren in Amsterdam wurde die Arbeit nach sechs Jahren abgebrochen und erst nach 50 Jahren später wieder aufgenommen.

Als 1806 die Engländer endgültig die Herrschaft am Kap übernahmen, dürften sich dort zirka 20.000 Weiße befunden haben, von denen seit 1836 ein Teil als »Vortrekker« unter unwahrscheinlichen Mühen nach Osten weiter zog. Die Hottentotten waren inzwischen dezimiert durch Epidemien, Trunksucht und Geschlechtskrankheiten. Ein Teil zog nach Norden in das heutige Namibia und ging dort in Kriegen zugrunde. Reine Hottentotten finden sich heute wenig, wohl aber viele Mischlinge.

Nach allem, was wir wissen, scheinen erst nach 1600 Bantus (Schwarze) über den Sambesi, nach Weideplätzen suchend, südlich weiter gezogen zu sein, unter Vermeidung der Kalahari in Richtung Natal. Sie stießen auf Hottentotten und Buschmänner und schließlich auf die von Westen nach Osten vordrängenden Weißen. Die Buschmanngruppen wurden so von beiden Seiten bedroht und bedrängt und zogen sich in unwegsame Gebiete zurück, jedoch nicht ohne sich gelegentlich kräftig zur Wehr zu setzen. Aber sie waren doch immer wieder, in kleinen Gruppen kämpfend und schlechter bewaffnet, die Unterlegenen. Als Jäger und Sammler, die sie immer waren, die genügsam mit wenigem auskommen konnten, fanden sie schließlich Zuflucht zum Beispiel in der Kalahari. Einige Gruppen leben südlich des Kavanko und in der Kalahari. Noch um 1900 sind vereinzelte Buschmänner vom Kapland bis Transvaal gesehen worden.

Aber woher kamen die Buschmänner, auf die sich unser Interesse nun besonders richtet? Gehören sie zur Urbevölkerung Südafrikas? Welche Völkerwanderungen haben sich in Afrika vollzogen? Wir wissen es nicht. Natürlich gibt es Hypothesen darüber, daß die Buschmänner einst in ganz Afrika gelebt haben und als im Neolithikum die Seen der Sahara auszutrocknen begannen, seien die dort lebenden Jäger und Fischer als Erste nach Süden gezogen. So schob eine Volksgruppe die andere vor sich her. Wie weit diese Hypothesen sich noch auf andere Gründe stützen, darauf werden wir in anderen Kapiteln zu sprechen kommen. Das Interesse für die noch erreichbaren !Kham-Buschmänner stieg stark an, als in den Jahren 1870 bis 1884 Wilhelm Heinrich Immanuel Bleek mit seiner Familie Mythen, Fabeln und Gewohnheiten aufzeichnete, übersetzte und veröffentlichte, die ihnen von Buschmännern aus der nördlichen Kap-Provinz, dem Kenhardt-Distrikt und einige wenige von jungen !Khung aus Südwestafrika erzählt worden sind. In diesen erzählenden Mythen ist von »ersten Buschmännern einer frühen Rasse« die Rede, die zuerst die Erde bewohnt haben sollen. Nach ihrem Tod kamen die »Steppen-Buschmänner« ins Land. Sie seien unter den Klumpen der anderen Völker verteilt, womit ihr Leben in je einzelnen Clans beschrieben ist. Historische Fakten kann man diesen Mythen natürlich nicht entnehmen. Am ehesten könnte in ihnen noch ein gewisses Selbstbewußtsein der Buschmänner zum Ausdruck kommen, das sie in hohem Maße besessen zu haben scheinen beziehungsweise ausdrücken möchten. Das ist aber auch schon alles, was wir im Blick auf die »frühen Buschmänner« aus den Mythen ablesen können oder was sich als Beschreibung ihrer gegenwärtigen Lage sagen läßt. Aber diese und andere Mythen werden uns noch nach mancher anderen Seite hin beschäftigen.

Zunächst bleibt uns noch übrig, auf die vor- und frühgeschichtlichen Funde von Menschen in Afrika hinzuweisen. Was uns hier besonders für Südafrika beschäftigt, ist erst vor 40 bis 50 Jahren gefunden worden und hat Schlagzeilen machende Ergebnisse erbracht. Als R. Dart, von Geburt Australier, dann Professor in Johannesburg, 1924/25 die ersten Knochenfunde eines Schädel-Skeletts mit einem Milchgebiß bei Taung, westlich von Johannesburg, fand, die ihn an einen Menschen, an ein Kind erinnerte, den er australopithecus africanus nannte, nahm man seine Veröffentlichungen nicht ernst, sondern hielt diese Knochenfunde für Überreste irgendeines Schimpansen oder Gorilla. Die Anerkennung seiner Forschungen erlebte er erst zwei Jahrzehnte später, als man sie dann freilich epochemachend empfand. 1940 wurde eine geräumige, geschützte und als Beobachtungsstätte gut geeignete Höhle in den Lebombo-Bergen nördlich in Natal gefunden, ein glänzender Beobachtungsposten für einen Jäger – an der einen Seite nur durch einen schmalen Felsspalt zugänglich, an der anderen Seite über 400 Meter steil zum Tal abfallend. Die Höhle wurde von R. Dart 1941/42 und noch einmal 1972 auch von Professor Beaumont und seinen Mitarbeitern untersucht. Zu Tage kam ein Männerschädel, das Skelett eines Kindes und eine Speerspitze aus Achat, die mit Methoden chemischer Analysen auf ein Alter von 42.000 Jahren bestimmt wurde. In höherer Lage, die mit 35.000 Jahren angegeben wird, fand sich eine Pfeilspitze aus Knochen, eine Kette aus Plättchen von Straussen-Eierschalen, durchbohrte Steine und eine Art Palette mit schwarzen, roten und gelben Farbpigmenten, wie sie auf Felsbildern zu finden sind. Alles in allem beachtliche Hinweise, aber keine schlüssigen Beweise auf das Vorhandensein einer Jäger-(Buschmann?)Kultur in früher Zeit. In den verschiedenen Schichten wurden Abdrücke von Pflanzenteilen und Samen aus der Zeit um 70.000 v. Chr. gefunden, ein Teil der Alt-Steinzeit-Flora.

Der Verwalter jener Steinbrüche bei Taung war inzwischen 1936 in Sterkfontein tätig, nordwestlich von Krügersdorp, ebenfalls bei Johannesburg. Er hatte schon ein Auge für Knochenfunde und verständigte den Direktor des Museums von Transvaal in Pretoria R. Broom, der hier und in der Nähe eine Reihe menschlicher Knochenreste fand. Bei diesen Funden kann nicht mehr entfernt von Buschmännern gesprochen oder an sie gedacht werden, sondern es handelt sich um Neuentdeckungen graziler Urmenschen und stellt wohl einen der ältesten Übergänge vom Tier zum Menschen in Südafrika dar. Die Datierung dieser Funde stößt auf große Schwierigkeiten. Ihr Alter wird mit ein bis zwei oder mehr Millionen Jahren angegeben. Das äußere Aussehen wie Hautfarbe, Haare usw. sind natürlich unbekannt.

Wir streben hier keine Vollständigkeit der Fundorte der Menschheitsgeschichte in Afrika oder gar auf der Erde an. Wir möchten aber doch auf die Funde in der Oldoway-Schlucht in Nord-Transanien, dieser »Goldgrube« der Menschheitsgeschichte, hinweisen, wo L. S. B. Leakey und seine Frau Mary so aufregende Funde machten, die von Leakey seit 1959 (beziehungsweise schon seit 1933) publiziert wurden, weil sie sich leichter datieren lassen und sich zugleich Faustkeile aus Stein fanden. Der hier aufgespürte zur ältesten Gattung homo gehörende Mensch wird als homo habilis bezeichnet und war zirka 120 cm groß. Er hat die erste Stufe einer Technik entfaltet und muß intelligenter und beweglicher gewesen sein als andere Arten. Er begann die tierische Intelligenz zu überschreiten und wird als unmittelbarer Vorläufer des Menschen angesehen, lebte im Steppengelände, wo er sich von pflanzlicher Nahrung auf tierische Kost umstellen mußte. Das war nur möglich, weil sich gleichzeitig die Ausbildung von Hand, Fuß, Größe der Gehirnmasse und damit die Möglichkeit des Denkens entwickelten. Nach der Kalium-Argon-Methode wird er von den Leakeys auf 1,800.000 bis 800.000 Jahre datiert. Die Arbeit führt heute sein Sohn Richard Leakey in Kenia am Rudolfsee weiter. Nach dem gegenwärtigen Stand der Anthropologie konnte die Folgerung gezogen werden: Adam kam aus Afrika. Damit ist freilich ein Problem angeschnitten, das Adam als eine historische Figur sieht, dessen Siedlungsort festzustellen wäre, während bekanntlich die Bibel auf ihren ersten Seiten keine Historie erzählen will. Angemerkt muß auch werden, daß Funde in vielen Teilen der Erde, wenn sie auch jünger als in Afrika sein mögen, den Schluß nahe legen, daß die Entwicklung zum Menschen hin sich in verschiedenen Gebieten der Erde, parallel und zeitverschoben in einer erheblich großen »Grauzone« vollzogen zu haben scheint. Damit erledigen sich einige Theorien, wie wir noch sehen werden, während sich auf anderen Gebieten neue Probleme ergeben. Nicht uninteressant ist auch, daß die derzeit ältesten Belege für die Verwendung von Feuer sich in Südafrika, Cave of Hearths und den Kolombo Falls, Simbabwe, finden, obwohl man sie eher in kälteren Zonen der Erde vermuten würde. Die Entwicklung der Menschheit vollzog sich nun eben nicht nach unseren logischen Prämissen.

Ostspanien, Provinz Oviedo, Bison, nach Graziosi T. 134. Siehe Text Seite 78.

2. Die Buschmänner in ihrem alltäglichen Leben

Wie wir schon hörten, leben heute Buschmänner im ehemaligen Südwestafrika, in Botswana und in Angola. Ihre Zahl genau festzustellen, ist deshalb schwierig, weil sie wegen ihres nomadisierenden Lebens nie vollständig erfaßt werden können. Es gibt darum Angaben, die auf genauen Zählungen beruhen und Schätzungen, die darauf aufbauen. In Südwestafrika wurde 1912 die erste Zählung durchgeführt und ergab 2.351 und eine Schätzung von 8.860. 1921 nannte der Zensus der Administration 3.931 Buschmänner, 1946: 6.301, 1965: 13.170 und die Schätzung gibt 17.900 an. In Botswana errechnete die offizielle Zählung und Schätzung 1965 für dieses Gebiet: 24.652 Buschmänner.[1)] In Angola, ebenfalls 1965, hat der portugiesische Forscher de Almeida 4.000 Buschmänner geschätzt, 2.200 konnte er persönlich kontaktieren. Das Institute of Man in Africa schätzt in allen drei Ländern die Buschmänner auf insgesamt 55.000.

Die Zahlen ergeben, daß nach 1912 (vor dieser Zeit haben wir keine Ziffern) sich die Zahl der Buschmänner ständig vermehrt hat. Zu oft wird das Gegenteil behauptet. Die innerhalb der mittleren Kalahari umherschweifenden Jäger, die weitgehend unberührt von der Zivilisation leben, gibt Silberbauer mit 6.000 an. Es ist also auch unrichtig, daß sich dort Reste der einst das südliche Afrika bewohnenden Buschmänner nicht mehr finden lassen. Als Gesamtgruppe sind die Buschmänner in ihrer Existenz von der Verlockung eines scheinbar besseren und leichteren Lebens auf den Farmen, in den Minen und auf Missionsstationen betroffen. Es bleibt dem einzelnen Leser überlassen, welche Chancen er den Buschmännern für die Zukunft einräumt.

Buschmänner leben in kleinen Clans von zirka 20 Menschen, Frauen und Kinder inbegriffen. Sie haben sich niemals zu größeren Verbänden gesammelt, keinen Stamm, kein Volk, keinen Staat gebildet. Das ist ihre Schwäche, denkt man an die Auseinandersetzungen mit den Bantu-Völkern oder den Weißen. Ihre Stärke lag bisher im Ausweichen in unwegsame Gebiete. Die wasserarme Kalahari-Steppe, mag sie auch in den Pluvialzeiten weithin ein Sumpfgebiet gewesen sein, war mit ihren gelegentlichen Tümpeln und Wasserlöchern bisher für ihre Lebensweise ein Rückzugsgebiet, in das ihre Feinde nicht so leicht eindringen konnten. Das haben die Hereros wie andere Bantu-Stämme ebenso zu spüren bekommen wie zum Beispiel einzelne Weiße, die mir noch erzählt haben, wie sie als junge Menschen ausgerüstet mit einem Gewehr, einer Feldflasche mit Wasser, Brot und Kenntnissen über eßbare Früchte, vereinzelt in die Kalahari eindrangen und verdurstet wären, hätten sich nicht Buschmänner ihrer angenommen. In einem Falle waren es die Frauen der Buschleute, die den vor Durst ohnmächtig Gewordenen davor bewahrten, daß er nicht als eingedrungener Fremder, der zudem eine Oryx geschossen hatte, von ihren Männern getötet wurde. Den einzelnen Clans »gehört« das Gebiet, in dem sie ihr Wild jagen und Früchte sammeln. Sie sind die Besitzer der Wasserlöcher, auch wenn ihr Gebiet kein Zaun umgibt oder keine feste Grenze gesetzt ist. Dieser ganz andere Eigentumsbegriff, den zum Beispiel die Europäer nicht anerkennen und das !Khung- und Kaukauveld als »ihre Kolonie« ansehen, sofern nicht sogar privatrechtliche Besitzansprüche von Farmern geltend gemacht wurden, hat zu vielen Mißverständnissen und Feindseligkeiten geführt. Da ja der weiße Mann in dem Gebiet der !Khung »sein Jagdrecht« ausübte, nahmen Buschmänner ihrerseits weidende Schafe und Ziegen in »ihrem Gebiet« für sich in Anspruch und verstanden nicht, wenn sie plötzlich als »Diebe und Räuber« festgenommen, abgeführt oder gar erschossen wurden. Nähert sich ein Fremder in friedlicher Absicht einem Clan, so hat er sich in der Reichweite eines Pfeils, also zirka 30 Meter entfernt, niederzusetzen, seine Waffen abzulegen und die Hände gespreitzt auf den Boden zu legen. Erst auf ein gegebenes Zeichen darf er sich nähern und seine Anliegen vorbringen. Bei schon miteinander Bekannten erfolgt ein rasches gegenseitiges dreifaches Umfassen des Unterarmes.

Innerhalb seines Schweifgebietes hat der Clan keinen festen Wohnsitz, sondern baut sich nach Bedarf Hütten. Sie sind rasch errichtet. Man braucht für eine Hütte zirka zehn Ruten von zwei bis zweieinhalb Meter Länge und preßt sie in einem Halbkreis in den Sand. Die oberen Enden werden zusammengebogen und zusammengebunden. Das ganze wird mit Riedgras überdeckt, der untere Rand mit Sand umschlossen, so daß Regenwasser und Wind nicht leicht eindringen können. Den Boden der Hütten streichen die Frauen glatt. Diese Hütten, auch Windschirme genannt, werden sehr leicht gebaut, etwa, wenn sich einige Buschmänner auf Beobachtungsposten für das Wild befinden, oder etwas dauerhafter, wenn man etwas länger zu bleiben gedenkt. Ist ein Baum in der Nähe, so wird der Windschirm des »Vormannes« (einen »Häutpling« gibt es nicht) beim Baum aufgestellt und die anderen reihen sich auf beiden Seiten an, zumeist so, daß die Verwandtschaftsgrade eingehalten werden. Das Leben spielt sich vor den Hütten ab, die Windschirme dienen zum Schutz gegen die brennende Sonne und gegen Regen oder nachts zum Schlafen. Wandert ein Clan weiter, so werden die Windschirme zurückgelassen und verfallen. Um möglichst beweglich zu bleiben, ist das Hab und Gut auf ein Minimum beschränkt.

Das Wichtigste und Erste ist es, vor dem Windschirm Feuer zu machen. Dazu dienen zwei Hölzer von je 1,3 Zentimeter Stärke, von denen der eine ornamental mit Brandzeichen geschmückt, eine Kerbe aufweist. In diese Kerbe wird feiner Sand eingestreut und senkrecht der andere Stab eingeführt. Darunter wird ein kleines Nest aus feinen Gräsern gelegt und die Stäbe einige Minuten aneinander gerieben, bis das trockene Gras zu schwelen beginnt und durch vorsichtiges Blasen zum Brennen gebracht wird. Dann wird Gestrüpp und leichtes Holz darübergelegt und das Feuer wird nach Notwendigkeit kleiner oder größer gehalten. In selbstgefertigten Holzgefäßen, die mit etwas Wasser angefüllt werden, legt man glühende Steine zum Erwärmen des Wassers, das zur Bereitung der Speisen benötigt wird. Sonst wird Wasser vornehmlich zum Trinken gebraucht. Eine große Rolle spielen dabei Straußeneier: sie sind relativ groß (ihr Inhalt entspricht etwa 20 bis 25 Hühnereiern), fest und leicht, und dienen als Wasserbehälter und ebenfalls als Kochgeräte. In Fellsäcken tragen Frauen zirka 20 mit Wasser gefüllte Straußeneier von der nächstgelegenen Wasserstelle zu den Hütten, für eine Familie ein Vorrat für viele Tage. Der Wasservorrat reicht keinesfalls für das Waschen der Hände oder des ganzen Körpers; dafür muß der Buschmann auf den nächsten Regen warten. Bei Clans am Rande der Kalahari kann man heute auch mittelgroße Eimer aus leichtem Blech vorfinden, die eingetauscht werden. Fleisch wird vielfach in heißer Asche oder auf heißen Steinen und Holzstücken nur etwas angebraten oder in warmen Wasser erweicht und halbroh verzehrt. Es ist reines Erfahrungswissen der Buschmänner, daß auf diese Weise die für sie wichtigen Vitamine erhalten bleiben. Bei der vorhandenen Arbeitsteilung fällt den Frauen neben der Zubereitung der Mahlzeit das Einsammeln von Feldfrüchten, das Ausgraben von Wurzeln und Knollen zu. Dazu benützen sie einen Grabstock aus festem Holz. Gesammelt werden die Früchte in einem Lederbeutel. Vor ihren Hütten zerstampfen sie die Knollen in ausgehöhlten Holzgefäßen; der so gewonnene Brei wird von den Familienangehörigen verzehrt. Den Männern obliegt die Beschaffung von Fleisch. Die erlegte Beute wird auf den ganzen Clan aufgeteilt. Jeder Mann besitzt einen Bogen; die Sehne ist zirka 65 Zentimeter, die dazugehörenden Pfeile 44 bis 47 Zentimeter, der Köcher 47 Zentimeter lang. Jeder Pfeil besteht aus drei Teilen, die ineinandergeschoben sind; die Verbindungsstücke werden mit angefeuchtetem Bast fest verbunden. Der Schaft, 30 Zentimeter lang, setzt sich in einem sechs Zentimeter Mittelstück fort, in dem der eigentliche Pfeil, elf Zentimeter lang, steckt. Er endet in einem spitzwinkeligem Metalldreieck, das flach geklopft ist. Das benötigte Blech wird durch eine lange Kette von Händlern der Bantus erworben und mit Steinen bearbeitet. Ursprünglich war die Pfeilspitze aus Knochen, wie wir aus Funden wissen, aber wohl weniger wirksam. Erst vor Beginn einer Jagd werden die Pfeile mit Gift, das aus Wurzeln gewonnen wird, präpariert, wobei sehr vorsichtig hantiert werden muß, damit nicht Gift durch eine kleine Fingerwunde in den Körper des Jägers gelangt. In einem Köcher, aus Baumrinde hergestellt und mit Fellringen zusammengehalten, befinden sich meistens sechs Pfeile. Außerdem besitzt jeder Mann ein aus Eisen geklopftes zweischneidiges, spitzes Jagdmesser mit einem Holzgriff und einer Holzscheide, an der seitlich ein Stück belassen ist, das ein kreisrundes Loch aufweist, durch das ein Lederriemen gezogen werden kann. Der Schaft ist kegelförmig angelegt und weist in der Mitte eine eingebrannte Zeichnung auf, angedeutete Gesichtszüge und darüber und darunter einige einfache Zeichen. Gelegentlich werden auch Speere verwendet.

Die Männer tragen als Kleidung einen Schamschurz, der mit Lederstreifen von unten zur Hüfte geführt und so befestigt ist. Die Frauen tragen ebenfalls eine Schambedeckung und hinten einen Lederschurz. Männer und Frauen besitzen ein über Schulter und Oberkörper hängendes Lederfell, das verknotet wird. Damit zu einem Beutel zusammengerafft tragen Frauen ihre Säuglinge, gefundene Knollen etc. Die verheiratete Frau läßt eine Brust frei, die Mädchen haben beide Brüste unbedeckt, so daß jeder Ankömmling sofort weiß, wen er vor sich hat.

Die verwendeten Felle stammen meist von Antilopen oder anderen Jagdtieren. Nach dem Abziehen werden die Felle mit Holzstücken auf dem Boden gespannt und so getrocknet und schließlich zurechtgeschnitten. Noch vorhandene Muskel- oder Fetteile werden ebenso wie die Haare auf der anderen Seite sorgfältig abgeschabt. Durch vieles Kneten wird das Fell weich erhalten, allenfalls auch mit Tierfett behandelt. Die so gewonnenen Felle schützen auch vor Regen und Kälte und werden bei Wanderungen unter den Armen zusammengerollt getragen. Eine Kopfbedeckung tragen zuweilen nur Frauen, wobei Lederstücke turbanartig um den Kopf gewickelt werden. Obwohl Buschmänner harte Fußsohlen haben, verträgt ihr Fuß doch nicht, längere Strecken im heißen Sand zurückzulegen. So wird aus Leder eine Art Sandalen gefertigt, die mit Lederstreifen befestigt werden. Nicht zu übersehen sind die langen Schmuckketten der Frauen. Aus den Schalen der Straußeneier werden kleine, möglichst ringförmige Stückchen gebrochen, mit Steinen zu runden, gleichmäßig kleinen Scheiben geklopft und durchbohrt. Dann werden diese Scheiben auf einer Tiersehne aufgefädelt und ergeben meterlange Schnüre, die mehrfach um den Hals geschlungen und über die Brust herabhängend getragen werden. Ebenso können sie als Oberarm- und Fußknöchelschmuck dienen, oder sie sind als kleine Verzierungen an Schildkrötenschalen befestigt, in deren Inneren sich kleine Fellbeutel befinden. In ihnen werden zerstoßene, wohlriechende Blätter, zum Beispiel aus dem roten Buchu-Pulver aufbewahrt und werden zum Schminken benutzt, zur Beseitigung des Geruches der Achselhöhlen etc. Auch die Medizinmänner haben diese Schildkrötenschalen, nur daß sich darin heilende Kräuter und zumeist auch ein Wurzelholz befinden, von dem Teilchen abgeschabt werden, um sie zum Einreiben bei den Tätowierungen auf den Wangen, über der Nasenwurzel, den Augenbrauen oder auf den Armen zu verwenden. Auf ihre möglicherweise magische Bedeutung werden wir im Zusammenhang mit den Initiationsriten zu sprechen kommen. Sie werden auch als Schönheitszeichen gedeutet.

Europäische Kleidungsstücke finden sich besonders im Bereich der Missionen oder in den durch die Administration eingerichteten Umtauschläden, die zum Beispiel Wolldecken anbieten oder kurze, leichte Hosen für die Männer.

Buschmänner sind kleinwüchsig und wurden im vorigen Jahrhundert, auch von bedeutenden Interpreten, fälschlicherweise als Pygmäen eingestuft. Tatsächlich sind sie nicht dunkel-, sondern gelbhäutig mit einem Stich ins Hellbraune, ähnlich den Hottentotten. Es ist eine der ungelösten Fragen, wie diese Rasse mit ihren Sprachen und Dialekten, den sogenannten Klick- oder Schnalzlauten, in das südliche Afrika geraten ist. Oder haben sich diese Sprachen erst hier gebildet? Die Grammatik ist gering ausgebildet, aber der Wortschatz für ihre Umgebung relativ groß.

Die Männer erreichen eine Körpergröße von durchschnittlich 165 Zentimeter, Frauen sind etwa zehn Zentimeter kleiner; es kommen auch höhere Zahlenwerte vor, die wahrscheinlich auf Blutmischungen beruhen. Die Oberschenkel besonders bei den Männern sind kräftig entwickelt, die Hände eher zart, die Gesichtszüge bei jüngeren Frauen können auch aus unserer ästhetischen Sicht oft als sehr schön und anziehend bezeichnet werden, die der Männer oder überhaupt älterer Menschen beiderlei Geschlechts machen einen klugen Eindruck. Buschmänner sind kaum behaart. Das Kopfhaar ist pepperkornartig, also kurz und gekraust. Gegen Ungeziefer wird das Haar eingefettet und, falls vorhanden, mit Kalk belegt. Diese weiße Schicht kann aber auch eine pilzartige Erkrankung sein. Die Oberlider der Augen wirken dick, füllen die obere Augenhöhle aus, lassen so die Lidspalten eng erscheinen und schützen damit vor dem durch die Sonne scharf einfallenden Licht. Die Augen sind im allgemeinen braun und oft von lebhaftem Ausdruck. Die Nase läuft in eine etwas breite Dreiecksform aus. Die Haut weist früh viele Runzeln auf, besonders stark in der Bauchgegend, die sich nach reichhaltigen Mahlzeiten straffen können, aber nicht mehr im Alter. Auch am Hals, in der unteren Gesichtshälfte finden sich Runzeln. Buschmänner sind also deutlich von Schwarzen zu unterscheiden, wenn sich auch infolge gelegentlicher erzwungener Rassenmischung negroide Ansätze zeigen können.[2] Im Gebiet des Kavangoflusses an der Angola-Grenze und dem riesigen Hinterland mit seinen Sümpfen liegen Buschmannssiedlungen. In nächster Umgebung leben Schwarze und beengen dadurch die Buschmänner in ihrem Schweifgebiet. Hier neigen die Buschleute mehr zu dauerhaften sogenannten festen Wohnsitzen, die wir auch im Nordwesten in Tsumkwe vorfinden. Im Kavangogebiet trifft man auch Hei//kom, die einen halbagrarischen Anbau zu pflegen beginnen.

3. Religiöse Beobachtungen und Bemerkungen

Mit Buschmännern redeten wir oft über Sonne, Mond und Sterne, über die Jagd und die Feldfrüchte, über gute und schlechte Zeiten und kamen dabei immer wieder auf das Gebet zu sprechen. Wiederholt, an den verschiedensten Stellen unserer Route, erklärten sie, daß sie kein Beten kennen. Sie haben von Gebeten gehört, aber nur von den Schwarzen und den Weißen. Missionare bestätigten, daß es bei den Buschmännern kein direktes Beten gibt. Auch indirekte Ausdrücke für das Beten wie etwa durch Tänze sind ihnen unbekannt. Tänze als Ausdruck der Freude und des reinen Vergnügens kennen sie (wir werden darüber noch Näheres hören). Sie kennen keine Dankgebete und begründen es so: es sei ja alles für sie da und »es kommt und geht wie der Wind an uns vorüber«. Selbst wenn sie bitten würden wie die Weißen es tun, ergäbe es für sie keinen Sinn, denn Gott hört nur die Weißen, aber er hört nicht sie. Sie bekommen keine Antwort, denn Gott ist sehr weit, vielleicht ist er auch böse auf sie. Heißt das aber nicht, daß sie doch versucht haben, zu beten? Sie sagen, daß sie manchmal versuchen »den großen Zauberer« (über diese Vorstellung wird noch zu reden sein) zu überreden, daß er ihnen helfe. Sie wollen auch gehört haben, daß einige Leute den Mond fragen, ob er ihnen helfen könne, von den Sternen aber habe niemand derartiges erzählt. Es scheint sich dabei aber mehr um einen Überredungsversuch zu handeln als um eine ausdrückliche Bitte; es gibt auch keine Gebets- oder Überredungsanrede, sondern diese Versuche seien so etwas wie ein Gedanke, etwa wie wenn die Weißen erschrecken und sagen: »Oh, Gott!« Von den Weißen haben sie gehört: »Oh, Gott, bin ich jetzt erschrocken!«, wenn aber Buschmänner so denken oder sich so ausdrücken würden, wäre es eher eine Beleidigung für sie, denn sie würden keine Angst kennen.

Was meint dieses »Oh, Gott« eigentlich bei uns? Es könnte ja ein Rest eines ursprünglich echten Gebetes sein, so wie wir manches religiöse Gut mit uns tragen, obwohl viele sich bewußt davon distanzieren; es gehört inzwischen zu den alltäglichen Ausdrucksformen. Steht damit nicht P. W. Schmidts Gedankengang von den Resten einer ursprünglichen Religion, die ein Abhängigkeitsverhältnis ausdrückt und sich in Handlungen manifestiert, durchaus zurecht? Ebensogut kann dieses »Oh, Gott« und ähnliches eine leere Redensart sein, wie wir Familien kennen, die seit einigen Generationen so leben, reden und handeln, obwohl niemand mehr genau angeben kann, wann und warum diese innere Entleerung vollzogen wurde. Nur dürfen wir von der uns widerfahrenen Entwicklung nicht auf die Buschmänner rückschließen. Es steht vielmehr beides nebeneinander: Buschmänner kennen keine Gebete und haben erst von den Schwarzen und Weißen davon gehört und andererseits finden sich tastende Versuche einzelne Bitten wenigstens in Gedanken zu formen, wenn es auch keine direkte Anrede gibt und damit ein persönlicher, allmächtiger Gott nicht angenommen werden kann. Vielleicht hängt alles damit zusammen, daß Buschmänner die Ausdrücke »Bitte« und »Danke« gar nicht kennen. Sie zeigen durchaus Zufriedenheit, wenn sie etwas geschenkt bekommen oder bieten ein Gegengeschenk an, sei es die Bereitschaft zum Gespräch, zum Erzählen, sei es eine andere Gabe. Unter den uns begleitenden Medizinmännern hoffte einer von ihnen, auf unserer Route seine Schwiegertochter zu treffen. Wir fanden sie nach einiger Zeit tatsächlich und er gab ihr eine Decke, die sie ohne ein Wort und ohne einen Gesichtsausdruck der Freude oder ähnliches entgegennahm, fortging und mit einer Decke zurückkam, die sie wortlos ihrem Schwiegervater überreichte. Mein weißer Begleiter sagte: »Wenn beide ihre Decke behalten hätten, wäre es dasselbe geblieben.« Tatsächlich dasselbe? Auch ohne viele Worte, Gesten und Blicke kann man dankbar sein. Der Verhaltensforscher Eibl-Eibesfeldt sieht Blicke und Lächeln als Dank an, als allgemein menschliches Verhalten, das angeboren sei. Nur haben wir in dem beschriebenen Vorgang kein Lächeln und keinen besonderen Augenausdruck bemerken können, und das nicht nur dieses eine Mal. Liegt also alles letztlich an verborgenen Gefühlen, die wir voraussetzen und die natürlich vorhanden sein könnten. So hat H. Vedder (1942)[1] geurteilt. Er schreibt: des Buschmannes »ganzes Tun und Handeln bei dem einen mehr, bei dem anderen weniger, ist daher von einem religiösen Gefühl begleitet« und fügt hinzu: »ein Schöpfer und Erhalter allerdings ist bei ihm nicht erkennbar.« Irgendwie und irgendwo müßten sich aber religiöse oder dankbare Gefühle ausdrücken, sonst kann man sie ja nicht erkennen. Wir müssen also nach solchen Ausdrucksformen suchen.

Beginnen wir mit einem Suchen nach Opfern, genauer nach Opferhandlungen. Nach Meinung einiger Autoren[2] soll es Fleisch- und/oder Früchteopfer bei den Buschmännern geben, die auch »spezielle Primitialopfer« genannt werden. Es liegt hier die Vorstellung vor, daß nach vollzogener Jagd schon das Aufschlitzen des Tierbauches als ein »zeremoniöser Eingriff« gedeutet und später ein Fleischstück als Opfer ins Feuer geworfen wird. Wenn es auch heute nicht mehr geschehe, so sei es doch in der Erinnerung aufbehalten, die »ersten Produkte der Ernte oder einer ausgereiften Frucht« zuerst zu verbrennen. Dem gegenüber stehen, wiederum an den verschiedensten Orten aufgenommen, die sich wiederholenden Aussagen, daß Opfer nicht dargebracht werden, weder bei der Jagd noch bei der Veldkost (Veld = aafrikans, bedeutet Steppe). Ein alter Medizinmann lachte nur bei dieser Frage. Die Buschmänner liefern dafür folgende Begründung: Wir haben ja nichts, was wir geben können. Wenn sie die Vorstellung von einem »großen Zauberer« akzeptieren, fügen sie hinzu: was wir haben, haben wir ja von ihm; warum sollten wir es ihm geben, es gehört ihm ja. Bei den Feldfrüchten wird nun in der Tat nicht alles, was man findet, mitgenommen, sondern etwas zurückgelassen, damit ein Nachkommender auch noch etwas finden kann. Auch beim Einsammeln des wilden Honigs wird so verfahren. Analog ist es bei der Jagd: das Wild wird nicht wahllos aus Freude am Jagen getötet, sondern nur soviel als die Gemeinschaft des Clans zum Leben braucht. Eine Vorratswirtschaft auf längere Sicht ist ohnehin unmöglich. Das sieht alles nach einem Nützlichkeitsdenken aus, ist es aber nicht oder doch nicht ganz. Es erwächst vielmehr aus der Haltung, daß auch Tiere ein Recht haben zu leben. Als eines Tages über den Arm eines Buschmannes neben mir ein Insekt lief, streifte er es mit leichter Gebärde wieder auf die Erde. Weil wir uns nur zu oft anders verhalten, und ich etwas erstaunt nach seiner Gebärde fragte, bekam ich die Antwort: die Tiere wollen auch leben wie wir.

Ein Missionar und Linguist erzählte, daß manche Tiere, zum Beispiel das Gackelhuhn oder der Steinbock, in Anwesenheit aller gegessen werden, wobei aber einige Teile nur für die Alten, andere für Männer und Frauen bestimmt sind. Er fügte hinzu, daß dahinter ein versteckter Ahnenkult (was auf einen neuen Aspekt hinweist) vermutet werden kann, der unter Tabu stehe und über den er trotz jahrelangen Zusammenlebens mit Buschmännern nichts erfahren habe. Es könnten aber nach seiner Meinung hinter dieser Aufteilung auch rein praktische Gründe stehen. Einen noch erstaunlicheren Einzelfall erlebte ich auf der Farm von F. Metzger. Wir sprachen mit Buschmännern über das Darbringen von Opfern. Sie verwiesen auf die Hereros, die am Ahnenbaum ein Feuer anzünden und dort Opfer erbringen. Sie, die Buschmänner, entzünden auch ein Feuer, aber sie bringen keine Opfer dar. Und dann kam spontan der völlig unerwartete Satz: »Bei Gusinde haben wir etwas hineingegeben» (nämlich in das Feuer). Der Name Gusinde war in ihrer Anwesenheit niemals gefallen. Hereros gab es in der Nähe genügend. Die Kenntnis ihres Verhaltens und ihres Kultes war deshalb nichts Ungewöhnliches, wenn die Buschmänner ihn auch für eine Art Zauberei hielten. Bemerkenswert ist zuerst, daß sich Buschmänner hier, wie sonst oft von den Bantus und in diesem speziellen Fall von den Hereros absetzten, deren Kult sie durchaus richtig schilderten. Aufhorchen ließ nur dieser beiläufig angefügte Satz über Gusinde. Die Verbindung für die Buschmänner könnte darin liegen, daß ich mich ebenso wie seinerzeit Gusinde nach ihren Opfern erkundigt hatte. Zum andern fällt auf, daß von denselben Leuten zwei verschiedene Auskünfte gegeben wurden. Die Erklärung für dieses verschiedene Verhalten liegt meines Erachtens im Bereich des Psychologischen, daß sie jedem die Auskunft geben, von der sie meinen, daß er sie erwarte. Nur – was ist nun wahr? Es ist nichts Sonderliches, daß die Hereros als Großviehzüchter in einer anderen Gesellschaftsform leben als die Buschmänner und darum auch eine ausgeprägte Form eines Opferkultes haben. In seiner »Phänomenologie der Religionen« (1933)[3] hat G. van der Leeuw das häufig zitierte do ut des (ich gebe der Gottheit ein Opfer, damit ich von der Gottheit die Gaben für das Leben, für die Unsterblichkeit etc. empfange) als zu rationalistisch betrachtet, als ein Handelsgeschäft mit den Göttern, als eine Art Huldigungsakt vor Fürsten. Eher handle es sich nach ihm in den Religionen um ein »Erschließen einer segensreichen Quelle der Gaben«. Der Mittelpunkt der Opferhandlung, ihr Kraftzentrum ist die Gabe selbst. Darum müsse es besser heißen: do, ut possis dare, also »ich gebe dir Macht, damit du Macht hast und das Leben nicht ins Stocken gerät.« Für die Buschmänner gerät das Leben schon offenbar dadurch nicht ins Stocken, um van der Leeuws Formulierung aufzunehmen, daß sie im Veld nicht alles an sich nehmen und bei der Jagd nicht wahllos schießen. Von daher erscheint es verständlich, daß einige Interpreten meinen, die Religion der Buschmänner liege in ihrem alltäglichen Leben ohne kultische Akte. Was aber ist's mit Riten oder Zeremonien anderer Art? Wir suchen weiter.

O. Köhler vermerkt, daß Hereros *Doloswerfer* (Loswerfer) kennen, die darüber Auskunft geben, ob ein Ahne zuhört oder eine Krankheit schickt. F. Metzger läßt seinen »Narro«[4] vor dem Los-Werfen sagen: »Geister der Ahnen weist uns den Weg.« Bei den !Khungs habe ich jedoch einen Zusammenhang zwischen dem Loswerfen und den Ahnen nicht finden können. Die vielen Losorakel, die ich sehen durfte, waren gewöhnlich runde Scheiben aus Leder vom Springbock oder vom Eland, in der Mitte durchlöchert, um zur Aufbewahrung auf einem Ledersteifen aufgefädelt werden zu können.

Der Durchmesser der Scheiben beträgt fünf bis sieben Zentimeter, die Haare sind nach einer Seite hin gestrichen. Ein Satz besteht aus vier bis sieben Stück, die vom kleinen Finger hin zum Daumen, aber auch umgekehrt gezählt werden können. Auf jeder Scheibe finden sich Zeichen: zwei konzentrierte Kreise, manchmal liegt in ihrer Mitte ein kleiner Kreis mit einigen Strahlen; dann wieder ein Kreis, von dessen Peripherie bis zum Rande der Scheibe in regelmäßigen Abständen gerade Linien angebracht sind; oder anstelle einiger Linien steht ein Kreuz; andere haben nur ein Kreuz, einen querliegenden Strich, einen spitzen Winkel oder ein »C«-Zeichen. Von den Buschmännern werden sie vielfältig gedeutet. Immer wieder tauchen Angaben auf wie: der Alte, der Mann, der Sohn, die Frau, die Tochter oder die Fremden, das Feuer, die Werft, die Hyäne. Die Fragen, die beim Werfen die Gemeinschaft bewegen, beziehen sich unmittelbar auf den gleichen oder auf den kommenden Tag. Sie betreffen Probleme des Alltags: ob wegen Mangels an Wasser und Wild der Platz gewechselt werden soll, in welcher Richtung man ziehen soll, ob geheiratet werden soll oder eine Todesbotschaft zu erwarten ist, oder ob wegen einer Krankheit ein Medizinmann zu befragen ist. Die Fragestellungen werden zumeist vorher besprochen. Der Loswerfer hält die Scheiben in beiden, leicht auseinandergelegten Händen, haucht die Scheiben an, damit sie »zum Leben erwachen« oder er tut es auch nicht, und wirft die Hände entfaltend den Satz auf den Boden, auch mehrfach hintereinander. Die anderen sehen interessiert zu und warten auf seine Deutungen. Eine Manipulation ist möglich, am ehesten bei der Technik des Werfens. Die Zusammenfassung der verschiedenen Ergebnisse zu einer bestimmten Aussage ist die geistige Leistung des Loswerfers und kaum kontrollierbar. Seine Deutung ist für alle so etwas wie eine Hilfe zum Nachsinnen, zur Besinnung. Annahmen, daß den Scheiben eine »Kraft« innewohne, über die man keine näheren Auskünfte geben kann oder will, lassen einige Interpreten von »magischen« Vorstellungen reden. Bekanntlich ist es sehr schwierig Magie eindeutig zu definieren: die Vorschläge gehen von einer vorwissenschaftlichen, dämonischen Erklärung bis zu der Behauptung, daß in der Magie Anfänge einer Technik liegen. Was ist etwa gemeint? Weniger wohl, daß ein bestimmtes Wissen auch auf einem nichtrationalen Wege erlangt wird. Das müßte aber erst bewiesen werden. Eher ist bei einer magischen Handlung daran zu denken, daß eine persönliche Entscheidung nicht mehr übernommen, sondern gleichsam abgewälzt und dem Losorakel selbst überlassen wird. So einfach ist es nun auch wieder nicht. Vergegenwärtigen wir uns die Situation. Die Gruppe muß zum Beispiel aus welchen Gründen immer weiterziehen. Überlegungen, nach welcher Richtung man ziehen soll, sind vorher angestellt worden. Die Entscheidung liegt nun bei den Deutungen des Loswerfers, der der Gruppe verantwortlich ist und die, wenn sie danach handelt und sich in bestimmter Richtung auf Wanderschaft begibt, am Ergebnis überprüfen kann, ob die vom Loswerfer angegebene Entscheidung richtig war. Im negativen Falle, im Ausbleiben des Erfolges wird nicht der Loswerfer belastet, sondern das Ergebnis hingenommen, weil ja alle an der Entscheidung, in welcher Weise auch immer, mitbeteiligt waren. Aber auch die Lederscheiben nehmen nicht durch ihre Lage die Entscheidung ab; darauf deutet schon das mehrfache Werfen nacheinander, das meist unterschiedliche Interpretationen ermöglicht und in der Zusammenfassung eher Wahrscheinlichkeitscharakter hat. Oder handelt es sich im Blick auf das Morgen um ein Wahrnehmen von Vorzeichen, die beobachtet wurden? Dafür werden wir in den Mythen noch Angaben über die Sensibilität der Buschmänner finden, die die Ankunft fremder Personen körperlich vorher spüren oder in der Beobachtung der Wolken, des Windes etc. Voraussagen über einen wahrscheinlichen Regen machen. Das alles kann man aus der Naturverbundenheit der Buschmänner erklären, wie es sich bei bestimmten Wetterlagen auch bei uns finden läßt. In so kleinen Gruppen, wie sie die Buschmänner sind, lassen sich Vorhersagen oder Entscheidungen für die unmittelbare Zukunft leichter fällen als in unübersichtlich gewordenen, der Natur entfremdeten komplexen Sozialgefügen. In ihnen können Voraussagen noch eher den unsicheren Charakter von Zweideutigkeiten annehmen, wie schon bewußt bei manchen antiken Orakelsprüchen, oder sie umgeben sich mit dem Schleier des Geheimnisvollen und behalten ihren Vollzug bestimmten Personen, wie zum Beispiel Priestern vor. In der Buschmanngruppe kann jedermann Loswerfer sein, Institutionalisierungen sind in dieser Gesellschaftsform nicht vorhanden und auch nicht möglich. Darum ist die Annahme eines priesterhaften Tuns abzulehnen, auch als »rudimentäre« Religion.[5] R. R. Maretts Ansicht, nach welcher Magie und Religion in gleicher Weise auf dem Gefühl beruhen sollen, hat einiges für sich.

Bei Farm-Buschmännern, die längere Zeit an einem Ort sind, erübrigen sich die angeführten Entscheidungen, die Losorakel werden zum Spielzeug der Kinder oder als bedeutungslos weggeworfen. Aber einer näheren, noch nicht erfolgten Erklärung wert wären die auf den Lederscheiben befindlichen Zeichen. Sind diese Zeichen Symbole für die von den Buschmännern angegebenen Lesarten, wobei ein und dasselbe Zeichen mehrdeutig sein kann? Sind es erste Zeichen für eine, niemals ausgeführte, weil nicht benötigte Schrift? Einige dieser Zeichen finden sich wieder bei den Tätowierungen auf den Armen der Männer oder auf Felsbildern. Sie werden dort noch ausführlich diskutiert.

Eine besondere Rolle spielt auch der sogenannte *Miniaturbogen.* Er hat eine Spannweite von etwa 17 Zentimeter, die dazugehörigen Pfeile sind 14 bis 16 Zentimeter lang und werden in einem ledernen Behälter aufbewahrt, der an der einen Seite und am Boden mit durchbohrten Knöpfchen aus Straußeneierschalen vernäht ist. Fourié[6] nennt ihn einen Buschmann-Revolver, wahrscheinlich (gegenüber dem großen Jagdbogen) auf seine kleine Form anspielend. Trotzdem ist die Bezeichnung »Revolver« unzutreffend, wenn damit gemeint ist, daß auf eine Person direkt geschossen und sie verletzt werden soll; das ist schon wegen seiner Kleinheit nicht möglich. Auch die gelegentlich zu lesende Bezeichnung »Liebesbogen« ist falsch.[7] Die Pfeile werden durchaus in Richtung auf eine Person abgesandt und fallen bereits etwa einen Meter weit vom Schützen entfernt zu Boden. Aber damit wird dem Anderen nicht eine Liebesgesinnung bezeugt, sondern genau das Gegenteil ist der Fall. Sein Ziel, dieser Andere, auf den gezielt wird, ist ein Feind, dem Übles angetan oder vergolten werden soll, wobei die Entfernung keine Rolle spielt. Wenn erzählt wird[8], daß ein Medizinmann oder ein Werft-Ältester nach vier Seiten schießt, um so allgemein das »Böse« abzuschirmen, konnte ich für diese Version keine Gewährsleute finden.[9] Sie hätten es selbst nie getan, noch davon gehört, hielten es aber bei irgendeinem Stamm für möglich; die Sitten und Gewohnheiten seien so verschieden wie die Dialekte. Man wird also festzuhalten haben, daß das Absenden eines Pfeiles in die Richtung einer feindlichen Person geschieht, damit diese erkrankt, Schmerzen empfindet, zu Boden fällt, vielleicht sogar stirbt. Der so Betroffene kann sich dagegen helfen, wenn er rechtzeitig einen Medizinmann holt, der den Schmerz oder die Krankheit heraussaugt, nachdem er sich vorher in Trance versetzt hat. Am Kavango wird erzählt, daß der Medizinmann nach dem Heraussaugen eine kleine, kurze Grasspitze vorweist, die die Krankheit verursacht habe und kritisch wird hinzugefügt, daß der Medizinmann diese Grasspitze wahrscheinlich schon vorher in einem Lederbeutel, den er um den Hals gebunden trägt, bei sich hatte. Ebenso wird in dieser Gegend berichtet, daß unter den Bantus eine der Zauberei, der Hexerei verdächtige Person aus einem Becher, der vorher am Rande mit verschieden starken Giften präpariert wurde, trinken müsse und so ihrer Tat überführt werden könne, wobei auch Unschuldige zur Verurteilung kommen. Mit anderen Worten: Man weiß darum, daß im Bereich des »Zauberns« manipuliert wird. Zaubern wird nun ebenfalls dem Bereich der Magie zugeordnet. Zu beachten ist, daß hier andere Tatbestände vorliegen als zum Beispiel beim »Losorakel«. Der den Miniaturpfeil Abschießende *will* ja seinem Feinde Böses antun und dieser Feind weiß auch, daß sein Gegner, dem er zunächst entkommen ist, gegen ihn etwas tun wird. Westliche Mediziner, denen ich diese und ähnliche Vorgänge zur Beurteilung vorgelegt habe, haben die Wirkung im Bereich des Psychischsomatischen für erklärbar gehalten. Der Haß eines Anderen, um den ich weiß, kann mich »krank machen«, nicht nur im Psychischen sondern eben bis ins Körperliche hinein. Umgekehrt kann ein heilkräftiger Medizinmann den aus Furcht krank gewordenen gesund machen. Stellt man das Ganze in eine Welt hinein, die durch Untaten, Krankheit in Unordnung geraten ist, so wird einerseits durch das Abreagieren des Hasses mit dem Abschießen des Miniaturpfeiles wie andererseits mit dem Gesundwerden des »Feindes« die Welt wieder »heil« gemacht und in Ordnung gebracht. Das Leben geht weiter. Wiederum ist das Magische an diesen Vorgängen nicht in den Umkreis eines quasi-religiösen Zauberns hineingestellt, mit dem wir die Welt der »Naturvölker« nur belasten, aus welchen Motiven auch immer. Die oben versuchte andere Interpretation ist nicht aus unserer Sicht gewaltsam herbeigeholt worden, sondern wurde mir schon durch Aussagen der Gewährsmänner nahegelegt. Auf meine Fragen, wieso die Miniaturpfeile, die ja ohne Gift seien und zudem den Feind gar nicht treffen können, eine Wirkung haben, wurden mir die Antworten gegeben: sie sind wie Gedanken, wie eine böse Absicht, die den Feind in Angst versetze und krank werden oder in ein Feuer stürzen lasse, so daß er sich verbrennen oder gar sterben könne. Darum sei auch ein Abschießen aus »Spaß« nicht gefährlich. Eine Entscheidung aber über die möglichst richtige Beurteilung fällt letztlich aus der Gesamtsicht der Phänomene.

Die *Angst*, die ein Buschmann kennt, hängt jeweils nur mit einer Person zusammen. So konnte innerhalb eines Missionsbezirkes gesagt werden, daß ein Buschmann Angst habe, wenn ein Lehrer in die Hütte kommt; er gehe dann in den »Busch«. Aber sonst kennt er keine Angst, nicht vor der Nacht, nicht vor einem Löwen, bei dem er ruhig schlafen würde, wenn er gerade hier auftauchen sollte und, wohl etwas übertreibend, er auch zwischen zwei Löwen sich hinlegen würde. Vor Gewitter und einschlagenden Blitzen fürchtet sich niemand, sie bleiben sitzen und warten. Schlägt ein Blitz in einen Baum und entstehe Feuer, so gingen sie hin, um sich zu wärmen. Auch vor Geistern oder Toten haben sie keine Angst. Dabei kommt ein Grenzfall zur Sprache: Wenn im Vollzug einer selten berechtigten Blutrache[10] der Gegner getötet wird, dann wird der Pfeil oder Speer aus dem Leichnam herausgezogen, in etwas Wasser getaucht und dieses blutige Wasser den Jungen zu trinken gegeben, damit sie jegliche Angst verlieren und »Härte gewinnen«. Damit fallen alle Überlegungen fort, daß Religion aus Angst entstehen könne, wie es Feuerbach oder Freud glaubhaft machen wollten. Nicht einmal die Mission kann sich bei den !Khung darauf berufen, daß sie die Angst beseitigten und den Frieden brächten, wie es bei den Stammesfehden zum Beispiel auf Neu-Guinea einmal zutraf. Unter Buschmann-Clans sind Fehden völlig unbekannt.

Sehr wenig ergiebig sind die Antworten auf Fragen nach ihren *Träumen.* Sie spielen offenbar keine große Rolle. Schon am nächsten Morgen erinnern sie sich nicht mehr an sie. Verstorbene reden manchmal mit ihnen im Traum. Wenn es der Vater ist, kann es Krankheit bedeuten. Andererseits wird gesagt, daß Träume überhaupt keine Bedeutung haben; oder wenn nach einer Bedeutung gesucht wird, dann hat sie selten einen Zusammenhang mit Vergangenem, wie etwa den, daß ein Erschlagener im Traum erscheint. Viel häufiger geht es um eine Verbindung mit dem nächsten Tag oder mit dem Kommenden. Darum kann in diesem Falle das Losorakel nach der Bedeutung eines Traumes befragt werden; oder ein sich wiederholender Traum von einer Jagd bezieht sich auf die bevorstehende Jagd. Auch wird erwartet, daß man durch Träume Antwort auf anstehende praktische Probleme erhalten kann, so daß etwas »vorher gewußt« wird. Wie immer ein kommender Tag dann abläuft, Träume beunruhigen Buschmänner ersichtlich nicht, und erzählt werden sie frühestens abends. Auch läßt sich nicht nachweisen, daß bestimmte Personen besonders oft träumen. Traumdeuter und Seher gibt es ebenfalls nicht. Die Verbindung mit Verstorbenen im Traum ist so gering, daß sich Hinweise auf Ahnenverehrung nicht nachweisen lassen.

Was ist es in unserem Zusammenhang mit den *Medizinmännern?* Auch in der wissenschaftlichen Literatur wird zwischen Medizinmännern und Schamanen nicht genau unterschieden, haben sie doch dieselben Techniken, aber nur zum Teil die gleichen Funktionen. Der Schamane hat neben der ärztlichen und beratenden auch eine priesterliche Funktion und gehört damit anderen Kulturkreisen an als dem der Buschmänner. Die letztere, die priesterliche Funktion, fehlt beim Medizinmann, will man nicht M. Gusinde folgen, der bei vereinzelten Medizinmännern die Aufgabe eines »Fürbitters« beobachtet hat, die Gebete und Opferhandlungen mit einschließt. Wir haben über Gebete und Opfer schon das Notwendige gesagt.

Der Medizinmann hat, so wird oft festgestellt, eine ärztliche Funktion, die Aufgabe zu heilen. Aber hier muß man genauer hinsehen. Zum Beispiel mit Knochenbrüchen oder Verbrennungen geben sich Medizinmänner nicht mehr ab als jeder andere Mann. In diesen Fällen wird man von einem Medizinmann höchstens einen allgemeinen Ratschlag erwarten. Gegen innere Schmerzen werden Pflanzen, Kräuter und Knollen, roh oder zerstoßen und vermischt mit Wasser, als Trank verabreicht. Beobachtet wurden hier oft erstaunliche Heilerfolge. Es ist auch nicht daran zu zweifeln, daß besondere Wurzeln nur ihnen bekannt sind und zur Verfügung stehen, die sie nicht bereit sind, bekannt zu geben, auch nicht gegenüber großartigen Versprechungen, die ihnen gemacht werden. Übersehen wird auch leicht, weil es unserem Denken ferne liegt, daß Erkrankungen mit ethischen Übertretungen in der Gruppe zusammenhängen, wie auch Heilung mit dem Leben des einzelnen im Clan zu tun hat. Möglicherweise liegen hier die Ansätze für die oft betonte hohe Moral der Buschmänner, wie die Wahrscheinlichkeit Tabus zu hüten etc. Verhältnismäßig einfach sieht es aus, wenn uns eine Dolmetscherin im Kavango-Gebiet über die Medizinmänner nichts sagen wollte, weil, wie wir erfuhren, ihr Schwiegervater diese Funktion ausübte. Anders liegt es schon, wenn ein Medizinmann, mit dem wir im Gespräch waren, sich weigerte weiterzusprechen als sich unserer kleinen Gruppe ein Herero näherte und er erst nach seinem Weggehen bereit war, Weiteres zu berichten. Ganz deutlich wird der

Zusammenhang dort, wo Medizinmänner in Trance, in Tänzen des Clans nicht etwa nur einzelne heilen, die sich während der Tänze auf den Medizinmann konzentrieren, sondern eine für alle geltende heilende Funktion haben, die Gemeinschaft von bedrückenden seelischen Belastungen zu befreien. Zum Kranksein werden auch ein wiederholter Mißerfolg bei der Jagd oder andere Mißgeschicke gezählt. Das ist leicht einzusehen. Auch wir pflegen noch zu sagen, wenn wir irgendwo nicht weiterkommen, daß uns diese Situation »geradezu krank« machen kann.

Wir müssen uns jetzt wohl zunächst den *Tänzen* zuwenden, die nachts stattfinden, wobei der Vollmond willkommen ist. So sehr auch Mond, Sonne oder Regen nahezu personifiziert werden können, hat dies noch nichts mit einer religiösen Verehrung zu tun, jedenfalls nicht bei den !Khung, mag es vielleicht in anderen Stämmen anders sein. Unter Personifikation meinen wir, daß zum Beispiel der Sturm als Löwe bezeichnet wird, dessen feurige Augen dann die Blitze versinnbildlichen.

Beim Tanz bilden den innersten Kreis Frauen, Mädchen und Kinder. In der Mitte brennt ein kleines Feuer, das die Gestalten erkennen läßt und die Sitzenden wärmt. Im äußeren Kreis sind die tanzenden Männer zu finden, und zwar so, daß die Tänzer innerhalb dieses großen Kreises sich bewegen können. Mit schlürfend-stampfenden Schritten, während die um die Knöchel angelegten Tanzrasseln rhythmisch erklingen, setzt sich die Schar der Männer in Bewegung, geradeaus blikkend, angeführt von einem Alten mit einem weißen Stock, auf den er sich leicht stützt. Unter den Männern befinden sich der oder die Medizinmänner. Die Frauen begleiten den Tanz mit lautem, ebenfalls rhythmischem Klatschen der Hände und einem singenden hi-yee-yee. Es sind typische Elemente der Emotion. Nach genügender Nahrung wird an einigen Tagen viele Stunden hindurch getanzt oder auch in längeren Abständen, dann nach ergiebigen Fleischmahlzeiten. Die Tänze werden durch Pausen unterbrochen, in denen beraten wird, welcher der vielfachen Tänze an die Reihe kommen soll. Es wurden von uns beobachtet Bienen-, Giraffen-, Eland-, Oryx-, Stachelschwein-, Straußtänze, aber auch Blumen-Mankettitänze. Bei den Tiertänzen wird das witternde, erregte Verhalten der Tiere bei der Jagd oder im Feld nachgeahmt, wobei man an die vorangegangene oder die kommende Jagd zu denken pflegt. Dem Elandtanz kommt keine besondere Bedeutung zu. Die Buschmänner klassifizieren die Tänze folgendermaßen: 1. sie dienen dem Vergnügen und sind Ausdruck der Freude; dazu gehört auch der Liebestanz für eine bevorstehende Werbung eines jungen Mannes um ein Mädchen. Auf verschiedenen Missionsstationen wurde hervorgehoben, daß diese Freudensbezeugungen zugleich Krankheiten innerhalb der Gruppe oder böse Geister (die Krankheit im Herzen) austreiben, also einen kommunikativen mit einem heilenden Effekt verbinden. Weiters werden immer genannt 2. der Kriegstanz der jungen Männer und 3. der Medizinmanntanz. Bei der Jagd, beim umsichtigen Anschleichen an die Tiere in möglichst große Nähe, weil sie anders mit dem Pfeil nicht zu treffen sind, stellen sich leicht Mißverständnisse und Fehlverhalten ein, wobei einer dem andern die Schuld zuschiebt. Das alles führt zu Aggressionen, die sich eine kleine Gruppe auf längere Zeit nicht leisten kann. Im Kriegstanz knien die beiden Jäger einander gegenüber, die Hände auf den Boden gestemmt. Beim Anheben der Hände lassen sie den Oberkörper unter Ausstoßen von Schreien gegeneinander vorfallen, so daß man meinen könnte, daß es nun zu einem Kampf kommt. Unmittelbar vor der Berührung gehen sie aber wieder in die Ausgangsstellung zurück. Beobachtend stehen um sie Männer und Buben, während die Frauen beim Feuer bleiben und sich unterhalten. Nach einiger Zeit, etwa 15 bis 20 Minuten, stehen die beiden Gegner wieder auf, und alles geht zum allgemeinen Kreis zurück. Es ist offensichtlich, daß es sich hier um ein Geschehen handelt, das Aggressionen abbaut und die Harmonie in der Gruppe wiederherstellt.

Die Eigenart des Medizinmanntanzes besteht darin, daß der Medizinmann sich in *Trance* versetzt. Für den Trance-Zustand sind nicht alle Menschen in gleicher Weise geeignet. Einige erklären, daß sie erst eine »kleine Kraft« haben oder noch nicht so weit sind wie etwa ihr Vater oder ihr Oheim, falls diese Medizinmänner sind oder waren. Manche hören auch wieder auf, sie »springen ab« und lassen sich nicht mehr zur Trance bewegen. Der Trance-Zustand wird erreicht, indem die Bauchdecke stark eingezogen und Rauch vom Feuer eingeatmet wird; dadurch wird die Atmung gehemmt und Sauerstoffmangel erzeugt. In diesem Zustand tastet der Medizinmann einen Kranken an verschiedenen Körperstellen ab, »verschiebt« damit die kranke an eine geeignetere Stelle und saugt dann die Krankheit heraus, wie wir schon gehört haben. Oder er erklärt später, daß er an der erkrankten Körperstelle eine kleine Flamme gesehen oder gespürt habe. Er beugt sich nieder, spuckt in den Sand und klebt den feuchten Sand an die erkrankte Stelle, »löscht damit die Flamme« und wirft das Ganze nach ein paar Schritten in die Nacht hinaus, um dann zusammenzubrechen.[11)]

Beobachter versichern, daß in vielen Fällen die Diagnose auf diese Weise durchaus richtig gestellt wird. Zu Hilfe kommen mag, daß jedem Medizinmann von der Jagd her, von der Öffnung des Tieres gewisse Einblicke in anatomische und physiologische Zusammenhänge bekannt sind. Die gut bezeugte, merkwürdige Therapie wird mit autosuggestiver Wirkung erklärt. Das heißt, nicht die Techniken sind entscheidend, sondern die auf den Medizinmann ausgerichtete Konzentration und Erwartungshaltung des Kranken.

In einem Fall wurde mir von einer Medizinfrau berichtet, die vor kurzem in hohem Alter gestorben sei und vorher ihre »Kraft« an ihre Enkelin weitergegeben habe. Das sind offenbar Ausnahmen, die akzeptiert werden.

Noch einmal wenden wir uns dem Phänomen der Trance zu. Wir lassen uns möglichst durch Medizinmänner selbst ihren Zustand beschreiben: es sei so wie ein Einschlafen der Beine, die Glieder gehorchen nicht mehr dem Willen, es sei wie Trunkenheit, »der Geist sei weg«, der Körper fange an zu »brennen wie Feuer«, das Herz schlägt immer schneller. Von europäischen Beobachtern wird hinzugefügt, daß sich die Pulszahl erhöhe, bei anderen wieder sehr niedrig liege, der Blick starr werde oder die Augen sich schlössen, der Körper auch auf Einstiche an empfindlichen Stellen (zum Beispiel unter den Nägeln) nicht reagiere, ein kataleptischer Zustand der Muskulatur wie etwa bei Epilepsie eintrete. Vor dem Hinstürzen schützen sich manche gegenüber Verbrennungen mit dem Anlegen von Fellen, andere wieder geben an, daß ihnen Verbrennungen nichts anhaben, oder sie pressen glühende Holzstücke gegen ihre Brust, um ihre Unempfindlichkeit unter Beweis zu stellen. Bevor sie in völlige Bewußtlosigkeit fallen, stoßen sie Schreie aus, unartikuliert wie ein Grunzen oder Heulen eines Tieres. Der Tanz bricht hier ab, die Frauen hören auf zu klatschen und zu singen, alle konzentrieren sich auf den Medizinmann. In der eintretenden nächtlichen Stille liegt etwas vom Unheimlichen, Unerklärlichen. Bald aber kommen dem Bewußtlosen Männner zu Hilfe, versuchen ihn aufzurichten, und langsam kehrt das Bewußtsein zurück. Die psychische und physische Spannung löst sich. Wenn es stimmt, was ein Gewährsmann berichtete, daß auch gifthaltige Pflanzen vom Medizinmann eingenommen werden, dann ist der gesamte Vorgang mit bewußt herbeigeführter Trance richtig beschrieben, in der auch Bewußtseinsveränderungen eintreten. Dann stimmt auch alles andere zusammen bis hin zu der Aussage, daß der »Geist« fortgegangen war, wie wir die Bewußtseinsspaltung nach dem Genuß von Drogen kennen. Das Wiederzusichkommen und das Wiederaufnehmen eines neuen Tanzes, die langsame Rückkehr von Freude läßt deutlich erkennen, in welcher Weise zusammenhaltende, »gereinigte« Emotionen für die ganze Gruppe freigesetzt werden und einer starken, erneut Gemeinschaft bildenden, heilenden Bindung dienen. Es ist auch einsichtig, daß zwar das Tanzen leicht erlernt wird, aber die Trance nur stufenweise, daß sich mancher infolge seiner psychischen Struktur dazu nicht geeignet fühlt oder wegen der großen Anstrengung wieder aufhört und sich durch die Gemeinschaft nicht von neuem dazu bewegen läßt. Der hier psychologisch-medizinisch beschriebene Vorgang wird zuweilen als ein *religiöses* Geschehen verstanden. Belege hierfür waren von uns nirgends zu finden.

Kurz abzuheben ist von den geschilderten Tänzen der sogenannte *Regentanz,* weil dem Medizinmann auch das »Regenmachen« als Fähigkeit zugeschrieben wird. Es scheint richtig zu sein, daß es Praktiken gibt, den »Regen herbeizuholen«, daß es in früheren Generationen gemacht worden sein soll, aber jetzt niemand mehr dazu in der Lage sei. Noch häufiger wurde versichert, daß Buschleute aus Beobachtungen wissen, wann Regen kommt, und es in ihrer Umwelt besser voraussagen können als jeder Europäer. In den ersten Monaten des Frühjahres und kürzer im Herbst pflegt Regen einzusetzen, füllt die Wasserlöcher, läßt für ein paar Tage durch die trockenen Flußbetten das Wasser rauschen, bis es wieder versickert und der kurzen Pracht des Grünens und Blühens die graue, rötliche Sand- und Geröllebene folgt. Nicht nur für den Buschmann ist diese Zeit des Regens wichtig, sondern noch mehr für das hin und her ziehende Wild. Die dunklen Wolken, die einherfegen, gewaltige Regengüsse und Gewitter niedergehen lassen, daß die Hütten zusammenfallen und alles glattgewalzt wird, gelten als männlich, der gleichmäßige Landregen, die nebeligen Dunstschwaden als weiblich. Wenn dieser letztere Regen fällt, dann tanzen sie vor Freude und erzählen, wie gut der Regen ist, und daß sie nun Wasser finden werden. Und zwar nicht nur bei den Wasserlöchern, sondern später auch noch bei einigen grünen Graswurzeln und Bäumen, um dann an diesen Stellen in der Zeit der Dürre mittels eines Halmes von unten her noch einige Tropfen Wasser heraufzusaugen. So zieht im Laufe des Jahres nicht nur das Wild hin und her, sondern ihm nach zieht der Buschmann, der Jäger und Sammler, so daß hier sein besonderer Lebensstil sichtbar wird. An dieser Verbundenheit mit der Natur, mit dem Wild lassen sich die Voraussagen des Regens, die Furchtlosigkeit vor Gewitter und Blitzen ebenso verstehen wie die Sorge vor dem stürmischen Wiederweggefegtwerden der Wolken, vor der Dürre, lassen sich Freude und banges Warten begreifen und das Wissen darum, daß sie selber nichts hervorbringen können, sondern sparsam umgehen müssen mit dem, was ihnen ihre Umwelt bietet. Man kann nicht nur, ein wenig romantisierend, von Naturverbundenheit reden, ohne sich klarzumachen, daß es sich gegenüber den Naturereignissen um eine starke Abhängigkeit und Anpassungsfähigkeit handelt, die keine andere Wahl zuläßt, um auch den zum Teil extremen Klimaschwankungen zu widerstehen. Zu Mittag pflegt die Quecksilbersäule auf 30 bis 40 Grad Celsius zu steigen. In dem Augenblick, in dem die Sonne untergeht und der schnelle Übergang zur Nacht eintritt, kann die Temperatur auf unter null Grad absinken.

Wir werden uns hüten, das ganze geschilderte Geschehen, das stärker ausgeprägte Gefühl allein einer anderen Rasse oder einer anderen Umwelt zuzuschreiben, die emotionsbedingter ist, nur weil uns das Fremdartige fasziniert oder abstößt, während es den !Khung als das ihnen zugeteilte Los gelten muß. Aber eine ganze Tanznacht als »religiöse Feier«, wie es H. Vedder tat, und sie gar als eine Art Gebet zu verstehen, als einen Ausdruck »religiöser Gefühle«, als ein »Zauber«-Unternehmen, dazu geben die Aussagen der Medizinmänner keinen Anlaß. Vedder erwägt auch, daß das Vorherwissen künftiger Ereignisse, ankommender Personen vom Körper wahrgenommen wird und darum der Körper auch beim Tanzen bedeutsam sei. Müssen aus solchen Erwägungen heraus Tänze wirklich schon als »Zauber« verstanden werden? Von anderer Seite wurde versucht, die Tiertänze als Analogie-Zauber zu deuten, der das zu jagende Wild zu bannen vermeint, um es sicher zu erlegen. Dem stehen Berichte entgegen, nach denen auch an vorangegangene Jagdszenen gedacht wird und sie nachgeahmt werden. Manche Interpreten schwenken hier um, und anstelle des Zaubers tritt die Annahme von einem »Dank-Tanz«. Lorna Marshall schränkt aufgrund der Mitteilungen, die sie gesammelt hat, dahingehend ein, daß nur der Heiltanz eine religiöse Veranstaltung sei. Möglich, daß hier ein der Antike geläufiger Zusammenhang von Medizin und Religion nachwirkt, ohne daß es bei den Buschmännern belegt werden kann, daß diese Verbindung bestehe. M. Gusinde (1966) geht davon aus, daß der !Khung ein »ganz religiöser Mensch« sei und Tanz und Gesang ebenfalls religiös sein müßten, und fährt darum fort, daß Tanzen überhaupt eine »Gebetshaltung« sei, ein »Reigen mit zeremoniösem Ausschreiten«, ein »religiöser Akt«, auch ein religiöses Beten, das bis hin zum Primitialopfer vollzogen wird. Die Probleme, die hier auftauchen, und ihre Erklärungsversuche liegen, wie uns scheint, im eigenen Vorverständnis. Zu einem befriedigenden Ergebnis kann man nur kommen, wenn man direkte Aussagen von Medizinmännern verschiedener Clans möglichst zahlreich sammelt und miteinander vergleicht. Dieser Methode versuchten wir hier zu folgen. Wir übernehmen damit auch nicht das Postulat, ein »religiöses Gefühl« vorauszusetzen.

Hyäne, Transvaal, Gravierung

4. Das Weltbild und Phasen im Leben der Buschmänner

Mythische Mitteilungen über Sonne, Mond und Sterne, über Mensch und Tier und ihre Verwandlungsmöglichkeiten stellen wir vorläufig noch zurück, weil sie leichter einsichtig werden, wenn zuerst einiges Allgemeines über das *Weltbild,* über entscheidende Phasen im Leben der Buschmänner gesagt wird, ohne daß wir uns in Selbstverständlichkeiten verlieren wollen.

Das Weltbild der Buschmänner ist leicht zu beschreiben. Danach ist die Erde eine Art Scheibe, die auf allen Seiten von Sand und Wasser umgeben ist. In der Gegend südlich von Mpungu wird die Erde mit einer Schüssel verglichen, auf deren Rand die Himmelshalbkugel sitzt, so daß Himmelskörper leicht auf die Erde kommen können, um eine verwandelte Gestalt anzunehmen. Am Rande dieser Schüssel sollen sich Wälder befinden, die von der untergehenden Sonne so angestrahlt werden, daß sie zu brennen scheinen. Es wird erzählt, daß sich dort merkwürdige Lebewesen aufhalten mit Pferdeschwänzen, halb Mensch, halb Tier. Gesehen hat sie niemand. Ob es eine Welt unter der Erde gibt, ist unbekannt; gelegentlich werden Antipoden angenommen. Da der weiße Mann tiefe Löcher in die Erde bohrt, halten sie es nicht für unmöglich, daß man eines Tages durch ein sehr tiefes Bohrloch hindurch sehen und Genaueres erfahren kann. Was also unterhalb der Erde und an ihren Rändern wirklich vorhanden sein mag, berührt den Buschmann im Grunde genommen wenig, zumindest kann er darüber mangels an Beobachtungsmöglichkeiten keine genaue Auskunft geben. Das »Weltbild« ist von der überschaubaren Umwelt her bestimmt.

Gelegentliche Einwände gegen dieses Weltbild, etwa von Weißen vorgebracht, werden nicht angenommen, sondern integriert. Wenn zum Beispiel bemerkt wird, daß die Sonne, wenn sie abends in das Meer tauche, doch abkühlen müsse, wird dieser Einwand damit abgetan, daß bekanntlich die Sonne bei ihrem Wiederaufgehen auch eine geringere Wärme ausstrahle. Ein junger Farmer berichtete, daß er seine Farm-Buschmänner auf eine nach dem Kalender bevorstehende Mondfinsternis vorbereiten wollte. Mit Hilfe einer Taschenlampe und einigen Orangen versuchte er zu demonstrieren, daß Erde und Mond die Sonne umkreisen, der Mond in den Erdschatten gelangen und damit eine Mondfinsternis eintreten werde. Die Buschmänner glaubten ihm nicht; der Farmer vereinbarte mit ihnen ein Treffen zu jenem Termin, an dem die Mondfinsternis eintreten würde. Als die Buschmänner mit ihm die Mondfinsternis erlebten, gingen sie nur mit der Bemerkung fort, daß nun wahrscheinlich irgendein Unglück kommen würde, dem man entgegenwirken müsse. Diese und ähnliche Bemerkungen machen deutlich, daß sich die Buschmänner in ihrem Weltbild nicht leicht erschüttern lassen, sondern von außen her an sie herangebrachte Einwände einzugliedern und entsprechend zu deuten wissen. Was bei solchen Anlässen in ihnen vorgehen mag, kann vielleicht folgendem Geschehen entnommen werden: Ein Weißer nimmt in seinem Auto einen Farm-Buschmann mit auf eine Fahrt zum Meer, also an den Rand der großen Scheibe. In der Nähe des unabsehbar großen Wassers will der Buschmann mit allen Mitteln das Auto verlassen und kann nur mit Mühe überredet werden, erst in unmittelbarer Nähe des Ufers auszusteigen. Der Weiße geht seinen Geschäften nach. Als er nach Stunden wiederkam, saß der Buschmann unbewegt noch immer an der gleichen Stelle und starrte unentwegt auf das Meer.

Allem Anschein nach ist in ihm eine tiefe Erschütterung vor sich gegangen, über deren Art man nur Vermutungen anstellen kann.

A. Lommel[1] ist der Meinung, daß bei den sogenannten Primitiven Naturerscheinungen auf der Erde oder am Himmel ursprünglich »nur bedrohlich« wirken und diesen Charakter erst durch die Leistung der Hochkulturen verloren haben. Liegt in dieser Verallgemeinerung nicht doch ein Mißverständnis vor? Für den Buschmann ist in seinem Weltbild nichts »nur bedrohlich«. Im Gegenteil. Wenn in der mythologischen Redeweise der Sonne oder dem Mond durch Unwissenheit der Menschen etwas angetan wird, dann sorgt der Buschmann, daß der ursprüngliche Zustand wiederhergestellt wird, daß zum Beispiel die Sonne oder der Mond wieder »wächst«. Eine Störung des Weltgefüges zeigt an, daß man vorsichtig umgehen muß, alles wieder in Ordnung zu bringen hat, und daß man die Zukunft beeinflussen kann. Damit ist der »nur bedrohliche« Charakter aufgehoben.

I. Eibl-Eibesfeldt[2] teilt einen Eingriff in die Ordnung einer Werft-Anlage mit und erzählt, daß er mit Dr. Heinz, der mit der Erforschung der sozialen Organisation der !Ko-Buschmänner beschäftigt war, bei Takatswane (Botswana) zusammen gelebt und gearbeitet hat. In diesem Zusammenhang liefert er (Seite 32) eine Skizze der Anordnung der Windschirme, in denen der dort sich befindende Clan lebte. Eine dieser Hütten, die einer jungen Frau gehörte, ist von ihrem ursprünglichen Platz verlegt worden, um einem Haus des Forschers Platz zu machen. Diese Veränderung der stammesgemäßen Ordnung wird damit erklärt, daß sie sich ergab »aus der Aufgabe (sc. der jungen Frau), Hütte und Gerätschaften von Dr. Heinz zu betreuen«. Eine für ihn durchaus praktische und verständliche Maßnahme. Aber welche innere Veränderung für das Bewußtsein der Buschmänner ist damit vorgenommen worden? Darüber erfahren wir in dem genannten Zusammenhang leider nichts.

In der erwähnten Skizze sind in der Mitte der in einem Halbkreis angeordneten Windschirme zwei Bäume eingezeichnet, »Schlafbäume« benannt, weil unter ihnen Männer schlafen. Offenbar kommt Bäumen im Weltbild der Buschmänner eine besondere Bedeutung zu. In »Narro and his Clan«[3] wird ein großer Baum als *»Ahnenbaum«* erwähnt, bei dem zuerst vom Ältesten Feuer angezündet wird. Im Omuramba-Gebiet sucht man einen großen Baum als »Schattenspender« auf, dessen trockene Zweige auch praktische Verwendung finden. In seinem Schatten werden Arbeiten verrichtet, Gespräche geführt, gelegentlich dient er auch als Platz für die Tänze. Ferner wird angegeben, daß man ihn als erhöhten Aussichtspunkt benutzt zur Beobachtung des Wildes und eventuell ankommender Fremder.

Ahnenbaum und *Ahnenfeuer* sind unter den benachbarten Herero bekannt, die ausgezeichnete Viehzüchter sind und damit eine andere soziale Struktur als die Buschmänner aufweisen. Bei ihnen spielt Ahnenverehrung eine wichtige Rolle. Unter den Buschmännern hingegen ist ein Ahnenkult nicht entwickelt. Er würde ein Aufstellen ganzer Ahnenreihen voraussetzen, die in ihrer Lebensform sich nicht finden. Die Auswahl eines Baumes, der die Werft-Anlage nach beiden Seiten teilt und die Hütten nach Verwandtschaftsgraden ordnet, erfolgt von diesen Gesichtspunkten, den Bedürfnissen des Clans und seinem inneren Gefüge.

Wir haben uns nun *entscheidenden Phasen im Leben der Buschmänner* zuzuwenden. Wir beginnen mit den Vorgängen um *die Geburt* eines Kindes. Die Errechnung der Tage einer Empfängnis und die Dauer der Zeit in der ein Kind ausgetragen wird, ist Frauen und Männern unbekannt. Aber an den ersten Bewegungen eines Kindes im Mutterleib wird der Beginn des Lebens vermerkt. Gelegentlich reden sie dann von einem »Geist« des Lebens, der in dieser Weise schon vor der Geburt spürbar wird. Setzen die Wehen ein, so zieht sich die werdende Mutter allein in den Busch zurück. In kniender Haltung, den Oberleib nach vorn zur Erde geneigt, erwartet die Frau die Geburt, um das Kind in dieser Stellung selbst abnabeln zu können. Blut und Nachgeburt werden von ihr unter dem Sand verscharrt. Sie begibt sich mit dem Kind zum Clan zurück und wird mit Freude aufgenommen. Bei vorauszusehender schwerer Geburt geht die Mutter der Gebärenden oder eine andere ältere Frau zur Hilfeleistung mit. Dem männlichen Säugling wird mittels eines scharfen Grases das oberste Glied des kleinen Fingers der rechten Hand abgeschnitten. Es ist nicht klar festzustellen, ob es sich bei diesem !Ndiki um ein Stammesmerkmal handelt oder die gegebene Erklärung ausreicht, daß dieses Fingerglied später beim Abschießen eines Pfeiles hinderlich sein würde.

Gestillt wird ein Kind von der Mutter zwei und mehr Jahre, wobei es nichts ausmacht, wenn auch ein Kind einer anderen Mutter gelegentlich mit an ihre Brust kommt. Dem größer werdenden Kinde wird ein aus Wurzeln und Knollen zerstampfter Brei, von der Mutter vorgekaut, in den Mund geschoben. Tritt in dieser langen Phase des Stillens eine neue Schwangerschaft ein, wird das neugeborene Kind von der Mutter im Freien dem Tod überlassen oder in das Loch eines Erdschweines gesteckt. Der seltene Fall einer Zwillingsgeburt wird so gelöst, daß das schwächere Kind preisgegeben wird. Beide Kinder könnte die Mutter nicht zugleich stillen, es ginge über ihre Kräfte. Das alles hat nichts mit einer Gefühllosigkeit der Mutter oder mit einer Art magischer Furcht vor Zwillingen zu tun, sondern es entspringt der Notwendigkeit des Überlebens des stärkeren Kindes. Bei dieser Art des Lebens kann eine große Kinderschar nicht von einer Frau gleichzeitig aufgezogen werden. Daraus ergibt sich das nur langsame Wachstum der Bevölkerungszahl. In neuerer Zeit werden in der Nähe von Missionsstationen die sonst zum Sterben bestimmten Neugeborenen zum Aufziehen niedergelegt. Für diese Kinder beginnt ein anders gestaltetes Leben.

Die *Initiations- beziehungsweise Pubertätsriten* für Mädchen: Tritt bei einem Mädchen die erste Mensis ein, wird für sie ein eigener kleiner Windschirm errichtet. Verpflegt wird sie von der Mutter, die ihr das notwendige Essen und Wasser bringt. Wild, das von jungen Männern geschossen ist, darf sie nicht essen, und wenn sie beim gelegentlichen Verlassen der Hütte jungen Männern begegnet, darf sie sie nicht anschauen. Sie wird ihre Augen zum Boden richten. Während dieser Zeit wird sie durch ihre Mutter über ihre Aufgaben in einer künftigen Ehe unterwiesen. Nach Beendigung dieser Zeit ist sie als Frau anerkannt und wird sich als solche verhalten. Als äußeres Zeichen werden ihr mit einer Pfeilspitze auf beiden Wangen einige Linien in die Haut eingeritzt, so daß Narben entstehen, in die Buchu-Pulver eingerieben wird; sie gelten als Schmuck. Zuweilen habe ich bei Frauen auch Narben über den Augenbrauen gesehen.

Die Initiationsriten für Knaben: Mit ungefähr vierzehn Jahren wird der junge Buschmann, nicht von seinem Vater, sondern vom Sippenältesten, der häufig sein Großvater ist, auf die Jagd nach einem Springbock geschickt. Es kann einige Tage dauern, bis er mit der Jagdbeute heimkommt und sie bei anderen jungen Leuten abgibt. Von dort holt sie der Sippenälteste und entnimmt ihr wichtige Teilstücke von den Ohren, der Herzspitze, den Rückenmuskeln etc. und legt alles zum Trocknen aus. Danach werden diese Stücke verrieben, mit Tierkohle vermengt und in Hautritzen hineingerieben, und zwar an der Stirn, über den Augen zum Nasenrücken hin, am Oberarm, der Hüfte, Brust und Schulter, der Magengrube und den Schienbeinen. Der Sippenälteste faßt mit seiner linken Hand die beiden Hände des Knaben und schlägt mit dem Ellbogen einige Male auf die Muskeln der Oberarme des Jungen. Er führt die Hände des Knaben zu seinen Oberarmmuskeln und sagt: »Nimm die Kraft meines Armes.« Durch alle diese Handlungen soll dem Betreffenden die nötige Kraft des Sehens, der Ausdauer und Treffsicherheit für eine erfolgreiche Jagd vermittelt werden, damit er seine künftige Frau richtig ernähren kann. Auf Otjima wurde mir versichert, daß das erhoffte Ergebnis nicht immer erreicht wird. Hier deutete der Informant die vorhandenen Striche am rechten Arm als die Anzahl der von ihm auf der Jagd erlegten weiblichen Tiere, die Striche am linken Arm als die Anzahl der erlegten Bullen. In Tsumkwe wurde ausdrücklich darauf hingewiesen, daß die »Kraft« mit dem Alter nachlasse. Auf einer anderen Farm[4)] bekam ich noch andere Tätowierungen bei Männern zu sehen, die einen stilisierten Baum oder zwei geöffnete längliche Halbkreise mit einem darunter stehenden Kreuz darstellen, angeblich als Zeichen für einen Menschen. Der eigentliche Sinn ist unbekannt. Nachweise für die Durchführung einer Beschneidung konnte ich nicht finden. Von einem Penis-Futteral wurde nicht gesprochen. Felsmalereien zeigen häufig einen erigierten Penis, der zum Teil auch mit einem Futteral versehen zu sein scheint oder mit einer Blume geschmückt ist.

Nach Abwägen aller Umstände scheint es sich bei den Tätowierungen im wesentlichen doch um Zauberpraktiken und nicht, wie auch behauptet wird, nur um eine Sitte zu handeln, den Versuch, das Seh- und Laufvermögen zu steigern. Erfolge treten zumeist ein, jedenfalls für die Zeit des Jünglings- und Mannesalters. Manchmal wurde vermerkt, daß ein hoher, guter Geist, ein mächtiger Hochgott eingreift, was wieder von anderen entschieden bestritten wurde. Bleibt man bei der Annahme des Eingreifens durch einen allmächtigen Hochgott, müßte man seine Wirkung auf eine bestimmte Lebenszeit oder eine Veranlagung des Menschen einschränken, was seine Allmacht relativieren würde. Auch eine magische Übertragung vom Alten auf den Jungen scheint nicht in Betracht zu kommen. Die »Kraft« ist ja nicht von Dauer. Die Vorstellung, daß das Abnehmen früher vorhandener »Kräfte« damit zusammenhängt, weil sie ja auf die Jungen übergegangen seien, hilft auch nicht weiter. Ob dieser Vorgang nur die Erfüllung eines Wunsches oder doch ein magisch-zauberhaftes Geschehen ist, wird und kann nicht auseinandergehalten werden. Beides scheint ineinander überzugehen.

Eheschließung. Ob und wann ein Sohn oder eine Tochter heiraten soll, beschließen die Elternpaare im allgemeinen gemeinsam. Es findet sich sowohl Indogamie als auch Exogamie, das heißt, es wird innerhalb des Clans geheiratet wie auch zwischen zwei Clans. In der Nähe von Mpungu wurde von Kinderehen berichtet: In einer Werft war ein Junge als guter Schütze bekannt. Er gab wie üblich seine Beute ab und setzte sich zu den Männern. Da kam eine Frau mit einem zweijährigen Mädchen, legt es auf den Schoß des Jungen und sagte: »Nimm deine Ehefrau.« Dieser stimmte zu. Die Mutter baute für die beiden eine eigene Hütte. Seine Jagdbeute brachte er von nun an zu seinen Eltern und zu seinen Schwiegereltern und bekam von beiden Müttern auch Pflanzenkost. Er war in beide Familien integriert. Erst als das Mädchen zu einer Frau herangewachsen war, wurde ein Geschlechtsverkehr aufgenommen. Auch Sieben- bis Achtjährige beiderlei Geschlechts wurden so auf Zukunft hin, wir würden sagen: »versprochen.« Eheschließungen zwischen Kindern werden heute nicht mehr praktiziert. Aber Ehepaare, die einst so verheiratet wurden, lassen sich noch finden.

Über die häufigste Art der Eheschließung wird folgendermaßen berichtet: die Mutter eines Mädchens beobachtet, daß ein Junge oft gute Beute heimbringt. Sie spricht mit seinen Eltern, die beiderseitigen Eltern stimmen einer Verbindung zu, auch der Junge ist einverstanden. Zunächst bleiben die beiden Heiratskandidaten bei ihren Eltern, eventuell auch in verschiedenen Clans. Gelegentlich besucht der Junge seine ihm versprochene Frau und bringt Fleisch und Felle als Geschenk mit. Er feiert mit, wenn das Mädchen als »reif« erklärt wird. Erst nach einigen Jahren sucht er sie endgültig auf. Er legt einen Bogen vor die Hütte, den seine Frau hineinträgt. Damit beginnt ihre Ehe. Der Gewährsmann erzählte dies alles als seine eigene Geschichte und fügte hinzu, es gehöre zur Sitte, daß in der ersten Nacht seine Frau mit dem Fuß nach ihm stieß und ihn so biß, daß er die Narbe an den Händen noch zeigen konnte. Dann »zähmte« er sie. Einige Jahre bleibt das junge Paar in der Nähe der Eltern der Frau wohnen. Wenn das erste Kind geboren wird, zieht die junge Familie zu dem Clan des Mannes. Die Initiative, eine Frau zu wählen, kann auch von einem jungen Mann selbst ausgehen. Das gegenseitige Kennenlernen ist vor allem ein vorsichtiges Beobachten der für die Ehe erwarteten Fähigkeiten. In Geschichten der Buschmänner wird erzählt, daß zum Beispiel ein häßlicher Mann eine Frau über sein Aussehen zu täuschen sucht; oder ein Mann weist eine Jagdbeute vor, die er nicht selbst erlegt hat. Beim Aufdecken solcher Betrügereien gingen die Partner gleich wieder auseinander. Hochzeitszeremonien gibt es nicht. Aber es gehört zur festen Sitte, gegebene Ordnungen einzuhalten und selbst in kleinen Dingen nicht davon abzuweichen. So gilt es etwa als unschicklich für einen jungen Mann, vor einem am Boden sitzenden Älteren vorbeizugehen. Er hat hinter ihm seinen Weg zu nehmen. Dabei muß man sich vorstellen, daß die Atmosphäre sehr gelöst und heiter ist. Es wird nicht nur mit Vergnügen erzählt, sondern auch viel gelacht. Die Männer reden untereinander viel von der Jagd, die Frauen über ihre Tätigkeiten, in denen sie ihre Entscheidungen selbständig treffen. Wenn eine Frau ihrem Mann in seinen Angelegenheiten etwas abrät, wird er im allgemeinen ihrem Rat folgen.

Überblickt man das Ganze, so fällt auf, daß alles im Rahmen der Sitten und Gebräuche verläuft und als stärkste Einschnitte die Initiation und die Geburt des ersten Kindes Beachtung finden. Falls man Sitten und Gebräuche religiös begründet ansehen möchte, müßte man es belegen können. Aus den Fakten allein ergibt sich eine solche Schlußfolgerung nicht. Die angeschnittenen Probleme können aber im Zusammenhang mit der Ethik und Moral gesehen werden und sind dort zu diskutieren.

Alter, Krankheit, Tod, Begräbnis. Über das Alter eines Buschmannes kann nichts Genaues gesagt werden, da jegliche Anhaltspunkte fehlen. In einem Fall wurde von einem alten Medizinmann gesagt, daß er als Kind den Herero-Krieg erlebt habe; das würde auf 1904 hinweisen. Bereitwillig erzählen alte Menschen von ihren Krankheiten. So berichtete eine alte und sich nur noch mühselig dahinschleppende Frau, daß sie oft unter Vereiterungen gelitten und sich früher beim Klettern auf einen Baum Rückenschmerzen zugegzogen habe. Die Behandlung in solchen und ähnlichen Fällen ist stets die gleiche: gesammelte Kräuter werden zerstoßen, mit warmem Wasser vermengt und aufgelegt. Diese Praktik wird unterstützt durch Massieren der unteren Wirbelsäule. Die Heilung pflegt angeblich immer nach einigen Tagen einzutreten. Nun findet sich unter den Bantu die Vorstellung, daß der Sitz körperlicher Beschwerden im Steißbein liegt, die Seele in der unteren Wirbelsäule und der Geist im Nacken lokalisiert wird.[5)] Für Buschmänner ist diese gegliederte Anthropologie nicht belegt. Wahrscheinlich sind in manchen Gebieten genannte Vorstellungen von den Bantu übernommen worden. Die Annahme einiger westlicher Autoren, daß die Buschmänner den platonischen Dualismus von Körper und Seele kennen, beruht offenbar auf einem Mißverständnis. Eher könnte von einem Dualismus von Körper und Geist gesprochen werden.

Beim herannahenden Tod ziehen sich die Sterbenden in die eigenen Hütten zurück. Der Tod tritt ein, wenn der Geist, der Atem, die Sprache entweicht und der Körper erkaltet. In der Nähe von Gobabis wird gesagt, daß dem Sterbenden der Mund zugehalten wird, damit der Geist nicht hinausgeht und Böses anstifte. Anders ausgedrückt: der Geist des Toten kann Böses anrichten. Darum wird zu dem gerade Verstorbenen gesagt: »Tue uns nichts Böses an.« Die Hütte, in der jemand gestorben ist, wird niedergerissen, unter Umständen die ganze Werft aufgegeben, und der Clan zieht weiter. Vorher wird für den Toten ein Loch gegraben, etwa 1,5 Meter tief, und der Verstorbene in Hockerstellung beigesetzt, so wie er auch im Leben oft saß, nur daß der Kopf zwischen die Knie gebeugt wird. Das Gesicht ist nach Osten gerichtet, wenn das auch heute nicht immer eingehalten wird. Das Grab wird mit Kies und Sand geschlossen, so daß die Stelle nicht mehr kenntlich ist. Selten wird berichtet, daß der Kopf etwas herausragt und eine kleine Erhöhung sichtbar bleibt. In beiden Fällen wird das Grab mit Dornbüschen belegt, damit die Hyänen nicht zum Leichnam kommen können. Muß ein Clan um der Selbsterhaltung willen weiterziehen, während ein Mitglied, sehr krank oder dem Tode nahe, nicht mitwandern kann, wird es in seiner Hütte zurückgelassen. Getragen kann er ja nicht werden. Es wird ihm etwas Nahrung hingelegt und der Windschirm mit Dorngestrüpp verschlossen. Das mag sehr hart klingen, ist aber in der Steppe und Wüste die einzige Möglichkeit. Jeder, der Zurückbleibende und die Abwandernden, nehmen die Situation hin, Gefühle werden nicht geäußert, mögen sie auch vorhanden sein. Bleibt die Sippe in der Nähe des Grabes, so scheinen sich nächste Angehörige den Platz doch zu merken. Als der Zaun des Gartens eines Weißen zur Erweiterung versetzt wurde, kam aus dem in der Nähe befindlichen Clan eine Frau, um mit großem Geschrei zu protestieren. Es stellte sich heraus, daß das Grab ihres Mannes nun innerhalb des Gartens liegen würde. Sie beruhigte sich erst, als der Zaun entsprechend zurückversetzt wurde. Eine Betreuung des Grabes und eine Art Totenkult ist damit nicht verbunden. Wichtiger sind in unserem Zusammenhang die Fragen, wo der entwichene Geist bleibt und welche Grabbeigaben dem Verstorbenen mitgegeben werden. Beide Fragen können zusammenhängen.

In das Grab werden sehr persönliche Dinge des Verstorbenen mitgegeben, zum Beispiel das Fell, auf dem er gelegen ist, andere Lederfetzen, Schildkrötenschalen mit Riech- und Heilwurzeln, (bei Frauen) der Grabstock, (bei Männern) ein vorher zerbrochener Bogen, manchmal das Messer oder einige Pfeile, zumeist aber werden brauchbare Pfeile den Männern des Clans überlassen; sein Musikinstrument wird zerbrochen[6)], aber nicht ins Grab geworfen. Falls der Verstorbene Schmuckketten besaß, werden sie seiner Frau übergeben.

Wer braucht eigentlich diese Grabbeigaben? Der Tote nicht. Wenn die Vorstellung von einer »ewigen Jagd« vorhanden wäre, dann wäre das Zerbrechen des Bogens sinnlos. Auch andere Beigaben bedeuten nichts, zumal Wertvolles zurückbehalten wird. Was soll auch der Leichnam damit? Eine Weiterführung des Lebens nach dem Tode kann von hier aus nicht angenommen werden. Nur wenn man allgemein von »Grabbeigaben« spricht und der Phantasie freien Spielraum läßt, ohne die Details der Wirklichkeit zu vermerken, kommt man zu Vorstellungen von einem Weiterleben.

Bedeuten die Grabbeigaben etwas für die Lebenden? Das ist möglich. Werden persönlichste Dinge zurückbehalten und die Hütten stehen gelassen, so könnte der Tote von diesen Dingen angezogen werden und zurückkehren. Wird darum gelegentlich die ganze Werftanlage verlassen und der Clan zieht weiter, um eine neue Werft aufzubauen, dann liegt die Vorstellung vor, daß der Geist nicht mitzieht und nichts mehr vermag. Da die Buschmänner bei jeder Gelegenheit darauf hinweisen, daß sie Furcht und Angst nicht kennen, wobei sie sich über die »Schwarzen« und deren Angst lustig machen, gelten wohl am ehesten Kinder als gefährdet. Um ihretwillen zieht man weiter. Bei den »Schwarzen« kann durch den Geist des Toten auch das Vieh belästigt werden, und es müssen die Ahnen verehrt werden, weil sie das Gefüge des Stammes, des Volkes garantieren. Bei den Buschmännern kommt dies alles nicht in Frage. Auch aus der Hockerstellung des Toten läßt sich nichts ablesen – es war seine Haltung im Leben. Es wird erzählt, daß der Geist des Toten in der Nähe des Grabes oder im Busch als Wirbelwind zu sehen ist. Oft begebe sich der Geist zuerst nach Westen und wende sich dann nach Osten, um dort bei dem »Großen Geist« sich einzufinden. Nur ein alter, sich damals im Taufunterricht befindender Buschmann wußte vom Himmel zu erzählen, in dem Männer und Frauen sind und immer singen würden. Diesen offensichtlich christlichen Einfluß kann man beiseite lassen. Auch als fremder Einfluß erweist es sich, daß da und dort die Sterne als Augen der Toten bezeichnet werden, was zumeist bei den anderen Informanten Gelächter auslöste.

Festzuhalten ist demnach, daß sich aus den Grabbeigaben nicht einmal Spuren für ein Weiterleben nach dem Tode ablesen lassen. Der »Geist« des Toten ist offensichtlich in seiner Wirkung beschränkt, einmal geographisch auf die Nähe des Grabes oder auf sein ehemalige Hütte, manchmal auf die ganze Werft und dann biologisch auf die Kinder, soferne sie in der Nähe bleiben. Wandert der Clan weiter, so sind Einwirkungen des Geistes von niemandem zu befürchten, ebenso wie von dem eingeebneten Grab keine Wirkungen mehr ausgehen. Über die Frage nach dem Geist wird noch zu reden sein.

Was aber ist es mit der Wendung nach Osten zu dem »Großen Geist«? Zwei Dinge scheinen beachtenswert. Es gibt keine Hinweise dafür, daß der Sterbende, im Extremfall sich selbst überlassen, oder die Zurückbleibenden sich gegenseitig mit dem Gedanken an ein erwartetes Weiterleben oder ein sich Wiederzusammenfinden ihre innere Situation erleichtern und sie sich damit trösten würden. Wo immer wir solche Hoffnungen vorfinden, zeigt ihr Sinn sich darin, daß die Tatsache des Todes von seiner Schwere durch Worte oder Handlungen entlastet werden soll. Wenn das für die Buschmänner nicht zutrifft, nehmen sie, in ihrer Verbundenheit mit der Natur, den Tod als so zum Leben gehörend an, daß keine geistigen Anstrengungen notwendig sind, ihm als einer Katastrophe zu begegnen und zu überwinden. In diesem Zusammenhang bleibt auch merkwürdig, daß von jenen Informanten, denen dieser »religiöse Komplex« zur Stellungnahme vorgelegt wurde, immer eine Zustimmung kam. Fragte man aber ohne dieses Schema, wurde rundweg erklärt, »darüber wissen wir nichts.« Zu erwägen ist, ob hier etwa ein Tabu vorliegt. Noch nachdenklicher wird man, wenn bei der Vorstellung vom »Großen Geist« von Weißen, etwa von Missionaren erklärt wurde, daß man dazu »neige«, einen »Großen Geist« anzunehmen. Die Neigung, irgendeine Form religiöser Vorstellung zu finden und an sie anzuknüpfen, ist zwar typisch für uns und für den weltanschaulichen Hintergrund, aus dem wir leben und denken. Muß er auch dort vorausgesetzt werden, wo wir ihn nur vermuten? Dasselbe gilt natürlich auch für entgegengesetzte Vorstellungen, die wir entwickeln. Zweifellos muß versucht werden, diese Fragen in einen Gesamtzusammenhang zu stellen und zu erörtern. Soweit wir hier, abgesehen von den in Frage gestellten Aussagen, sehen können, gibt es nur *ein* unerklärtes Faktum, nämlich, daß der Tote bei der Bestattung nach Osten ausgerichtet wurde, gerade weil diese Gewohnheit heute nicht mehr von allen geübt wird. Die Ausrichtung nach Osten ist das einzig Besondere, da weder ein Grab- noch ein Ahnenkult entwickelt wurde. Eine Übernahme von Bantuvorstellungen ist möglich.

5. Ethisches Verhalten und moralische Überlegungen

In der Beobachtung des Verhaltens der Buschmänner spricht man oft von einem hohen Stand der Moral, deren Niveau höher sei als bei Weißen. M. Gusinde[1)] zum Beispiel vermerkt, daß »Gaunereien und Kriminalität« seltene Einzelfälle seien, aber er gibt leider nicht an, was in diesem Zusammenhang etwa unter »Kriminalität« zu verstehen sein soll. Im Bereich von Missionsstationen wird böses und schlechtes Tun von Buschmännern mit der Wirkung des Satans im Herzen in Verbindung gebracht und das Leben nach der Taufe als ein »Verändern der Sitte« beschrieben. Diese Auffassung, die dort von Buschmännern vorgebracht wird, räumt der Veränderung der Lebensweise zu Recht den entscheidenden Platz ein. Dagegen spielen geistige und seelische Wandlungen eine offenbar weniger bedeutsame Rolle. In den ihnen eigenen Gebieten wird das ethische Verhalten mit ihrer Lebensweise gleichgesetzt und als »gut« eingestuft.

»Schlecht« ist die Abweichung von ihr. Wenn zum Beispiel kleine Kinder nach ihren Eltern schlagen, werden sie gleich gerügt oder durch einen leichten Schlag auf den Körper zurechtgewiesen. In der Erziehung wird also mit Strafen eher großzügig umgegangen. Sie ist auf Übernahme und Nachahmung des täglich vorgelebten Verhaltens der Älteren eingestellt. Es gilt auch als »schlecht«, über einen anderen Böses zu erzählen oder gar einem anderen die Frau wegzunehmen. Sich in der Dunkelheit der Nacht an der eigenen Mutter zu vergreifen, daß es zum Inzest kommt, oder einen Menschen zu ermorden, gilt als »sehr schlecht«. Obwohl es eine Steigerungsform in der Sprache der Buschmänner nicht gibt, werden doch merkliche Unterschiede in der angegebenen Form gemacht. Tritt ein schweres schuldhaftes Verhalten ein, so kann der Täter getötet werden. Er wird, auch wenn es der eigene Bruder sein sollte, nicht einmal begraben, sondern den Hyänen überlassen.

Grundsätzlich wird erwartet, daß jeder Fremde, der sich in friedlicher Absicht nähert, auf die Lebensformen des Clan eingeht. Geschieht dies nicht, wird jeder Eindringling als Feind betrachtet und kann unter Umständen auch getötet werden. Er hat »unentschuldbar Böses« getan. Entstehen daraus weitere Reaktionen, etwa daß aus Gründen der *Blutrache* noch ein Mensch getötet wird, gilt diese Tat als rechtens. Man befindet sich gleichsam in einer Art Kriegszustand, der aber nur auf den einzelnen bezogen wird. Alle Beteiligten wünschen, es möglichst gar nicht zu einer Blutrache kommen zu lassen. Wenn es dennoch dazu kommt, ist sie so schnell wie möglich zu beenden. Ein anderes Verhalten könnte sich ein zahlenmäßig kleiner Clan gar nicht leisten. Darum sind auch kriegerische Angriffshandlungen oder Überfälle nicht überliefert, wohl aber Verteidigungshandlungen. Der Angriff von zahl- und kräftemäßig überlegenen Bantus wurde in der Weise abgewehrt, daß Buschmänner liegend einen Kreis bildeten, mit den Füßen den Bogen hielten und Pfeil um Pfeil abschossen. Aus Furcht vor den Giftpfeilen ließen die Angreifer von ihnen ab. »Vieh-Diebstähle« an Farmern wurden nur von seiten der Weißen als Überfälle qualifiziert, von seiten der Buschmänner geschah etwas Selbstverständliches, da alle Tiere auf ihrem Territorium auch ihnen »gehören«. Das alles mag kompliziert klingen, ist aber sehr einfach, wenn man die unterschiedlichen Auffassungen von den Besitzverhältnissen im Auge behält. Innerhalb des Clan kommen Vergehen gegenüber der geringen persönlichen Habe des anderen nicht vor. Ein Diebstahl könnte auch innerhalb der leicht übersehbaren Verhältnisse nicht verborgen bleiben.

Buschmänner deshalb schon als besonders sanftmütig zu bezeichnen und ihnen eine starke Gewissensbildung zu attestieren[2)], würde ich nicht für zutreffend halten. Der Begriff des Gewissens ist im europäischen Denken zu komplex, als daß man ihn auf Buschmänner übertragen könnte. Sanftmut würde hier als eine angeborene oder durch Generationen erworbene Charaktereigenschaft gelten. Damit stimmt nicht zusammen, was oben als »Böses-Tun« konkret aufgezählt wurde. Auch die von Buschmännern wiederholt bestätigte Neigung, auf Fragen Fremder bewußt falsche Auskünfte zu geben, wird nicht als Lüge qualifiziert. Dieses zugegebene Verhalten wird eher belustigt erzählt und scheint daraus zu erwachsen, dem überlegen auftretenden oder zumindest so erscheinenden Fremden gegenüber sich als ihm gewachsen zu erweisen. Von einem Schamgefühl wird in diesem Zusammenhange nicht geredet. Dagegen könnte man auf eintretende Gefühle von Scham bei den oben erwähnten »bösen« Handlungen hinweisen.

Sexuelle Ausschweifungen, wie sie sonst in anderen Kulturkreisen zum Beispiel bei der Initiation der Mädchen vorkommen sollen, sind mir bei den Buschmännern nirgends bekannt geworden. Auch in Gesprächen zeigt sich auf diesem Gebiet eine deutliche Zurückhaltung. Unter etwa 100 Mythen habe ich eine einzige gefunden, die sich mit sexuellen Fragen befaßte. Der Erzähler begann gleich am Anfang sich zu entschuldigen: es sei nicht sehr schön, was er sagen wolle. Etwa in der Mitte der Erzählung kamen Kinder hinzu, die in der Nähe gespielt hatten und zuhören wollten. Der Sprecher unterbrach mitten im Satz, jagte die Kinder fort, und erst als diese schon außer Hörweite waren, nahm er den Faden seiner Erzählung wieder auf, um bald darauf endgültig abzubrechen: er habe den Schluß vergessen. Es war nicht ganz klar, ob es sich tatsächlich so verhielt oder ob er nicht weitererzählen wollte. Die anwesenden Buschmänner kannten entweder diese Geschichte, oder sie durften sie ohne Einschränkungen hören. Gegenüber dem Fremden war die Entschuldigung angebracht, in Gegenwart von Kindern waren sexuelle Fragen tabu.

Stellen wir das Problem in einen größeren Rahmen, dann stoßen wir auf die im europäischen Denken verwurzelte Anschauung, daß *Religion und Sittlichkeit* zusammengehören. Das trifft auch in vielen Fällen zu. In der Phase, in der Naturvölker leben, sind Evolutionisten und ihre Gegner in dieser Auffassung durchaus einig. Erst in der Weiterentwicklung nehmen sie einen unterschiedlichen Standpunkt ein: Nach den Evolutionisten tritt eine allmähliche Versittlichung ein, und der Einfluß der Religion tritt zurück. Ihre Gegner nehmen bekanntlich von Anfang an eine hochentwickelte Religiösität an, der eine hohe Sittlichkeit entspricht. Als Beweis werden dann unter anderem die sogenannten Hochreligionen herangezogen. Spätestens an dieser Stelle wird der Gedankengang brüchig. Nicht nur gibt es im Bereich der Hochreligionen sowohl naturalistisch-magische Elemente, sondern es läßt sich auch ein hohes Maß sittlicher Verwahrlosung und sexueller Promiskuität aufweisen. Wie es die Religionsgeschichte belegt, können sich mit religiösen Vorstellungen sowohl Moral wie Amoral verbinden.

In der Buschmann-Gesellschaft ist das moralische Verhalten und sind die ethischen Vorstellungen, eng mit dem Leben in der kleinen Gruppe und mit ihrem Eigentumsbegriff verbunden. Auf anderen gesellschaftlichen Stufen kann das alles in dieser Ausschließlichkeit weder nachgeahmt noch wiederholt werden, wenngleich sich Verbindungen aufzeigen lassen. Auch ein ängstlich genau beachtetes, bis in Kleinigkeiten festgelegtes Verhalten aufgrund vorhandener Normen läßt sich so nicht feststellen, vielmehr ein Sich-Anpassen an die jeweilige Situation. Einem starren Festhalten und der entsprechenden Durchführung der Normen müßte ein bitterer, strenger Ernst im Leben korrespondieren. In der Buschmann-Gesellschaft wird aber mit ersichtlichem Vergnügen gelebt, erzählt, gesungen und getanzt. Es ist ein heiteres, offen geführtes Leben. Die sittliche Lebensführung ist dann eine von Kindheit auf geübte, von jeder Generation neu übernommene Regel, die dem einzelnen Halt gibt und ihn einer täglich neuen selbständigen Entscheidung enthebt, ohne daß dadurch eine krampfhaft gelebte Gesetzlichkeit entstehen könnte.

6. Mensch und Tier in der Sicht der Buschmänner. Der mantis religiosa

Nichts ist selbstverständlicher, als daß für die Buschmänner die Tiere eine große Rolle spielen. Bereitwillig und ausführlich erzählen sie *Fabeln und Tiergeschichten.* Wir haben während unserer Feldarbeit 17 solcher Geschichten aufgezeichnet, die sich bisher nicht in der Literatur finden. Woher haben die Buschmänner diese Geschichten? Haben sie sie selbst erfunden oder haben sie sie übernommen? Sie selbst pflegen zu sagen: der Wind hat sie uns zugetragen – womit Phantasie und Intuition umschrieben wären. Inhaltlich handeln sie von Hyänen, Schakalen (in verschiedenen Versionen), von Leoparden, Pavian, Eland, Löwen, Elefanten, vom Duiker, Springbock und Springhasen, vom Erdschwein, der Schildkröte, der Trappe, dem Strauß, dem Star etc. Diese Erzählungen zeigen typische Merkmale tierischen Verhaltens, auch dem Menschen gegenüber. So ist die Hyäne gefräßig und dumm, der Schakal schnell und vorsichtig, aber der Schildkröte im Wettlauf nicht gewachsen, weil sie andere Schildkröten der Reihe nach aufstellt[1] und so den schnellen Schakal überlistet.

Dem Pavian wird Klugheit nachgerühmt, wie auch dem Elefanten, die viel Böses anrichten. Der Löwe schlägt überall seine Beute, wird aber vom Buschmann schließlich getötet. Der Duiker taucht durch das Riedgras und entkommt dem Schützen. Vögel warnen Menschen und Tiere vor ihren Feinden. Der Strauß sucht gedankenverloren seine Brutstätte. So zeigen diese Geschichten die Buschmänner als gute Kenner der Tierwelt. Von der Jagd, bei der sie sich bis auf 30 Meter an das Wild heranschleichen müssen, kennen sie auch die verschiedenen Tierlaute und Tierbewegungen, zum Beispiel das Aufstellen der Ohren, das Peitschen mit dem Schwanz, mit denen sich Tiere untereinander verständigen und vor Gefahren warnen. In den Fabeln reden natürlich die Tiere miteinander oder auch mit Menschen. Das entspricht dem Genus der Fabel. Deswegen wird ihnen jedoch nicht die Fähigkeit des Sprechens zuerkannt, wenn sich zum Beispiel Löwe und Elefant, die als miteinander befreundet gelten, verstehen. Umstritten ist allerdings bei den Buschmännern, ob etwa der Elefant einen, wenn auch anderen »Geist« hat: die einen verneinen, andere bejahen es, aber auch sie können nicht angeben, wohin der Geist eines Tieres nach dessen Ableben gehen könnte. Das Tier ist endgültig tot, und das Fleisch ist zum Essen da. Hier bedeutet »Geist« nicht mehr als Leben, das verlöschen kann.

Gelegentlich sind in den Fabeln mythische Züge eingeflochten. In einfacher und verkürzter Form hört es sich so an: eine Hyäne entkommt einer gestellten Falle, in der sich aber ein Steinbock fängt, den die Hyäne wegschleppt und frißt. Dann kommt sie zum Menschen, stellt sich krank und will sich behandeln lasssen. Die Menschen legen ein Eisen ins Feuer, lassen die Hyäne sich hinlegen und stoßen dann das glühende Eisen in ihre Keule. Als die Hyäne aufspringt, werfen sie ihr einen Beutel mit Knochen auf das Kreuz und rufen: »Lauf, friß die Knochen, niemals wirst du etwas zerreißen, immer nur von Knochen leben.« Hier liegt offenbar ein ätiologisch-mythisches Motiv vor. Gemeint sind alle Hyänen, und die Handlung, die sich als einmaliges Geschehen gibt, wird zum Typus: so leben eben Hyänen.

Im Folgenden geben wir zwei *Mythen* wieder[2]. Da sie weithin unbekannt sind, müssen sie in ihren Hauptzügen wiederholt werden, soll nicht jegliches eigene Urteil unbelegt bleiben.

Uue ist ein Vertreter der »Urrasse«. Er ist also eine mythische Gestalt. Uue geht mit seinen beiden Söhnen und einem Löwen mit dessen zwei Jungen auf Jagd. Gemeinsam erlegen die vier Söhne eine Antilope. Uue und der Löwe finden bei einem Baum einen Lagerplatz und lassen sich je an einer Seite des Baumes nieder. »So schlafen Schwäger immer.« Auf dem Wege zum Baum hatte Uue Vögel gefangen, in einem Beutel mitgenommen und bindet sie jetzt an die Zweige. Als Uue in der Nacht schläft, will der Löwe ihn angreifen. Aber die Vögel warnen den Schläfer immer wieder mit ihrem Zwitschern. Am nächsten Tage suchen beide Väter ihre Söhne. Die jungen Löwen hatten den Pansen der Antilope über die Söhne Uues ausgeleert, so daß sie unter einem Haufen von Unrat lagen. Ihr Vater durchschaut diese List, teilt aber zunächst jagdgemäß die Antilopenstücke mit dem alten Löwen. Während der Löwe Wasser holt, bearbeitet Uue die Schulterblätter der Antilope mit einem Messer, wirft sie in die Luft, und beim Herabfallen treffen sie seinen Hals und seine Schultern. Dann legt er sie eingefettet in die Sonne. Die Sandalen des Löwen wirft er auch in die Luft; da verwandeln sie sich in Falken. Der Löwe kommt zurück, die Frauen werden zum Essen des Fleisches herbeigeholt. Nach der Mahlzeit wird gesungen und getanzt, wobei Uue das Hinaufwerfen der Schulterknochen vorführt. Der neidisch gewordene Löwe zieht sich in seine Hütte zurück. Uue gibt der Schwester des Löwen eine Straußeneier-Perlenschnur, die sie ihrem Bruder schenken soll, damit er wieder herauskommt, um die Kunst des Knochenwerfens zu lernen. Das geschieht, und der Löwe wird durch die niederfallenden Knochen getötet. Die Söhne des Uue kommen jetzt auch hervor und erschlagen die Söhne des Löwen. Nur die Schwester des Löwen kann entfliehen. Uue wirft ihr den Schulterknochen der Antilope nach, trifft aber nur ihr hinteres Lendenfell, das sich abtrennt; sie flieht so mit nacktem Hinterteil.

In unserem Zusammenhang ist wichtig, daß zunächst die Freundschaft, ja Verwandtschaft zwischen Löwe und Buschmann dargestellt wird. Es scheint, daß die Löwen »Buschmänner« sind. Aber die Feindschaft zwischen Löwen und Buschmann kommt auch zum Ausdruck. Schließlich überlebt Uue, der sogar lange den Tod des Löwen vorbereitet hat. Der ätiologische Zug kommt auch hier zum Tragen. Uue ist der überlegene Buschmann, der sich auch gegenüber Löwen durchsetzt. Dieselbe Geschichte, leicht variiert, bekam ich in Tsumkwe zu hören, hier aber mit alten Sprachelementen durchsetzt, die heute in der Umgangssprache nicht mehr vorkommen. Damit ist vielleicht etwas darüber gesagt, daß die Geschichte in dieser Form mindestens schon seit einigen Generationen erzählt wird.

Das Motiv der Verwandtschaft und der Verschiedenheit zeigt auch die Mythe von den zwei Brüdern und dem Elefantenweib. Verkürzt wiedergegeben handelt es sich um folgendes[3]:

Zwei Brüder, der ältere cKave und der jüngere Tui, gehen in eine andere Werft, und cKave heiratet ein schönes Mädchen. Zu dritt machen sie sich auf den Heimweg. Beim Abschied stellt die junge Frau auf das Dach der elterlichen Hütte einen Lehmkrug und sagt: Wenn er herunterfällt und zerbricht, dann bin ich gestorben; ich kenne ja nicht die Gedanken meines Mannes. Unterwegs ereignet sich nun folgendes: bei der ersten Wasserstelle behalten sich die Brüder in einem Gefäß etwas Trinkwasser zurück, die Frau aber fällt beim Trinken in das Wasser und rührt den Schlamm auf. Bei der zweiten Wasserstelle wird vereinbart, daß die Frau eine Sa-Wurzel ausgraben soll, während die Brüder trinken. Die Frau merkt, daß sie weggeschickt werden soll, wird böse und geht trampelnd in die Wasserstelle. Jetzt merken die beiden Brüder, daß die Frau in Wirklichkeit eine Elefantin ist. Der ältere Bruder flieht voll Angst nach Hause, der jüngere bleibt und wirft dem Bruder Feigheit vor, wird von der Elefantin angegriffen und tötet sie mit seinem Messer. Der ältere Bruder kommt zurück, und beide enthäuten das Tier. Inzwischen ist in der Werft der Elefanten der besagte Krug zur Erde gefallen und zerbrochen. Die Elefantenherde macht sich auf, um die Brüder zu finden, und spürt auch deren Platz auf. Die Brüder hören das Getrampel; wieder läuft der ältere davon, Tui aber stellt sich und sagt: Ihr seid keine Menschen, ihr seid Tiere;

zerstreut euch, um Zweige der Stachelbäume zu fressen. Dann kommen der Bruder und die Sippe Tuis, und alle sättigen sich an dem Fleisch der toten Elefantin.

Was diese Mythe vom Elefantenmädchen sagen will, scheint ein doppeltes zu sein: einmal ist die Freundschaft zu Tieren so unmittelbar, daß die »Werft« der Elefanten zuerst gar nicht als solche erkannt wird. Aber schon auf dem gemeinsamen Weg wird den Brüdern die wirkliche Situation bewußt. Wenn die Verzauberung fällt und der Tod eintritt, »zerbricht« auch der Krug und beide Seiten erkennen, wer sie sind. Zum zweiten: die Tiere kehren endgültig in ihre, ihnen bestimmte Welt zurück. Die agierenden Hauptpersonen sind die beiden Buschmänner. Aber es wird zugleich unterschieden zwischen dem älteren Bruder als Feigling und dem jüngeren, der sich der Situation stellt. Verallgemeinernd ist zu sagen: wenn über Mensch und Tier geredet wird, taucht in den Gesprächen oft der Elefant auf. Es wird betont, daß der Geist des Menschen und der des Elefanten verschieden ist. Zuletzt ist das Tier nur Fleisch und wird verzehrt. Nur ein Buschmann, der Christ geworden war, dachte weiter (oder hatte folgende Unterscheidung übernommen): der Geist des Elefanten ist nicht vergleichbar mit dem menschlichen Geist; der Geist der »Heiden« (sc. der Buschmänner) geht in den Busch; sein eigener Geist geht zu Gott, zu //Gaua, wie er sagte; aber seine näheren Aussagen über Gott waren recht verworren.

Van der Post[4)], eher ein Novellist und Romancier, will auch als solcher gelesen werden. So erzählt er, daß er vor Beginn der Regenzeit ungefähr 40.000 Springböcke zugleich gesehen habe, die etwa 15 Minuten stehen blieben. Diese Bemerkung erweckt beim Leser ebenso Skepsis wie jene, daß er erstmalig die Geschichte wiedergeben will, »wie den Menschen das Feuer gebracht wurde«. Nach der ihm bekannt gewordenen Mythe besaß zuerst der Strauß das Feuer, das ihm dann die Mantis stahl. Diese und andere Mythen[5)] sind ihm »gewissermaßen die Bibel der Steinzeit«, da es sich um »Urgeschichten« der Menschheit handle.

Eine Mythe über die Herbeischaffung des Feuers liest sich bei Jantunen folgendermaßen:

Der genannte Uue hatte mit dem Uhu und der Eule zu tun, die damals Menschen waren, bevor es den ersten Buschmann gab. Uue bekommt in der Werft des Uhu gebratene Wurzeln zu essen, von denen er meint, daß sie an der Sonne getrocknet wurden. Er bringt sie seinen Frauen mit; sie erkennen sofort, daß die Wurzeln am Feuer gebraten wurden und schließen daraus, daß der Uhu das Feuer haben müsse. Sie schicken Uue wieder zurück; dieser klettert im Dunkeln auf einen Baum und sieht von dort die Feuer vor jeder Hütte brennen. Mit dieser Neuigkeit kehrt er zu den Frauen zurück, die ihre Vermutung bestätigt sehen und ihm auftragen, Feuer herbei zu schaffen. Jetzt beobachtet Uue die Uhus beim Mittagsschlaf, entdeckt auf dem Kopf des Uhu die Feuerstäbe und bei der Eule und ihren Jungen das leicht brennbare Gras. Als alle wieder wach sind, schlägt Uue einen Tanz vor. Beim Tanzen fallen dem Uhu die Feuerstäbe herunter und Uue nimmt sie an sich. Er wirft dem Uhu und den Eulen vor, daß sie doch nicht allein Menschen seien und gebratene Wurzeln essen können. Der Uhu und die anderen sind nun auf einmal Vögel, fliegen davon und lassen sich auf einem Kamelstachelbaum nieder. Uue aber wird der Hüter des Feuers. »Seitdem haben die Menschen Feuer angezündet und gebratene Wurzeln gegessen.«

Wie andere Mythen ist auch diese konsequent aufgebaut – eine beachtliche geistige Leistung. Wieder wird alles Geschehen in eine »frühe Menschenrasse« verlegt, an der auch bestimmte Vögel Anteil haben, ja vorher schon da waren und im Besitz des Feuers gewesen sind. Uue überlistet sie und seitdem ist das Feuer in der Hand des Buschmannes. Wieder zeigt sich die hohe Einschätzung der Tiere, die ursprünglich an Fähigkeiten dem Menschen überlegen waren, aber doch nur seine Helfer sein können. Die angewandte List und die Erbeutung werden keineswegs negativ, etwa als Diebstahl, eingestuft, sondern erweisen sich als Überlegenheit des Buschmannes, der das Feuer zu einem angenehmeren Leben nützt. Irgendwie braucht der Mensch das Tier, beinahe sind beide identisch, ebenso aber wird ihre Verschiedenheit dargestellt.

Läßt man sich bei der Betrachtung der Mythen von freien Assoziationen leiten, dann kann man, wie etwa E. Holm[6], sich bei einer Eule an die griechische Athene, die Göttin der Weisheit, und bei einem Raben an Odin, den germanischen Göttervater erinnert fühlen. Nur ist in unserer Mythe Weisheit nicht bei der Eule, sondern bei Uue, dem Buschmann vorausgesetzt. Oder: um aus den Tiertänzen, wiederum nach E. Holm, die »archetypische Einheit aller Kreatur, das große Credo der Urreligion« ... »die große Anschauung, daß das All aus Einem sei« herauszulesen, wird diese europäische Interpretation – mit Hilfe philosophisch-tiefenpsychologischen Kategorien – nicht ernsthaft mitvollzogen werden können.

Der zuletzt genannte Autor, wie auch van der Post zielen, das sei noch einmal ausdrücklich gesagt, mit ihren Bemerkungen nicht auf unsere Texte, sondern nahezu ausschließlich auf die *Bleek-Sammlung*[7], die wir hier noch streifen wollen. In ihr finden sich viele Tier- und Jagdgeschichten, die als Fabeln, Tiergewohnheiten etc. qualifiziert werden und Züge enthalten mit mythischen Elementen, die wir schon kennen. Eine dieser Geschichten handelt von einem Strauß:

Ein Buschmann hat einen Strauß bei seinem Nest getötet und trägt ihn heim. Seine Frau legt blutige, kurze Straußenfedern auf die Büsche, während beide den Strauß zu verzehren beginnen. Ein kleiner Wirbelwind bläst die Federn von den Büschen, eine blutbefleckte Feder fliegt gen Himmel und fällt herab in ein Wasser. Hier im Wasser wird die Feder wieder zu einem jungen Strauß. Er erstarkt, wird größer, kehrt zu seinem Nest zurück, in dem er früher lag. Er kann sich an diese Stelle und an seine früheren Straußenfrauen »erinnern« und nimmt eine dritte Frau. Ausführlich wird das Erscharren eines neuen Nestes, das Legen der Eier, ihr Bebrüten geschildert.

Hervorzuheben ist das Heranwachsen der Feder zu einem jungen Strauß, der sich seiner Identität »erinnert«. Es tritt kein Zauberer, keine Gottheit auf, die eingreift. Alles geht gleichsam von selbst vor sich. Will dieses mythische Element sagen, daß trotz der Tötung des Straußes, den der Buschmann zur Nahrung braucht, er sich im Wasser regeneriert und anschließend beginnt, sich weiter zu vermehren? Offenbar waren die Herausgeber einerseits dieser Meinung, sonst hätten sie diese Geschichte wohl nicht in den Abschnitt »Tierfabeln« aufgenommen und hierauf den Schwerpunkt gelegt. Andererseits haben sie die Geschichte mit dem Titel versehen »Auferstehung des Straußes«, ein religiös sehr anspruchsvolles Wort im Blick auf den in der Mythe geschilderten Vorgang. Auferstehung meint ja ein völlig neues Sein auf Zukunft und nicht die Wiederherstellung eines Teiles zum Ganzen, nicht Restaurierung zum Gegenwärtigen hin. Bemerkenswert ist die Rolle, die das Wasser spielt.

Es scheint so, daß auch bei Bleek die geheime Hoffnung bestand, eine Gottheit aufzuspüren. Er meinte, sie in der *mantis religiosa*, der Gottesanbeterin zu finden. Es handelt sich um ein Insekt, eine Fangheuschrekke, grüner Farbe mit zwei Fangarmen, mit rötlich schimmernden Flügeln, das zu den wenigen Insekten gehört, die ihren Kopf auch seitlich drehen können. In den Berichten der Erzähler taucht für dieses Insekt der Name !Kaggen oder Cagn[8] auf, den die Bleek-Familie mit Mantis wiedergibt. Dadurch ist einige Verwirrung und eine weitreichende literarische Kontroverse entstanden. Wir werden dieser mantis religiosa, wie sie anspruchsvoll genannt wurde und wird, noch begegnen, aber stellen erst kurz zwei Mythen voran, in denen sie die Hauptrolle spielt:

Der Sohn oder Enkel der Mantis (= des Mantis, der Name ist männlich) ging »vor langen Zeiten« aus, um für seinen Vater Holzstäbe zu sammeln, um »nach Leuten zu zielen, die auf den Fersen sitzen«. Er gerät in eine Herde von Pavianen und erklärt einem älteren, warum er unterwegs ist. In mehrfachen Wiederholungen wird diese Absicht allen Pavianen kundgetan. Ein alter Pavian kommt als erster darauf, daß sie, die Paviane, mit den Leuten gemeint seien, die auf den Fersen sitzen und fordert alle auf, dem Mantis-Sohn mit Fäusten auf den Kopf zu schlagen. Dabei wird ihm ein Auge ausgeschlagen und als Ball zum Spielen benutzt. Zu Hause schläft Mantis-Vater und träumt, wie es seinem Sohn ergeht. Er macht sich mit Köcher und Pfeilen auf den Weg und sieht, was die Paviane treiben. Es kommen ihm Tränen, die er aber verbirgt. Er legt Köcher und Fellkleid ab und beteiligt sich am Spiel der Paviane. Das Auge des Sohnes spürt den Geruch des Vaters, und als es wieder zu Boden fällt, springt der Mantis zu, wirft das Auge nach oben, das schließlich in die Felltasche neben dem Köcher gerät. Die Paviane suchen das Auge, streiten mit dem Mantis-Vater, schlagen sich gegenseitig; die meisten Schläge aber bekommt der Mantis. Er wendet sich an das Auge des Sohnes und seine niedergelegten Sachen und fordert sie auf, ihm zu folgen und fliegt mit ihnen zu einem Wasser. Das Auge seines Sohnes legt er ins Wasser und wünscht, daß es wieder wachsen möge. Ganz zerschlagen, mit Wunden bedeckt, kommt er nach Hause und erzählt alles, nur nicht, daß das Auge des Kindes im Wasser liege. Später geht er noch einmal ans Wasser. Da hört ihn das Kind und springt auf. Wieder geht der Alte fort, um eine Fellschürze zu nähen und diese dem Kind zu bringen. Mantis sagt dem nun schon am Ufer des Wassers liegenden Sohn, daß er sich nicht vor ihm fürchten müsse, er sei ja sein Vater. Beide gehen jetzt miteinander nach Hause und werden dort mit Erstaunen empfangen: die Paviane hätten doch das Kind getötet. Mantis erklärt, er habe nur sehen wollen, ob es ihm gelingen würde, aus dem Auge des Kindes wieder ein ganzes Kind heranwachsen zu lassen, wenn es auch noch nicht kräftig sei.

Die Elemente der Mythe sind leicht erkennbar: das buschmannartige Wesen des Mantis, der Traum der die Wirklichkeit wiedergibt, das Verhältnis zu den Pavianen (ähnlich und doch unähnlich), die Schläge, die er erhält, die Flucht, das Wiederherauswachsen des Sohnes aus dem Wasser, die glückliche Heimkehr. Schließlich bleibt der Unterlegene und Geschlagene doch der Sieger. Offen bleibt, ob aus dem Wasser der Sohn von selbst wächst, oder ob es Mantis-Vater »gelingt«, ihn aus dem Wasser wachsen zu lassen.

Eine andere Mantis-Mythe, die wir hier noch heranziehen wollen, erzählt folgendes:

Der Mantis verwandelt sich in ein Hartebeest (Hirschantilope) und stellt sich tot, als wurzelsammelnde Kinder ihn finden. Er wollte sie betrügen, »zum Besten halten.« Die Mädchen freuen sich über den Nahrungszuwachs und beginnen, das Fell mit Steinmessern abzuziehen und das Tier zu zerlegen. Das Fell scheint sich fortzubewegen und die auf Büsche gelegten Teilstücke der Antilope suchen sich einen bequemeren Platz. Die Mädchen wollen darum mit den Fleischstücken so rasch wie möglich nach Hause. Ein Kind trägt den Hartebeest-Kopf, mit einem Riemen befestigt. Die anderen tragen die übrigen Fleischstücke. Auf dem Heimwege geschieht es nun: der Hartebeest-Kopf fängt an, sich zu bewegen, zu flüstern, möchte den Riemen gelöst haben, der über seinem Auge liegt. Es ist ja Mantis. Das Mädchen beginnt zu wimmern und ruft nach der älteren Schwester, die ihr keinen Glauben schenkt. Aber das Mädchen löst nun den Riemen und läßt dabei den Kopf fallen. Mantis schimpft, weil ihm sein Kopf wehtut und als auch die Schwestern das Mantis-Fleisch fallen lassen, fügen sich alle Teile wieder zusammen. Die Mädchen laufen erschreckt davon und Mantis folgt ihnen in seiner menschlichen Gestalt. Die Kinder erzählen das Erlebnis ihren Eltern – und wieder ist Gelegenheit, alle Einzelheiten zu wiederholen. Die Eltern erklären: Ihr habt den Mantis, den »alten Herrn«, »den Feuerzeugbesitzer« aufgeschnitten. Die Kinder wiederholen noch einmal den Ablauf der Dinge, wie Mantis sich seinen Spaß gemacht habe, sie zum Besten hielt, und er jetzt drüben bei seinem Hause sitze.

Die beiden Mythen sind keine Doubletten. Aber vieles ist ihnen gemeinsam: das Abenteuerliche, das Komische, die Verwandlung, daß Sich-Wieder-Zusammenfügen. In der zweiten Mythe ist Mantis der Mittelpunkt schlechthin, der alles auslöst und zu Ende führt. Die Älteren kennen offensichtlich sein Verhalten, die Kinder aber erleben es zum ersten Mal, und sie finden es gar nicht so spaßhaft, wie es Mantis Vergnügen bereitet.

Sigrid Schmidt[9)] hat in einer sehr verdienstvollen Arbeit die widerspruchsvolle Literatur seit dem ersten Bericht über die mantis religiosa 1719 von Peter Kolp bis zur Gegenwart hin dargestellt: vom Mantis als »Hottentottengod« und von der Feststellung aus demselben 18. Jahrhundert, daß diese Vorstellung grundfalsch sei bis zu M. Gusinde 1966, daß es sich um ein »schwafelhaftes Gerede ... verabscheuungswürdiger Europäer« handle, ist jede Meinung vertreten. In der Arbeit von S. Schmidt werden besonders die Khoesan-Völker behandelt und zwar die verschiedenen Süd-, Nord-, Zentral- und Kap-Buschleute, Nama-Hottentotten und die Dama. Darüber hinaus werden auch Bantu- und Mischlingsvorstellungen berücksichtigt. Die erste Schwierigkeit liegt schon darin, daß wir es insgesamt mit schriftlosen Völkern zu tun haben und auf Mitteilungen der Europäer, die dieses oder jenes gehört haben, angewiesen sind. Bei der Fülle des zum Teil sehr unterschiedlichen Materials kann S. Schmidt 13 verschiedene Namen für Mantis anführen in der Annahme[10], »daß das Insekt mantis religiosa bei den Khoesan-Völkern allgemein den Namen des höchsten Wesens führte« – wie auch bei den Bantu-Nachbarn.

Wir beschränken uns hier bewußt noch einmal auf die Sammlung Bleek über die Kap-Buschleute, die als Gruppe völlig verschwunden sind und die von Orpen gemachten Mitteilungen.[11] Darüber hinaus hat Dorothea Bleek die Erklärung nicht erleichtert, wenn sie Mantis oder Kaggen sowohl als Insekt als auch als Demiurgen bezeichnet hat. Demiurg ist eine feststehende Bezeichnung aus dem Neu-Platonismus und komplizierten gnostischen Systemen und meint, daß die Schöpfung wider den Willen Gottes böse und minderwertig ist. Nun kann man diese Vorstellung den Buschleuten gerade nicht unterschieben. Eher erscheint ihnen die Welt als recht und gut. Aber dem Demiurgen allgemein zu einem »Schöpfergott« ohne nähere Bestimmung zu machen, ist vom religionsgeschichtlichen Material der Antike gesehen undenkbar. Näher der Sache kommt der Versuch, Mantis-Kaggen als Trickster-Gestalt anzusehen, also als einen Betrüger, Gauner, Possenreißer und Kobold. In diese Richtung weisen auch die oben zitierten Mythen. Nur ist Mantis dann keine religiöse Größe. Ihm sittliche Maßstäbe anzulegen, führt sofort wieder in eine andere Sackgasse. Denn der Gedanke an eine »vornehme, tadellos sittliche Persönlichkeit«[12], die das höchste Wesen darstellen soll, kann nicht mit »schlechten Charaktereigenschaften« zusammengebracht werden. Diese hohe Einschätzung eines höchsten Wesens läßt umgekehrt nur den Schluß zu, daß unsere Fang-Heuschrecke doch nichts anderes ist als ein bedeutungsloses Insekt. Es besteht keine Schwierigkeit, das Vergnügen der Buschleute an den tricksterhaften Zügen zu verstehen, wenn wir ihre Ethik betrachten, die im Betrügen und Possenreißen nichts Negatives sehen kann. In ihrer Gesellschaftsform hat betrügen einen anderen Stellenwert als in der unseren; das darf nicht übersehen werden.

Was ergeben heutige Erhebungen und Nachforschungen? Es ist S. Schmidt zuzustimmen[13], daß bei heutigen Befragungen über die mantis »sicher neun von zehn Leuten keinerlei Angaben machen können«. Wir haben in allen Gebieten der Buschmänner nicht eine einzige Information darüber erhalten können, daß dem Mantis eine besondere Bedeutung zukomme. Kaggen, Kalunga scheiden ebenso aus, weil diese Namen lediglich südlich des Kavango in Mischgebieten vorkommen.

Ein Mischling (nur die Mutter war eine Buschfrau) ist auch jene Frau, die van der Post[14] in seiner Kindheit eine Mantis-Befragung miterleben läßt. Die Kinderfrau Posts bekommt auf ihre Frage, wie hoch das Wasser stehe, die Antwort durch die nach oben gerichteten Fangarme des Insekts.[15] Auch E. Holm, Archäologe[16], erzählt aus seiner Kindheit, daß ein Busch-Mischling eine Mantis nach dem Verbleib entlaufener Pferde befragt und vom Insekt die Antwort durch eine ruckartige Wendung des Kopfes erhält. Beide Autoren haben so einen unauslöschlichen Eindruck empfangen (Holm: »den festen Glauben an die Unfehlbarkeit des Mantis«), beide berichten von der Anbeter-Haltung der Fragenden (»wie ein Christ im Gebet«, Post) und der »frommen Versunkenheit des Mantis«. Auch S. Schmidt zeigt sich beeindruckt, wenngleich sie die weltanschaulichen Folgerungen bei van der Post mit Recht ablehnt, aber dem weltanschaulichen Hintergrund bei Holm nicht nachgeht. Dieser wird von Holm selbst oft betont als europäischer Panentheismus angegeben, dessen Inhalt er aber unter der Hand verändert.

Mit van der Post kann man in der Tat sich nur weltanschaulich auseinandersetzen. Er schreibt, unter Verwendung der Bleek- und anderer Texte, im Genre der Unterhaltungsliteratur, in der betont subjektiv-persönliche Einfälle und Erlebnisse eine wichtige Rolle spielen. Einem Schriftsteller ist vieles erlaubt. Vielleicht ist aber auch für ihn die Grenze, gleichzeitig Informationen weiterzugeben, überschritten, wenn er in seinem Buch Berichte einflicht, die mit einer Art objektiver Wertung versehen werden. So erzählt er zum Beispiel im Zusammenhang mit den Mantis-Geschichten von »einem weisen und liberalen, südafrikanischen Theologen« (auch aus seiner Kinderzeit), für den das Wort »Sünde – im ältesten griechischen Text des Neuen Testamentes – der Fachausdruck eines Bogenschützen für das Zielverfehlen gewesen sei«. Ein Blick in ein Fachlexikon hätte ihn belehren können, daß er schlicht falsche Informationen weitergegeben hat. Kann man diese und ähnliche erzählende Literatur überhaupt als Belege übernehmen?

Wir wenden uns wieder Sigrid Schmidt zu. Sie macht die Mitteilung, daß Wahrsage-Hölzer »Gottes *Willen* offenbaren, aber nicht als Erscheinungs*form* Gottes gelten können«[17]. Was aber ist Offenbarung anderes als Erscheinungsform Gottes? Wenn diese Aussage nicht gelten soll, welchen Sinn hat dann das Wort »offenbaren«? Schmidt schließt mit der Feststellung ab, daß für den Europäer die widersprüchlichen Charakteristika des Mantis-Kaggen die Ursache sind »für unser so unklares Bild von den Khoesan-Religionen«, wobei sie zugleich auf die unzureichenden europäischen Quellen verweist. Nimmt man die Vorstellung eines höchsten Wesens unter den Khoesan-Völkern an, ist die Trickster-Seite nicht zu übersehen, wenn man die Glaubenswelt dieser Völker verstehen will. Dieses Ergebnis der Untersuchungen wird schon am Anfang ihrer Arbeit in einer Beschreibung wiedergegeben, die aus den oft widersprüchlichen Informationen doch »den alten Glauben deutlich erkennen« läßt. Geht man von dieser Prämisse aus, dann wird man das Gesuchte auch finden, vor allem wenn man das Material aus einer Bandbreite bis einschließlich der Bantu-Vorstellungen bis hin zum Kongo und auch aus europäisch-allgemeiner Literatur ohne gründliche Hinterfragung heranzieht. Nimmt man alle Vorstellungen auf, dann eröffnet sich unseres Erachtens ein neues, sehr gewichtiges Problem: das Auftauchen einer Mischreligion, die nun nicht der »alte Glaube« ist. Wir wollen dabei von der Unsicherheit absehen, ob sich das Begriffspaar »neu und alt« überhaupt halten läßt.

Noch ein Wort zum Erleben. Einmal wird von Kaggen in »Scheu und Ehrfurcht« erzählt, so daß nach L. Marshall aus Furcht nicht einmal der Name des höchsten Wesens ausgesprochen wird. Aber dieselben Informanten nennen bei den Trickster-Geschichten den Namen des höchsten Wesens laut und ohne Zögern und wälzen sich »vor Lachen auf dem Boden«. Diese entgegengesetzten Verhaltensweisen werden aus den verschiedenen Funktionen des höchsten Wesens erklärt. Nur – wie soll der – in einer im Grunde gleichbleibenden Situation lebende Buschmann wissen, wann er die Haltung der Scheu, Ehrfurcht, ja der Angst oder die eines allgemeinen Gelächters einnehmen soll? Hängt der geradezu entgegengesetzt eintretende Effekt nur vom Können des Erzählers ab oder soll man annehmen, daß das Verhalten der Zuhörer sich von einem Gegensatz zum anderen bewegt? Würde dieses sich auf entgegengesetzte Verhaltensweise aus Beobachtungen belegen lassen, dann wäre es völlig unverständlich, wenn Informanten immer wieder versichern, daß sie zum Beispiel Angst nicht kennen, ja bei den Schwarzen bespötteln, wie schon mehrfach ausgeführt wurde. Natürlich läßt Ehrfurcht sich auch aus einer allgemeinen Haltung erklären, nämlich gegenüber jeglichem Lebewesen. Die ebenso zu beobachtende Fröhlichkeit, die Bereitschaft zum gemeinsamen Lachen gegenüber dem Verhalten des Mantis erwächst dann aus jener Harmonie zwischen Tier und Mensch, oder vereinfacht gesagt aus der Tierliebe.

Wir haben vom Erleben auf der Ebene der Psychologie argumentiert. Dahinter steht die geistige Leistung der Buschmänner, die sich in ihrer andersartigen Moral ausdrückt. Von Religion kann damit noch nicht gesprochen werden. Anders – aus unserer Sicht – formuliert: Ethische Verhaltensweisen müssen nicht mit Religion zu tun haben. Dafür gibt uns die Religionsgeschichte genügend Beispiele. Eine Akkulturation an die Zivilisation bleibt immer problematisch.

7. Nach Bleek-Texten: Mythen, Fabeln, Jagd- und Tiergeschichten

In allen Mythen steckt, wie wir sagten, ein starkes narratives Moment. Buschmänner erzählen gern, auch dem Fremden, wenn er ihr Vertrauen gewonnen hat. Schwieriger ist es, Mythen zu analysieren und einzuordnen, da eine allgemein anerkannte exakte Definition des Begriffes Mythos nicht vorhanden ist.

Es war schon davon die Rede, daß die erste große Sammlung von Mythen – insgesamt 70 Titel umfassend – in den Jahren 1870 bis 1884 von W. H. I. Bleek und seiner Schwägerin L. C. Lloyd nach Diktaten einiger Buschmänner niedergeschrieben wurde. Nach dem Tode Bleeks, 1875, hat Miss Lloyd und seine Tochter Dorothea Bleek das vorhandene Material gesichtet, erweitert und nach und nach in den Jahren 1911 bis 1936 in englischer Sprache veröffentlich.[1)] Käthe Woldemann hat das meiste ins Deutsche übertragen (1938) und sich ihre Übersetzung von Dorothea Bleek autorisieren lassen. Nach dieser Ausgabe zitieren wir[2)], weil sie leicht zugänglich ist.

Diese Sammlung ist von vielen, zum Beispiel von L. van der Post in freier Form und von E. Holm wörtlich, zum Teil unter nicht immer gekennzeichneten Auslassungen benutzt und interpretiert worden. In der religionswissenschaftlichen Literatur hat die Sammlung weniger Aufnahme gefunden als bei Linguisten, für die sie auch zuerst angelegt wurde. Bleek war, als Schüler Max Müllers (1823 bis 1900), dem Sprachforschung als bestes Mittel zum Studium der Religionen galt, Philologe und Bibliothekar und hat, unterstützt durch seine Familie sich als erster mit den Buschmann-Sprachen beschäftigen und so ihre Religion erforschen wollen. Zu diesem Zweck wurden die Mythen sorgfältig aufgenommen und übertragen. Aus demselben Interesse erfolgten auch Erklärungen und Anmerkungen und von hieraus gesehen sind seine posthum erfolgten Veröffentlichungen von unschätzbarem Wert, auch wenn man seinem Ziel nicht ganz zustimmen kann. Einige wenige Mythen stammen aus dem Bereich der !Khung, die meisten dagegen gehören dem Stamm der !Kham an, die damals in einigen Resten am Rande der Kap-Provinz, dem im Norden gelegenen Kenhardt-Distrikt, südlich des Oranje-Flusses ihr ihnen damals bereits strittig gemachtes Schweifgebiet hatten.

Es handelt sich vor allem um drei Buschmänner, Vater, Sohn und Schwiegersohn, die zur Strafarbeit an den Buhnen der Tafelbucht verurteilt waren. Sie waren unter 28 Buschmännern wegen ihrer guten Erzählgabe von der Familie Bleek ausgesucht worden. Diese hatte durch ihre guten Beziehungen zum Gouverneur des Kaplandes erreicht, daß die Gefangenen im hintersten Ende des Gartens wohnen durften und ihnen täglich zur Verfügung standen. Wie waren die Buschmänner zu dieser Strafarbeit gekommen? Sie hatten, um ihren Hunger zu stillen, einen Springbock (nach anderer Version ein Schaf) getötet. Ein Farmer hatte sie deshalb angezeigt und eine Polizeipatrouille aus Bantus sie mit Eisenketten gefesselt auf einem Wagen abtransportiert. Nachts wurden ihre Beine in Fußblöcke gesteckt und tagsüber wurden sie auf den Stationen des Transportes zum Straßenbau eingesetzt. Die Frauen der beiden jungen Männer liefen ihnen noch eine zeitlang mit ihren Kindern auf dem Rücken nach, mußten aber dann zurückbleiben. Die Männer kamen schließlich ins Kapstädter Gefängnis. Man kann die Schilderung ihrer Erlebnisse, die der Mythen-Sammlung vorangestellt ist, nicht ohne Erschütterung lesen, was diesen so an Freiheit gewohnten Menschen angetan wurde, wie sie unter Heimweh litten und im Garten Bleeks »Frauenarbeit« zu tun hatten. Europäisch mit Halstuch und Weste wie ein Esquire angezogen, wurde Kabbo von einem deutschen Maler porträtiert.

Auch die Übermittler der wenigen !Khung-Texte haben ihre Geschichte. Durch Vermittlung eines Freundes von Bleek wurden sie aus dem mittleren Teil des Nordostens von Namibia nach Mawbray, auf eine Farm gebracht, wo sie 1879 bis 1882 blieben. Sie waren unter 14 Jahre alt. Die Behörde schickte später noch zwei jüngere Knaben nach.

Ohne etwas dramtisieren zu wollen, muß man sich klarmachen, daß sie alle aus ihrem gewohnten Leben und ihren Clans herausgerissen worden sind. Während sie auf verschiedene Weise mit unserer Zivilisation in Berührung kamen und nur darauf warteten, in ihre gewohnte Welt zurückkehren zu dürfen, wurde von ihnen verlangt, daß sie ihr innerstes Denken preisgeben. Mit welchem Takt und Zartgefühl muß die Familie Bleek mit ihnen umgegangen sein, daß sie bereit waren, bloßzulegen, was sie von ihren Müttern, Großmüttern und Vätern gehört haben. Man wird das alles bei der Beurteilung ihrer Mitteilungen ins Kalkül ziehen müssen. Schwerer fällt ins Gewicht, daß die Europäer damals ihre Lebensform mit ihnen nicht geteilt haben. Es gehörte zwar zum Zug jener Zeit, erscheint uns heute aber als ein erheblicher Mangel.

Die Diktate sind in verschiedenen Jahren aufgezeichnet. Die meisten stammen aus den Jahren 1875 bis 1879, vereinzelte aus 1871 bis 1874, während wir besonders viele Mitteilungen aus den Jahren 1878/79 und 1880 haben. Nach vier bis fünf Jahren ihres Aufenthaltes kamen also die ersten, nach acht bis neun Jahren der größte Teil der Erzählungen zum Vorschein, also nach dem Tode Bleeks. So lange hat es bis zum Aufbau eines gegenseitigen Vertrauens gedauert, wenn man einige Jahre für das Erlernen der Sprache und die Entwicklung der Schrift in Abzug bringt. Die Aufzeichnungen werden aber nicht in der angegebenen zeitlichen Reihenfolge dargeboten, sondern nach zusammenfassenden Überschriften, das heißt, sie beinhalten eine bestimmte Systematik. Diese beginnt mit Mythen über Sterne, Sonne, Mond und Wind und geht über zu poetischen Texten. Ihnen folgen: Legenden, Gewohnheiten und Aberglaube, Tierfabeln, Jagd, Herstellung von Tontöpfen und ein kurzer Abschnitt über den Tod. Diese Abgrenzungen sind nicht immer ganz einsichtig. Denn auch unter den Kapiteln über Legenden, Tierfabeln usw. finden sich Mythen. Aber das ist schließlich nur eine Sache der Sprachregelung.

Die ersten Diktate aus 1871 handeln von einer alten, kranken Frau, die von der fortziehenden Gruppe zurückgelassen werden mußte. Dieselbe Situation ist in »Narro«[3] ausführlich erzählt. Sie hat, wie wir schon sahen, nichts mit Gefühllosigkeit zu tun, sondern ergibt sich aus dem Leben der Buschmänner und wird von der zurückgelassenen Sterbenden wie von dem fortziehenden Sohn akzeptiert. Die zweite Geschichte aus diesem Jahr macht mit der schon besprochenen Sitte bekannt, einem Knaben oder einem Mädchen gleich nach der Geburt das oberste Glied des kleinen Fingers abzuschneiden. In einem 13 Jahre später gegebenen kurzen Bericht wird das Abschneiden der Fingerspitze durch den Vater (!) mit einem besseren Wachstum der Kinder in Zusammenhang gebracht. Da dieses Diktat unter der Überschrift »Gewohnheiten und Aberglaube« steht, scheint Bleek als Ursprung der Vorstellung an eine »magisch-zauberhafte« Wirkung gegenüber den dem Kinde drohenden Gefahren zu denken. Aber die Bemerkung ist zu knapp, um diesen oder anderen Hypothesen Beweiskraft zu geben.

Im gleichen Abschnitt anschließend wird eine Mitteilung des Buschmanns Kabbo wiedergegeben, nach der er, mit am Schreibtisch sitzend, Besucher an der Tür klopfen hört, die eine Nachricht überbringen. Diese Beobachtung benutzt Kabbo zu einem Vergleich. Er berichtet von einem Sich-Ankündigen, einem Vorauswissen, einem *Vorausahnen* bestimmter Ereignisse. Er denkt an seine zurückgelassenen Angehörigen, zum Beispiel an ein Zurückkehren seiner Frau, ein Sich-Ankündigen, ohne daß er sie sah, oder an das Spüren einer alten Wunde. Dieses Vorausahnen oder auch Voraushören will er nicht als Traum verstanden wissen, sondern es sei ein Klopfen im Körper, eine Empfindung an den Füßen oder im Gesicht, an den Augen oder im Kopf, auf die er schweigend hinhorche. Auch erinnert Kabbo an ein Vorausspüren der Jagdbeute, einen erlegten Springbock, den der Jäger auf seinem Rücken trägt und die Haare des Fells, das Tropfen des Blutes in den Kniekehlen und an den Beinen schon vorher spürt. Ohne es zu sehen, ahnen sie, wie das Wild im Frühjahr wandert, lassen es von einer Anhöhe von Knaben beobachten und machen sich auf deren Wink sofort zur Jagd bereit. Dieses Gespür, diese Witterung, dieser »Riecher« für das, was gleichsam in der Luft liegt, das Vorauswissen, das im Schmerzen bestimmter Körperteile sich bemerkbar macht, ist auch uns nicht unbekannt, wenn auch in dieser Weise nicht alle Menschen gleichmäßig reagieren. Um diese Phänomene zu begreifen, bedarf es keines besonderen Hinweises auf okkulte, visionäre oder ähnliche Vorgänge.

Symbole oder archetypische Deutungen setzen voraus, daß ihre Inhalte auf einer gleichartigen kulturellen oder religiösen Ebene liegen. Ob diese Gegebenheiten vorhanden sind, muß von Fall zu Fall geprüft werden und lassen sich etwa von unserem Kulturkreis auf die Buschmänner nicht übertragen. Unter anderem bedient sich E. Holm dieser Methode. Er deutet so den Schädel des Springbocks als »Todesprophetie ... die tiefste und letzte Wurzel der Tragödie der Griechen«.[4] Er folgert für den Buschmann Kabbo, daß er ein »Urbild des Herakles«[5] sei. Sieht man das von jenem deutschen Maler hergestellte Porträt Kabbos, in der Kleidung eines Esquires des vorigen Jahrhunderts an, dann fehlt uns jedes Verständnis für eine Verbindung mit Herakles oder überhaupt für einen Vergleich der Welt der Buschmänner mit der griechischen Sagen- und Götterwelt. Die sehr verschiedenen Ebenen des Stoffes liegen zutage.

Anschließend berichtet Bleek recht allgemein über Tänze. Allgemein deshalb, weil jegliche Qualifizierung, auch jeder Hinweis etwa auf den Medizinmann-Tanz fehlt. Im Blick auf die verschiedenartigen Bräuche der verschiedenen Gruppen ist anzumerken, daß nach Bleek eine sitzende Frau eine Trommel schlägt. Das Singen und das Klatschen der Hände wird auch hier berichtet, so daß die Trommlerin offenbar den Rhythmus unterstützt. Die Benutzung einer Trommel deutet wahrscheinlich auf von Bantus übernommenes Gut hin. Tanzrasseln sind ebenfalls bekannt, werden aber anders hergestellt, nämlich aus dem inneren Fell der Springbockohren, die mit Samen einer kürbisähnlichen Pflanze gefüllt und vernäht werden. An einem Fuß werden nur vier bis fünf der präparierten Springbockohren als Tanzrasseln befestigt. Notiert ist die Gewinnung von Gift aus einer Kürbisfrucht, der Kuarri (Sohn des Windes)[6] für die Jagdpfeile. Auf der gleichen Ebene liegt die Herstellung von Kochtöpfen aus Ton durch die Frauen. Sie ist unter den !Khung schon aus Mangel an Tonerde nicht anzutreffen. Sollte es bei den !Kham anders gewesen sein?

Aufhorchen lassen wiederholte Bemerkungen über eine *»frühe Rasse«*. K. Woldemann erklärt dazu (Seite 12), daß in der Buschmann-Mythologie »frühe Rasse« bedeutet »die ersten Buschmänner, die zuerst die Erde bewohnten«. Aber auch eine bestimmte Eidechsenart, die sich auf sehr trockenem Boden bewegt, wird als Mann der frühen Rasse bezeichnet (Seite 63). Oder ein, dem Strauß in der Farbe näher, aber wesentlich kleinerer Vogel, nerru, heiratet einen Mann der frühen Rasse (Seite 60) usw. Vergeblich wird man hier historische Anklänge festzustellen suchen. Der Mythus bewegt sich außerhalb der Kategorien Raum, Zeit und Kausalität. Er erzählt Historie im europäischen Sinn auch nicht in verhüllter Form. Aber er sagt etwas aus über das Existenzverständnis des Erzählenden. Insofern kann man von »anthropologischen« Mythen reden. Wir kommen gleich noch auf diesen Zusammenhang zurück.

Vorerst müssen wir noch einige andere Mythen in Betracht ziehen:

Die »Geschichte von dem Mädchen« (Seite 57) und den Müttern hat eine Erzählerin weitergegeben. Sie handelt vom Wasser »so mächtig wie ein Stier«, von Wasserkindern »so groß wie Kälber großer Tiere« und so schön wie Zebras, Tiere, die das Mädchen tötet und davon ißt. Ein Wirbelwind trägt dann das Mädchen, später dessen Mutter, Frauen und den Vater mit ihrer Habe zu einer

Quelle. Sie werden zu Fröschen und ihre Habe versinkt.[7] *Am Ende wird mitgeteilt, daß alle diese Dinge, wie zum Beispiel Pfeile des Vaters, Gras und Schilf ihrer Hütte wieder auftauchen, an das Ufer kommen und nun jenen »frühen« Buschmännern gehören.*

Was wir vor uns haben, ist am ehesten der *Typus einer ätiologischen Mythe*. Sie will bestimmte Dinge und Vorgänge erklären. In diesem Fall die Herkunft der Pfeile und die gewohnte Errichtung von Windschirmen. Nach dem Mythus haben das alles die Buschmänner nicht erfunden, sondern es kam in Gang durch die »Schuld« eines Mädchens, das mythische Tiere getötet hat, ohne daß sie deswegen »beschuldigt« wird. Folgen wir der ätiologischen Deutung, dann will die Mythe Auskunft geben, woher die Dingwelt letztlich gekommen ist, woher Hütten und Pfeile, die Welt der Dinge, stammen. Eine Erklärung aber, warum alles auftaucht, wird ebensowenig gegeben, wie es offen bleibt, warum das ganze Geschehen mit einem, auf die Quelle zueilenden, Wirbelwind in Beziehung steht, und warum die Verwandlung in Frösche erfolgt. Die Frage nach einem Warum ist mythischem Denken unangemessen. Es findet sich auch kein Hinweis darauf, wer hinter den Vorgängen entscheidend und handelnd steht. Es sind keine Götter da, die direkt oder indirekt etwas erschaffen oder in Bewegung setzen.[8] Es gibt also keine »Schöpfungsgeschichten«. Durch nichts, aber auch schon durch gar nichts ist die geäußerte Ansicht, daß hier ein »Urwissen« zum Ausdruck käme, nach dem das Leben sich aus dem Wasser entwickelt habe. Das scheint an unser heutiges Weltbild erinnern zu wollen. Nur kommen nach der Mythe nicht Personen der »frühen Rasse« aus dem Wasser, sondern Dinge. Oder: naturwissenschaftliche und mythische Erklärungen liegen auf zwei ganz verschiedenen Ebenen und sind nicht harmonisierbar. Die Aussagen auf diesen beiden unterschiedlichen Ebenen geben jeweils wieder, was der Mensch auf diesem oder jenem Wege erkennen und was er ausdrücken kann. Wesentlich ist die Verwandlung als eine Art zauber- oder märchenhaften Vorganges, ohne daß wir hier etwas von einem »Zauberer« zu hören bekommen. Mythen sind nicht logisch und eindeutig. Sie lassen der Deutung und der Phantasie einen erheblichen Spielraum. Eine zureichende Analyse kann gelingen, wenn man die Vorstellungswelt der Mythen aus anderen, etwa schriftlichen Quellen zum Vergleich heranziehen kann. Diese aber haben wir nicht bei den »schriftlosen« Völkern.

Eine gewisse Parallele bietet der Mythus vom »Regen-Bullen«.

Eine junge Frau der frühen Rasse bleibt in ihrer Hütte mit ihrem Kind zurück, während die anderen Frauen auf Nahrungssuche gehen. Aus einer Quelle, einem Wasserloch steigen Regen und Nebelschwaden mit einem pilzähnlichen Geruch auf. Sie nähern sich der Hütte und nehmen die Gestalt eines Stieres an, der die junge Frau »freien« will, die ihn für einen Mann hält. Sie legt ihr Kind in der Hütte nieder, preßt »Buchu«[9] *auf die Stirn des Tieres, besteigt den »Regen«, läßt sich fortführen und sieht sich die Bäume an. Unter einem großen Baum möchte sie absteigen, weil sie Schmerzen hat, benutzt wieder Buchu und der Regen schläft ein. Sie klettert nun am Baum herunter, geht wieder nach Hause, und der Regen kehrt zum Wasserloch zurück. Die vom Veld heimkehrenden Frauen sind mit der Klugheit der jungen zufrieden, weil sie sonst alle zu »Fröschen« geworden wären. Sie verbrennen »Hörner«, damit der Regen ihnen nicht »zürne« und, so muß man wohl ergänzen, der Regen in den Schluchten bleibe.*

Um zu erkennen, wohin kleine, aber entscheidende Hinzufügungen durch Interpretatoren führen, greifen wir auf jene Bemerkung zurück, nach der die junge Frau den Regen-Stier für einen Mann hält. Hier fügt ein Interpretator[10] hinzu: Der dunkle, nämlich dämonische Stier erscheint plötzlich »halb tierisch, halb menschlicher Gott«, »als Gott, wie das noch, in der Entführung Europas, der Donnerer Zeus wiederholt«. Von einem Gott ist zwar nirgends die Rede, auch nicht von einem Halbgott. Die Sage von Zeus, die wir von Homer kennen, läßt Zeus vom Berge Ida auf der Insel Kreta nach Kleinasien sehen, dort die Prinzessin Europa entdecken, die er in der Gestalt eines weißen Stieres auf seinem Rücken durch das Meer zum Kap Sideron entführt. Dort zeigt er sich in seiner eigentlichen Gestalt, feiert Hochzeit und zeugt drei Kinder. So hat man die Entstehung der Kultur Europas erzählt, innerhalb einer bäuerlichen Gesellschaft, die den Überfluß ihrer Ernten zu exportieren begann und sie zu Seefahrern und Städtegründern machte.

Was ist hier wirklich zwischen beiden Mythen, der vom Regenbullen und der von Zeus, gemeinsam? Nicht mehr als das »Freien« und Entführen auf dem Rücken eines Stieres. Sonst ist alles, bis in die Einzelzüge hinein, unvergleichbar. Die Kulturen, auf deren Boden beide Mythen jeweils entstanden sind, sind so verschieden, daß sie nicht ineinander geschoben werden dürfen. Äußerliche, ins Auge springende Vergleichspunkte dürfen nicht für die Unterschiede blind machen. Das ist ein weithin bekanntes Ergebnis der Mythen- und Sagenforschung. Damit fallen grundsätzliche Entscheidungen, die weitgehende Folgen haben. Denn jeder Mythus ist aus seinem Kontext, der jeweiligen Kulturlage und Entwicklung zu deuten. Dieser ist in unserem Falle ein sehr unterschiedlicher.

Nicht weniger wichtig ist, daß in den Mythen der Bleek-Gruppe niemals von einem Gott oder von mehreren Göttern die Rede ist. Darüber gibt es keine Diskussion. Was es mit dem mantis religiosa auf sich hat, haben wir schon erörtert. Anzumerken ist, daß in der Buschmann-Mythe zauberhafte Züge zum Vorschein kommen, auf die wir schon hingewiesen haben. Sie tauchen auch dort auf, wo erzählt wird, daß ein Mädchen, wieder der frühen Rasse, Holzasche zum Himmel hinaufwirft und so die Milchstraße entsteht. Oder die rot und weiß leuchtenden Sterne werden durch Hinaufwerfen von Wurzeln erklärt. Oder: ein Buschmann berichtet, daß sein Vater erschossen wurde, als er sich – als Zauberer – in die Gestalt eines Löwen verwandelt hatte und durch seinen Tod nicht mehr dazu kam, dem Vater des Erzählers das Geheimnis des Zauberns weiterzugeben. »Die Saite ist mir zerbrochen«, der Faden ist abgerissen. Die Kugel, die den »Zauberer« traf, hat ihn schlagartig aus seiner Vorstellungswelt in die Wirklichkeit versetzt.

Was meinen diese Aussagen vom Zaubern und von Zauberern? Oft wurde schon dazu vermerkt, daß wir uns hier wieder in der Nähe der Magie befinden, wobei Zauber und Magie als Synonyma verwendet werden. Will man eine Unterscheidung treffen, so handelt es sich um nicht mehr als eine Akzentverschiebung. In beiden Fällen geht es darum, die eigene Kraft zu steigern, um mit feindlichen Mächten fertig zu werden oder es wenigstens zu versuchen. Dazu dienen bestimmte Techniken oder Sprüche, die möglicherweise durch Generationen weitergegeben wurden. In der Gruppe des Kenhardt-Distriktes ist die Traditionskette solcher Techniken unterbrochen, »die Saite ist zerrissen«. Ist damit gemeint, daß »Zaubern« nun der Vergangenheit angehört, nicht mehr gehandhabt, nicht weiterentwickelt wurde oder ist das alles nur ein Vorwand, um nicht mehr darüber reden zu müssen? Nicht weniger auffallend ist, daß vom *Werden der Sternenwelt* in verschiedenen Mythen bemerkenswert zurückhaltend erzählt wird, daß keine Kosmologie entfaltet wird. Versteht sich der Buschmann als ein »Macher«, wenn von jenem Mädchen der frühen Rasse erzählt wird, daß es durch das Hinaufwerfen der Asche die Milchstraße und damit einen Teil des Alls entstehen ließ? Schon das Aufkommen einer solchen Vorstellung wird gleich wieder zurückgenommen. Es war ja die »frühe Rasse«, die das vermochte. Nichts wird aus- und weitergeführt. Der Buschmann erlebt in seiner Umgebung zu eindrucksvoll die Macht etwa der Naturkräfte, als daß er sich als ihr Herr und Gebieter, ja als ihr »Urheber« (N. Söderblom) verstehen könnte. Oder soll man von einem zauberhaften »Eingriff« sprechen? Nur, das Zauberwesen als Ganzes entwickelt sich unter den Jägern und Sammlern nicht in der Weise wie bei Viehzucht und Ackerbau treibenden Völkern, die beginnen, ihre Umwelt stärker zu verändern und zu gestalten. Wenn wir bei dem Thema des Werdens der Milchstraße bleiben, steckt dahinter eine Art Astralkult, in dem für Sonne, Mond und Sterne noch andere Aspekte auftreten? Auch sie sind nicht nachweisbar.

Die Bleekschen Texte zeigen einen bestimmten, sich wiederholenden Aufbau. Entweder beginnen sie damit, daß Buschmänner oder Tiere nach dem Auf- und Niedergang der Sterne, des Mondes und der Sonne

Ausschau halten, oder sie enden damit, daß die Nacht durch Himmelskörper erhellt wird und die Sonne den Tag erleuchtet und erwärmt. Daneben findet sich ein anderes, wichtiges Stilelement: die ständige Rede von der »frühen Rasse«, die zuerst die Erde bewohnte, auch als die »ersten Buschmänner« benannt, nach deren Aussterben die heutigen »Steppen-Buschmänner« das Land bewohnen. Zwischen beiden gibt es keine direkte Verbindung. Alles, was den Kosmos erstehen ließ und die gegenwärtige Welt prägt, ist durch die »frühe Rasse« geschehen. Ob es bei der Milchstraße und den Sternen ein junges Mädchen ist oder Kinder den »Sonnenmann«, der ein Mensch auf Erden war und nur wenig Licht und Wärme »aus seinen Achselhöhlen« in seiner Nähe verbreitete, auf Anraten alter, frierender Frauen zum Himmel hinaufwarfen, so daß die Sonne kugelrund und nie wieder ein Mensch wurde – immer sind es Kinder, »grüne« junge Mädchen, die für die späteren »Steppen-Buschmänner« entscheidend handeln. Für diese und auch für Tiere und Pflanzen ist die vorfindliche Welt eingerichtet – andere Völker kommen selten ins Bild. In mythischer Redeweise wird erzählt, daß es vielleicht noch eine andere Welt, oben oder unten, mit irgendwelchen Wesen geben kann. Niemand kennt sie oder hat ein wirkliches Interesse daran. Insofern bestätigt sich, daß der Buschmann und seine Umgebung im Mittelpunkt der Mythen stehen, aber kein Heros und kein Gott. Das Kommen und Gehen der Sterne, ihr stärkeres oder schwächeres Leuchten, das Zu- und Abnehmen des Mondes wird ständig beobachtet, ist es doch von großer Wichtigkeit für ihre bloße Existenz. Ein Großvater, der mit dem Enkel in der Kühle der Nacht nach dem vollstrahlenden Kanopus Ausschau hält, vergleicht seinen leeren, hungernden Magen mit dem vollen Stern. Er wünscht sich singend, in drängender, imperativer Form einen Tausch, um seinen Hunger zu stillen. Was im Text ausdrücklich als Wunsch bezeichnet wird, überschreibt die Herausgeberin mit »Gebet«. Nun können Wünsche in Form von Bitten formuliert werden. Ein aufsteigender Wunsch ist jedoch nicht schon ein Gebet. Man kann sich manches wünschen, ohne zu beten. Umgekehrt wird ein religiöser Mensch seine Gebete nicht gerade als Wünsche bezeichnen. Die Mythe schließt damit ab, daß der Großvater sich hinsetzt, um einen »Pfeil zu schärfen«. Offensichtlich hofft er, daß sein Wunsch, ein Stück Wild zu treffen, in Erfüllung gehen möchte. Wozu hat man ernsthafte Wünsche, wenn man zu ihrer Erfüllung nicht auch das Nötige tut? Der Zusammenhang zwischen Wünschen und Tun hat, wie der Großvater sagt, seinen Sitz im Gefühl. Woher nimmt der Mann die Hoffnung, daß nach seinem Gefühl der Pfeil am nächsten Tag treffen wird? Ist hier vom Aufblick zum Kanopus und dem Wunsch abzuleiten, daß es doch eine Art Astralkult gab?

Eine andere Mythe erzählt folgendes: Im Winter geht der Sirius auf und mit Singen und mit einem brennenden Holzstück in der Hand wünschen die Leute, daß die Sonne stärker scheinen möge, damit sie nicht so frieren. Ein Vater, der so handelt, legt sich anschließend nieder und »fühlt«, daß er »etwas bewirkt« habe. Frauen, die in der Frühe ausgehen, um Buschmann-Reis (Ameiseneier) zu sammeln, lassen sich die Schultern von der Sonne wärmen, indem sie das Umhängfell etwas verschieben. Die Überschrift über diese Mythe lautet: »Handlungen und Gebete.« Ohne Zweifel geschehen Handlungen; man könnte sagen symbolische Handlungen, Anfänge religiösen Denkens und Empfindens, die aus Wünschen und Hoffnungen erwachsen? Oder umgekehrt: Verleiht ein religiöses Gefühl dem symbolischen Handeln erst seinen Sinn und Inhalt? Die einfachste Deutung scheint die Annahme einer Transzendenz inmitten der Immanenz zu sein. Nur woher nehmen wir diese Deutung? Die Texte sprechen nicht davon. Das Geschehen am Himmel ist das eine, die Vorgänge auf Erden, das Sammeln von Nahrung, die Vorbereitung für die Jagd das andere. Die Beziehung der Vorgänge im Himmel und auf der Erde zueinander wird »erfühlt«. Dazu kommen die symbolischen Handlungen. Von hier aus gesehen scheinen sie den Versuch darzustellen, das naturhafte Geschehen durch die menschliche Handlung zu verstärken beziehungsweise zu beeinflussen. Eine solche Beeinflussung pflegt man auch als Analogie-Zauber zu bezeichnen: das Entgegenhalten des Feuerscheites veranlaßt die Sonne stärker zu leuchten, auf jeden Fall aber wird ihre Wärme stärker empfunden. Ebenso ist das »Schärfen des Pfeiles« schon so etwas wie die Vorwegnahme einer erfolgreichen Jagd. Nach dieser Annahme sind Sonne und Wild durch Analogiezauber zu beeinflussen. Aber damit sind die Texte möglicherweise schon überinterpretiert.

Andersartig sind die Aussagen, die den Mond betreffen. Zunächst ähneln sie denen, die über die Sonne gemacht wurden. Auch der Mond wohnte einmal auf der Erde. Zum Himmel gelangte er durch Mantis, dem es in der Nacht zu dunkel war. Darum warf er seinen Schuh nach oben und befahl, daß der Schuh zum Mond würde. Die Tragweite dieser mythologischen Aussagen stellen wir noch zurück. Von den Buschmännern wird immer der milde Schein besonders des Vollmondes gepriesen. In Vollmondnächten wird mit ganzer Freude getanzt. Wild, so erzählen Mythen, kann in Mondnächten nicht geschossen werden. Versucht es jemand, so muß er die Erfahrung machen, daß das Gift der Pfeile nicht wirkt. Es heißt dann, daß das Mondwasser wie flüssiger Honig auf das Wild fällt und das Pfeilgift unwirksam macht. Verstärkend betonen Mythen, daß in diesen Nächten der Mond nicht still steht, sondern am Firmament wandert. Würde der Jäger zu ihm hinaufschauen, wandert auch das Wild und führt den Jäger in die Irre. Der Mond beeinflußt das Verhalten der Tiere und der Mensch muß sich ihm anpassen.

Der Mond steht aber auch im Zusammenhang mit der Sonne. Die Sonne geht zwar unter und der aufgehende Mond erhellt das Dunkel der Nacht. Kommt die Sonne wieder, nimmt sie den Mond fort, sie »durchbohrt ihn mit ihrem Messer«. Wenn der Mond so dahinschwinden muß, bittet er – nach der Mythe – die Sonne, ihm doch das »Rückgrat« zu lassen. Er geht voller Schmerzen fort, aber weil ihm das Rückgrat geblieben ist, wird er wieder »heil«, nimmt wieder zu und wird aufs Neue zum Vollmond. Dies Ab- und Zunehmen des Mondes, sein Sterben und Wiederaufleben bewegt den Buschmann. Damit verbunden ist die bekannte Mythe vom Mond und dem Hasen. Auch der Hase war einmal ein Mensch und sagt dem Mond, daß seine Mutter tot sei und niemals lebend zurückkehren würde. Der Mond widerspricht dem Hasen: seine verstorbene Mutter wird ins Leben zurückkehren, so wie er, der Mond, wiederkehre. Aber der Hase bleibt bei seiner Meinung. Schließlich wird der Mond zornig, ja flucht ihm und schlägt ihm auf den Mund, so daß er die Hasenscharte bekam und so ganz zum Hasen wurde; von nun an wird er gejagt und getötet werden. Auch die Menschen werden sterben und nicht zum Leben zurückkehren.

Es verdient unsere Aufmerksamkeit, daß dem Sterben und Wiederkehren des Mondes mit dem Tod und dem Wiederkehren eines Menschen zusammenhängen könnte. Diese Frage muß Buschmänner beschäftigt haben. Sie wird zu Ungunsten des Menschen entschieden: er bleibt tot. Es gibt keine Wiederkehr. Viele Mythen, etwa ackerbautreibender Völker, haben umgekehrt entschieden und alles für ein Wiedererstehen in umfangreichen Kulten und Mysterien vorbereitet, damit es eintreffen sollte. Die Buschmann-Mythe ist eindeutig anders in ihrer Entscheidung.

Der hier wiedergegebene Mythos vom Mond und Hasen hat eine Parallele unter den Khung-Mythen. Aber hier findet sich eine andere Version, nach der der Mond den Tod des Menschen ansagt und umgekehrt der Hase das Weiterleben des Menschen behauptet. Weil der Mond bei seiner Ansicht beharrt, zerkratzt der Hase das Gesicht des Mondes, was ja am Vollmond besonders deutlich zu sehen sei. Der Geschädigte ist jeweils verschieden, das Problem ist dasselbe.

Wenn ein Hase getötet ist, wird ein Muskel vom Oberschenkel fortgeworfen. Es sei ein Rest von Menschenfleisch, das der Buschmannmagen nicht vertrage, wie die Mütter einschärfen. Diese Schlußbemerkung über das Wegwerfen eines bestimmten Muskels soll nach dem Text die Erinnerung daran festhalten, daß der Hase einmal Mensch war und darum nicht vergessen werden soll, daß der Tod des Menschen mit dem einstigen Verhalten des Hasen zusammenhänge. Warum diese ständige Erinnerung durch die Mütter und Frauen? Offenbar weil vergebliche Wiedergeburtsvorstellungen nicht von neuem auftauchen sollen. Wir werden nachhaltig daran erinnert, daß unser Mythus ein wiederkehrendes Leben nicht kennt.

8. Aufbau und Stil der Mythen

Wiederholt haben wir Bemerkungen zum Aufbau, Stil und dem narrativen Moment der Mythen anbringen müssen. Selbst in den Diktaten, die Bleek aufgenommen hat und die ständig Unterbrechungen nötig machten, ist dieser Stil erkennbar. Es ist wahrscheinlich, daß sich Bleek zuerst jede Mythe als ganze erzählen ließ, um sie dann im langsamen Diktat niederzuschreiben.

Es fällt zuerst auf, daß in den Mythen geschickt eingebaute Wiederholungen auftauchen. Zuerst wird ein Teil der Ereignisse wiedergegeben, dann wandert die Gruppe weiter, die die Geschehnisse erlebt hat, kommt zu ihrer Werft und berichtet über ihre Erfahrungen, die Anlaß geben, alles noch einmal zu wiederholen und damit jene Spannung zu erzeugen, wie es wohl nun weitergehen wird. Selbst Details, die zuerst nicht als wichtig erscheinen mögen, tauchen wieder auf. Das Gesamtthema wird aber nie aus den Augen verloren und ein Stück weitergeführt. Auf diese Weise entsteht ein sehr komplexer und zugleich konsequenter Aufbau. Unbekanntes, Neues wird durch Bekanntes erläutert, ein für jede Erzählung typisches Element. Mythologische Aussagen werden durch Vergleiche mit der Wirklichkeit verständlich gemacht, wie sie sich bei Menschen oder Tieren zeigen. Oder es wird umgekehrt verfahren: Jagdgeschichten und Tierverhalten, Zerlegungsgewohnheiten bei erjagten Tieren, Behandlung der Knochen, der Schulterblätter und ähnliches werden gleichsam im Vorbeigehen erklärt. Aus Teilen oder Resten erwächst wieder ein Ganzes, aber das wird nun nicht im Handumdrehen mitgeteilt, sondern bevorzugt wird der Stil eines Erzählens langsamen Wachsens, das Gelegenheit gibt, viele Einzelheiten festzuhalten. Das sonst Unglaubliche wird auf solche Weise einsichtig gemacht. Auch das Interesse der Zuhörer, die die Mythe wahrscheinlich schon kennen, ihr jeweils neues Interesse, ja ihr Entzücken und ihre die Erzählung begleitenden, zustimmenden Rufe werden herausgefordert durch abenteuerliche, seltsame, phantasievolle, komische Elemente. Erzählte Verwandlungen werden durch die Einführung des Regens, des Nebels, des Wassers, des Windes und so fort hinübergeleitet zu einem »naturhaften« Verstehen. Personifizierende Erklärungen machen die schwierige Bedeutung der Himmelskörper verständlich. Einzelne Sätze können so formuliert sein, daß sie auch den heutigen Leser unmittelbar berühren, zum Beispiel im Ansprechen des Gefühls. In den Erzählungen agierende Personen, nämlich die Buschmänner, ihre Frauen und Kinder, Ausschnitte aus ihrem Leben werden auf diese Weise mitgeteilt und rücken so in den Mittelpunkt. Was sollte auch für sie interessanter sein als die erzählerische Wiedergabe ihres Lebens und ihrer Umwelt? Dazu gehören die da und dort auftauchenden zauberischen Elemente, die keineswegs das Ganze beherrschen, sondern zur punktuellen Erklärung für Unerklärbares herangezogen werden. Ebenso fällt auf, daß jede Mythe für sich allein steht, gleichsam isoliert, wenn auch bestimmte Themen, jeweils in anderer Form, wiederholt werden. So gibt es keinen Mythenkranz, keine Persönlichkeit, die dominierend über alle Mythen steht. Diese Eigenart stellt an das Erinnerungsvermögen große Anforderungen. Viele, auch in ihren Einzelheiten isoliert dastehende Mythen fordern dem Erzähler eine größere Konzentration ab, als wenn Geschichten ineinander übergehen und weitergeführt werden.

Wir haben nur einige wichtige Momente hervorgehoben, aber was in diesen zum Teil kunstvollen Erzählungen ausgedrückt wird, zeigt eine hohe Begabung und eine enorme geistige Leistung der Buschmänner. Die erzählenden Mythen sind Teil einer beachtlichen Kultur, die nur durch über Generationen hinweggehende ständige Pflege erreicht und erhalten werden konnte. Es erscheint uns notwendig, die Mythen auch einmal von dieser Seite her zu betrachten, damit die Deutungsversuche zu unterstützen und ihre Behandlung nun vorläufig abzuschließen.

Drakensberge, Detail, Antilopen-Menschen und alles, nach Pager S. 340, Fig. 379, Malerei.

9. Felsmalereien und Gravierungen

Im letzten Quartal des vorigen Jahrhunderts geschahen in Spanien und in Südafrika, völlig unabhängig voneinander, zwei Ereignisse, die das gleiche öffentliche Interesse erweckten, und deren Ergebnisse und Deutungen bis in unsere Gegenwart viele Forscher beschäftigen sollten.

Beginnen wir mit der europäischen Geschichte. In der Nähe von Santillana del Mar, 30 Kilometer westlich von Santander im Baskenland, war 1869 ein Jäger hinter einem Fuchs her. Der Fuchs verschwand ebenso wie der ihn verfolgende Hund in einem Loch. Von dort holte der Jäger sich seinen offenbar eingeklemmten Hund, und dabei schien es ihm, daß er an den Anfang einer Höhle gekommen sei, die in dem leicht hügeligen Wiesengelände nicht gerade zu vermuten war. Die Sache wurde beredet, aber wieder vergessen. Nach einiger Zeit, während eines Sommeraufenthaltes, interessierte sich der Baron Marcelino de Sautuola, von einem Mann, der die Jägergeschichte kannte, aufmerksam gemacht, für diese Höhle und räumte die Ablagerungen fort. Dabei entdeckte er tatsächlich eine Höhle und zu seiner Überraschung an ihren Felswänden Malereien von einer, wie er meinte, künstlerisch hohen Qualität und wahrscheinlich von einem beträchtlichen Alter. Es waren die inzwischen berühmt gewordenen Felsmalereien von *Altamira*. Man schrieb das Jahr 1875. Später stellte man fest, daß vor etwa 30.000 Jahren ein Deckeneinsturz den Eingang der Höhle verschüttet haben muß.

Aber schon seit 1840 hatten in Höhlen Nordfrankreichs Forscher sogenannte Kleinkunst, nämlich auf Knochen geritzte Tierzeichnungen, kleine Skulpturen von etwa zehn Zentimeter Größe gefunden, die infolge ihrer stratigraphisch bestimmten Lage als paläolithisch eingestuft wurden. Andere Forscher pflegten damals diese Funde als ägyptisch oder als keltisch zu bezeichnen. Jedenfalls stellte man sie in Paris aus, wohin sie zum Teil gewandert waren. Darum fuhr Sautuola, drei Jahre nach seiner Entdeckung, nach Paris, um diese Kleinkunstfunde genauer zu studieren. Nach Hause zurückgekehrt, suchte er wieder seine, übrigens 270 Meter lange, Höhle auf, dieses Mal in Begleitung seiner zwölfjährigen Tochter Maria. In einer schwer zugänglichen und niedrigen Seitenhöhle legte sich das Mädchen auf den Boden und sah zu seinem Erstaunen an der Decke Tiere und anderes in mehreren Farben dargestellt. Zwei Jahre hindurch untersuchte Sautuola immer wieder mit großer Gewissenhaftigkeit die Höhle und veröffentlichte erst 1880 seine Entdeckung dieser Kunstwerke der Alt-Steinzeit. Auf diese Weise erklären sich die verschiedenen im Umlauf befindlichen Jahreszahlen über die Entdeckung Altamiras. Mit einer Ausnahme, der Geologe Vilanova aus Madrid, haben alle damaligen Fachleute Sautuola auf das heftigste kritisiert, besonders der zu seiner Zeit berühmte Carthailac, und ihm unterschoben, daß er die Bilder mit ihren frisch wirkenden Farben durch einen befreundeten Maler habe anbringen lassen, um die Welt zu täuschen. 1880 fand in Lissabon ein internationaler Kongreß mit gelehrten Paläontologen aus ganz Europa statt. Eine Expedition nach Altamira wurde vorgeschlagen und beschlossen – nur wurde nichts daraus. Aber ein Jahr später wurde der französische Ingenieur und Brückenbauer E. Harlé, Mitarbeiter einer Zeitschrift für Vorgeschichte, nach Altamira gesandt, der nach flüchtigen Untersuchungen ein Gutachten erstellte. Dieses Gutachten gab an, daß die Malereien neuesten

Datums seien, wahrscheinlich vor dem Betreten der Höhle durch Sautuola, zwischen 1873 und 1879 von irgendjemanden angefertigt. Sautuola war also einem Betrüger zum Opfer gefallen oder selbst ein Betrüger. Nicht besser erging es anderen Entdeckern, zum Beispiel Emile Rivière, der 1895 in einer Höhle in Frankreich, La Mouthe, Malereien gefunden hatte. Auch er sei einem Betrug zum Opfer gefallen. Als man Ende der neunziger Jahre Höhlen fand, die eindeutig seit langer Zeit verschüttet waren und erst mühsam wieder zugänglich gemacht wurden, änderte sich noch immer nichts am Urteil der Fachleute. Erst 1902, 27 Jahre nach der ersten Entdeckung, begann die Wende. Carthailac entschuldigte sich mit einem »mea culpa« eines Skeptikers: er habe sich durch einen Freund beeinflussen lassen, der ihm geschrieben habe: »Hüten Sie sich vor den Fallen der spanischen Kleriker« — als ob diese den Paläontologen ein Bein haben stellen wollen. Harlé besuchte nun noch einmal Altamira, untersuchte von neuem und zog sein früheres Gutachten als falsch zurück. Sautuola hatte seine Rehabilitierung, nur war er inzwischen verstorben.

Aber es geht hier nicht um Entdeckerschicksale, die sich oft ereignet haben, oder um Fälschungen, die es tatsächlich auch gegeben hat.[1] Der eigentliche Grund für diese so späte Anerkennung der paläolithischen Kunst war eine *weltanschauliche Frage,* nämlich die starke Verwurzelung der zweiten Hälfte des 19. Jahrhunderts in einem ungebrochenen Entwicklungs- und Fortschrittsglauben, der zu einer Art Dogma geführt hatte. Danach durfte es einfach nicht wahr sein, daß in so früher Zeit, während der letzten Eiszeit, Kunstwerke von so hohem Niveau entstanden waren. Man fühlte sich so sehr auf dem Wege, ja in der Nähe des Gipfels der Entwicklung, daß es undenkbar erschien, künstlerisch eindrucksvollste Leistungen in so weit zurückliegender Vergangenheit zugeben zu können. Tatsächlich aber waren die künstlerischen Leistungen der technischen Zivilisation und auch der Entwicklung einer »Religion« weit vorausgeeilt, sehr früh und geradezu plötzlich aufgebrochen. Vor allem suchte man weiter, mit viel Erfolg.[2] Die reichsten Funde kamen in den Pyrenäen, in Südfrankreich im Departement Dordogne und in Nordspanien zutage, und so begann man von einem franko-kantabrischen Stil zu sprechen. Die Kunsthistoriker waren am Zug, um Zusammenhänge und eine Chronologie zu versuchen. Nach der am Anfang unseres Jahrhunderts einsetzenden allgemeinen Begeisterung für die immer zahlreicher werdenden Funde wurde ihr Alter mit 30.000 bis 25.000 Jahren angesetzt und nach dem französischen Schema, das allgemein akzeptiert wurde, ins Gravettien eingestuft.

Die *Wende kam durch die Naturwissenschaft.* W. F. Libby[3] entwickelte 1955 in Chicago die Radio-Karbon-Methode, mit deren Hilfe die organischen Reste nach dem Tod eines Organismus bis zu 45.000 Jahre im Zusammenhang mit den stratigraphischen Schichten ziemlich genau bestimmt werden können. Nach dieser C-14-Methode, für die Libby 1960 den Nobelpreis erhielt, lag die Bestimmung des Alters der Malereien zum Beispiel in Lascaux um 15.515 ± 900 Jahre im Magdalénien, also erheblich unter den früheren Schätzungen. Weitere umfassende Untersuchungen nach dieser Methode stehen noch aus. So liegen älteste Schätzungen weiterhin nach dem genannten Schema für Malereien und Gravierungen im Aurignacien zwischen 34.000 und 30.000 Jahren. Bis in jüngster Zeit wurden 125 Höhlen mit 4000 Felsbildern und 3000 Kleinkunstwerken registriert. Die gute Erhaltung der Malereien hängt mit dem Verschluß vieler Höhlen durch Erdrutschungen zusammen, der im Innern der Höhlen eine gleichmäßige Temperatur ergab und Sonne und Regen abhielt. Die Lage der Fundorte hat sich inzwischen weit über das franko-kantabrische Gebiet erweitert. Sie reichen von den Eskimos bis nach Australien, von der CSSR und Italien bis in den Südural, von Ostspanien, das die Spanier »Levante« nennen, bis nach Nordafrika, die Sahara und bis nach Ägypten und Nubien. Lediglich Mitteleuropa ist, wenn man von einigen Klein-Kunst-Funden absieht, (noch?) ausgenommen.

Die zweite Geschichte hat sich in Südafrika folgendermaßen abgespielt. In Kapstadt arbeitete der aus Berlin stammende *W. Bleek* als Bibliothekar bei dem damaligen Gouverneur Sir George Grey. Grey war lange Zeit in der Südsee stationiert gewesen und hatte sich dort für besonders eigenartige Kulturen interessiert. Das wollte er nun auch bei den Buschmännern in Kapstadt tun und beauftragte Bleek, von dem wir schon viele jener Mythen kennen, die er sich von den !Kham-Buschmännern erzählen und diktieren ließ. Bleek vermutete und hoffte, daß Bilder oder Plastiken zutage kämen, die Illustrationen der Mythen sein könnten, wie das ja in der Antike, in Indien oder der Südsee der Fall war. Nun gab es in Natal einen Regierungsbeamten, *I. M. Orpen,* der von Bleeks Bemühungen erfahren hatte. Auf einem Ritt, von Amts wegen, hatte er von einem Buschmann gehört, den ihm der Basuto-Häuptling Mquasha nach einigem Hin und Her nannte. Als Orpen nach langem vergeblichem Suchen schon umkehren wollte, fand er endlich diesen King, dessen Mutter ebenso wie er in der Abhängigkeit jenes Basuto-Häuptlings lebte. Orpen befragte King und ließ sich von ihm Felsbilder, die in der Nähe zu finden waren, erklären. Es war das Jahr 1874, als Orpen seine Aufzeichnungen veröffentlichte.[4] Er erzählt darin folgendes: »Ich werde nun Kings fragmentarische Geschichten, so getreu wie möglich, nach dem, was er mir erzählte, zusammenfassen (!). Ich habe sie nach seinen Angaben niedergeschrieben. Ich mache sie nur folgerichtig (!). Entweder variierten sie untereinander ein wenig oder ich habe ihn nicht ganz genau verstanden, wenn er durch mehrere Übersetzer sprach. Die Sprache, welche er außer seiner eigenen am besten beherrschte, war die der ›Baputi‹, ein Bastard-Dialekt zwischen der ›Basuti- und der Ama-zizi-Sprache‹ (zwei Bantusprachen). Wir haben mit King also einen unter Bantu lebenden, mit ihrer Sprache und ihren Vorstellungen vertrauten jungen Mann und einem niedergeschriebenen Text in der Form einer nachträglich interpretierenden Darstellung eines Europäers vor uns.« Orpen hat diese seine Geschichten-Sammlung mit Kopien von Felszeichnungen an Bleek gesandt, der endlich Belege von Felsmalereien vor sich hatte, die er selbst in natura nie gesehen hat und die er lieber in Form von Fotokopien sich wünschte.

Bleek hat 1875[5] diese Kopien seinen Buschmännern zur Deutung vorgelegt. Aber ihre Erklärungen deckten sich nicht mit den Aussagen, die King gegenüber Orpen gemacht hatte. Bleek weist nicht nur auf diesen Mangel an Übereinstimmung hin, sondern hält King für einen nicht nur vereinzelt lebenden, sondern auch sehr jungen, noch nicht »eingeweihten« Maluti-Buschmann, während seine Buschleute etwa 60 Jahre alt seien und also eingeweiht waren. Bleek hält weiter fest, daß nach Orpen King zu Cagn betet, setzt Cagn (oder: Kaggen) und seine Söhne gleich mit Mantis und bemerkt, daß seinen !Kham-Buschmännern jede betende Verehrung unbekannt ist. Achtet man, was leider nicht immer geschehen ist, auf diese von Bleek gemachten Beobachtungen, dann ist schon der erste Versuch, Felsbilder durch Mythen erklären zu wollen, nicht sehr ermutigend ausgefallen, wenn nicht geradezu gescheitert. Von den gleichzeitigen Ereignissen in Europa her gesehen haben wir es in Südafrika nicht mit dem Zweifel zu tun, dem sich Sautuola hinsichtlich des Alters seiner Entdeckung gegenübersah. Hier dagegen geht es zunächst darum, die Deutung durch Buschmänner und ihre Mythen zu ermitteln. Beide Probleme begannen sich nach 1900 miteinander zu verzahnen.

Gehen wir vom *franko-kantabrischen Stil* aus, der inzwischen gründlich erforscht wurde. Da zur Zeit der Funde in Europa sich längst nicht mehr Jäger und Sammler, geschweige denn ihre Vorstellungen in Mythen fanden, war man ausschließlich auf die Beachtung der Technik, der Werkzeuge, des Stils, der dargestellten Themen, der Art der Darstellung etc. angewiesen. Damit war ein breiter Raum für unterschiedliche Deutungen und Thesen gegeben, die wiederum auf die Bilder im südlichen Afrika angewandt wurden.

Versuchen wir, uns ein Bild der Betrachtungen der franko-kantabrischen Kunst zu machen. Leicht sind die Farben zu bestimmen für die ein- und mehrfarbigen Bilder. Holzkohle lieferte das Schwarz für feine oder mächtige Umrisse. Ocker wurde von Eisenerz gewonnen, Feldspat für gelb, rot und braun benutzt, Limonit für rot und braun, Manganoxyd für dunkelbraun bis schwarz und Karolin für weiß. Als Bindemittel dienten Wasser und Fett, vielleicht auch Harz. Auffallend sind Linien, gelegentlich ineinander verwickelt (der sogenannte Makkaronistil). Wurde die rechte Hand, die man an der

Stellung des Daumens erkennt, gegen die Felswand gedrückt und dann mit Farbe bespritzt, so entstand ein Negativ; oder die Farbe wurde auf die linke Handfläche geschmiert und gegen die Felswand gehalten – ein positiver Abdruck. Für Abbé Henri Breuil (1877 bis 1961)[6] war das der Anlaß, diese Linien und Abdrücke für älteste Anfänge zu halten. Zu Unrecht; sie können ebensogut als Farbversuche gelten, die zu verschiedenen Zeiten gemacht worden sind. Es scheint ja zunächst einleuchtend zu sein, daß sich eine Entwicklung vom Einfachen zum Komplizierten vollzogen hat und das Einfache das Alte ist. Jedoch lassen sich Gegenbeispiele erbringen. Ein Tier kann wenig sichtbar und sehr einfach dargestellt sein und darüber ist ein Bild mit starken Farben sehr eindrucksvoll zu sehen. Das schlecht und plump dargestellte Tier scheint das Ältere zu sein. Andererseits läßt sich argumentieren, daß beide Tierdarstellungen aus derselben Zeit stammen, vielleicht sogar von ein und demselben Maler, der mit seinem ersten schwachen Umriß begann. H. Breuil kommt jedoch das Verdienst zu, daß er als hervorragender Kenner der Felsbilder als erster versucht hat, eine Ordnung in die Chronologie zu bringen und zuerst zwei, später drei Gruppen aufzustellen, die in Phasen vielfach unterteilt wurden. Als sie auch auf Funde in Nordafrika und in der Ukraine angewandt wurden, begann man das ganze »französische Schema« in Frage zu stellen.

Breuils erste Gruppe umfaßt das Aurignacien beziehungsweise Pérodien, die Zeit zwischen 34.000 bis 30.000, seine zweite Gruppe das Solutrien und Magdalénien, 18.000 bis 10.000. In dieser ersten Gruppe finden sich Gravierungen und vor allem Tiermalereien, wobei jedes Tier für sich isoliert dasteht, aber auch Abstrakta und Symbole, die glaubwürdig und überzeugend von uns nicht mehr gelesen werden können. Ein Kreis kann entweder die Sonne oder ein Wasserloch bedeuten oder für einen für uns unbekannten Begriff stehen. Quadrate mit Querstrichen werden als Gitter über Fallgruben oder als ein geschlechtliches Symbol gedeutet. H. Kühn unterscheidet drei Epochen: linear, malerisch und wieder linear, stilisiert. An diesem Schema haben Paolo Graziosi und Annette Laming-Emperaire weitergearbeitet und es differenziert. Sie schoben den zwei Gruppen Breuils eine archaische Stufe voran, der sie auch den älteren Teil des Aurignacien/Pérodien zuteilten und ihm die negativen Handabdrücke und vor allem Gravierungen zuordneten. Damit ließ sich eine Übergangszeit ansetzen, die den verbleibenden Teil des Aurignacien/Pérodien mit dem ältesten Solutrien/Magdalénien, also einen Teil von Breuil zwei, das Breuil schon in 14 Schichten eingeteilt hatte, zusammenzog. Die Schichten brauchte man nur zu vermehren. Hier finden sich Malereien und Gravierungen, die dem Beschauer zugewandte Hörner und Hufe zeigen, Versuche einer Raumtiefe. Das Übereinander der Bilder wird interessanterweise als ein Ausdruck paläolithischer Sicht gedeutet, wo wir lieber ein Nebeneinander sehen. Die dritte Stufe stellt die Blüte des Magdalénien dar, die großartigen, mehrfarbigen Malereien, die eine Übermalung nicht mehr kennen. Nur als ein Beispiel sei auf den 5,5 Meter großen Boviden in Lascaux verwiesen. Graziosi[7] fügt noch einen mediterranen Raum hinzu, der vom frankokantabrischen Stil abweicht. Diese verschiedenen Aufstellungen von Gruppen, Stufen und Phasen stellen jeweils einen Fortschritt dar, zeigen aber auch, daß die Meinungen der Forscher noch immer weit auseinandergehen. Graziosi und andere haben darauf aufmerksam gemacht, daß das Tempo der Entwicklung keineswegs in gleicher Weise vor sich gegangen ist. Nach einem langsamen Beginn im älteren Magdalénien ist im mittleren Magdalénien unvorbereitet bereits ein »künstlerisch und technischer« Höhepunkt erreicht, nach dem es nur noch einen Abfall gibt. Die Herstellung von Werkzeugen ist dagegen viel langsamer verlaufen. Es gilt auch als sehr wahrscheinlich, daß *ein* Stil über längere Zeit hindurch angewandt wurde.

Der sogenannte Röntgenstil zeigt Tiere und ihr Inneres, ein sicheres Zeichen, daß der Maler aus dem Gedächtnis gearbeitet hat, wie er es einmal bei der Öffnung des erlegten Tieres gesehen hat, daß er aber nicht gleichsam malend neben dem Objekt stand. Auch andere Beobachtungen sind bemerkenswert. Angeregt durch Buckel an den Felswänden, in denen er sein Objekt, etwa einen Bison, bereits »vorgebildet« sah und den

Umriß nachzeichnete, fügte er Beine, Ohren, Hörner etc. hinzu und trug mehrere Farben auf. Von den gemalten oder gravierten Tieren läßt sich, mit Einschränkungen, doch einiges ablesen. So sind Mammut und Nashorn nachweislich in Paläolithikum ausgestorben, aber auch sie sind auf Bildern später noch einmal nachgeahmt worden. Häufig dargestellt werden Bison, Auerochsen, Pferde, Hirsche, nur selten Vögel und Fische. Gelegentlich werden Merkmale verschiedener Tiere vermischt oder mit Menschenbeinen kombiniert. So entstehen Fabelwesen, sogenannte Zwitter und menschliche Gestalten mit tierischen Köpfen und Gliedmaßen. Dieser Eindruck wird durch Kopien verstärkt, die sehr undeutliche Teile des Körpers oder Kopfes stärker verdeutlichen.[8)] Das Kopieren mit Farbstift auf weißem Papier hat den Vorteil, die Objekte mehr hervortreten zu lassen, aber lassen Farben kräftiger erscheinen, als sie in natura sind. Die später eingesetzte Fotografie brachte erhebliche Vorteile. Was die möglichen Motive zum Schaffen der Abbildung betrifft, reicht die Palette von einem allgemein menschlichen Trieb über magische Vorstellungen (Salomon Reinach)[9)] bis zu der Annahme, daß es sich um unterirdische sakrale Stätten (Laming-Emperaire) handeln könnte mit mystischen Ideen. Das alles liegt nicht sehr weit auseinander. In dieser Richtung war man mit entsprechenden Benennungen nicht gerade sparsam. So ist die Rede, wenn man den Saal einer Höhle benennt, von der »Sixtinischen Kapelle«, einem »Sanktuarium«, einer »Apsis«, einem »Agnus Dei«, obwohl man heute weiß, daß es sich um eine Figur aus einem Steinbock und einem Pferd handelt, bleibt die Bezeichnung doch aufrecht. R. Otto[10)] hat für die sogenannte Religion der Primitiven eine dämonische Scheu, ein numinöses Gefühl als erste seelische Regung beschrieben, die auf eine »natürliche« Anlage, einen Trieb, eine Funktion des menschlichen Geistes zurückgeht und sich in späteren Stadien zu Religionen entwikkelt. Wir werden dieses Thema noch aufgreifen. Zunächst aber ist festzuhalten, daß die Kunst sich früher zu einem Höhepunkt entwickelte als die »Religion«.

Einige der so am europäischen Material vorgeführten Thesen und Beobachtungsergebnisse sind auf *das südliche Afrika* übertragen worden. So war H. Breuil 1947 in Namibia und hat an der Maack-Wand am Brandberg die »White Lady« beschrieben, die ihn an die spätminoische Figur der »Pariserin« erinnerte und die er gemäß dem Fund auf Knossos mit 3600 Jahre alt ansetzte.[11)] Wahrscheinlich aber handelt es sich bei der »Weißen Dame« um einen männlichen Bogenschützen. Den Weg von Europa nach Südafrika stellt man sich häufig so vor, daß Felszeichnungen über die ostspanische Levante nach Nordafrika in Capsien gekommen sind, genannt nach Gefsa in Algerien, in der Antike als Capsa bekannt (darum Capsien), das in drei Phasen geteilt wird. Auch der umgekehrte Weg von Nordafrika zu den Pyrenäen wird erwogen. In der jüngeren Phase etwa ab 6000 breitet sich dieser Stil nach Osten bis nach Ägypten und Nubien aus.

Da das ganze nordafrikanische Gebiet noch nicht genügend erforscht ist, greift man auf die Kulturkreis-Theorie zurück. Die mit hamitischen, besser äthiopischen, Rassezügen ausgestatteten Proto-Hottentotten kamen demnach aus Nordafrika oder Ägypten nach dem Süden und brachten die jägerische Smiethfield-Wilton-Kultur mit. Südafrikanische Gelehrte meinen dagegen, daß die Mischung aus Osthamiten und Buschmännern sich in Ostafrika vollzogen habe und sie so nach Südafrika eingewandert sind. Nach einer anderen Version haben sich Buschmänner, aus Nordafrika kommend, sowohl nach Norden zur Levante hin gewandt oder sich erst im Süden mit den dort angetroffenen Boskop-Menschen vermischt. V. Lebzelter nimmt als paläolithisch die Stellenbosch-Kultur an, getragen von prä-buschmännischen Pflanzern des Küstenlandes am Kap, während die Wilton- und Smiethfield-Kultur epipaläolithisch sei. Als Träger der Wilton-Kultur nennt Lebzelter die Hei//om-Buschmänner und ordnet ihnen den Beginn der Felszeichnungen zu.[12)]

Den Hintergrund für diese und andere Theorien, die rein hypothetischer Natur sind, bildet der Versuch, zwischen der europäisch-nordafrikanischen Felskunst eine Brücke zur südafrikanischen Felskunst, die stilistisch oft frappante Ähnlichkeiten zeigt, zu schlagen. Den Ansatzpunkt liefern die klimatischen Veränderungen. Als die Sahara von einem einst reichbewässerten Gebiet mit der entsprechenden Flora und Fauna sich zu einer Steppe und Wüste mit restlichen Oasen wandelte, zogen zuerst Fischer und dann Jäger nach Süden.[13] An ihre Stelle traten Hirtenvölker seit dem beginnenden Neolithikum. Der Weg der Felszeichnungen wird dann so beschrieben, daß der zweite Jägerstil der Levante zumeist auf Felsüberhängen mit einfarbigen Malereien und seltenen Gravierungen sich finden läßt, die Szene immer sehr dynamisch bewegt ist und Menschen häufiger auftreten. Auch aufeinander bezogene Gruppen in Jagd- und Kriegsszenen zeigen das kompositorische Interesse.

In der Sahara wurden erste Spuren, Pfeilspitzen und Sicheln aus Feuerstein im Paläolithikum gefunden. Längs der alten Karawanenstraße sind jüngere Felsmalereien mit Wägen der Händler zu sehen.

Im Nildelta scheint die Urbevölkerung negroid und von kleinem Wuchs gewesen zu sein, die während des einsetzenden Bevölkerungsdruckes von Nordafrika her stromaufwärts in die tropischen Urwälder gewandert sein soll. Aus der arabischen Halbinsel kamen dagegen hamitische Stämme. Demnach ist die Bevölkerung der Alt-Steinzeit gegenüber der Jung-Steinzeit völlig verschieden. Im Nildelta fanden sich Gravierungen auf Felsblöcken und an Felswänden, während Felsmalereien erst wieder in Nubien aufgefunden wurden. Eine eingehendere Darstellung ist in diesem Zusammenhang nicht möglich und auch nicht notwendig.

10. Die Umwelt der Vorzeit

Es wird Zeit, daß wir uns die Umwelt der Vorzeit in Erinnerung rufen. Es handelt sich für den europäischen Raum um die vier *Eis- oder Glazialzeiten* und die dazwischen liegenden wärmeren Zwischen-Eiszeiten oder Interglazialzeiten. Man hat sie früher nach vier Alpenflüssen benannt, die man vergessen kann. Heute werden sie einfach numeriert. Die durch die Eiszeiten verursachten großen Veränderungen sind zwischen 650.000 bis 30.000 Jahren angesetzt worden.

M. Milankovitsch[1] führte sie auf Schwankungen der Erdachse zur Ekliptik und die damit zusammenhängende geringere beziehungsweise intensivere Sonnenstrahlung zurück. Die sich von Norden vorschiebenden Gletscher haben zum Beispiel Nord- und Mitteleuropa mit einer über einen Kilometer hohen Eisdecke versehen. Kleinere Gletscher schoben sich bis nach Südspanien vor. Das bedeutete, daß der Meeresspiegel zirka 90 Meter tiefer lag, die Adria um die Hälfte kleiner war als heute, Großbritannien und Skandinavien, Sardinien und Korsika mit dem Festland verbunden war. In den Zwischen-Eiszeiten traten umgekehrte Wirkungen ein, was sich aus Muschelablagerungen nachweisen läßt. Natürlich war auch die Tier- und Pflanzenwelt betroffen. Kälteliebende Tiere wie das Mammut, über das wir gut unterrichtet sind, und das behaarte Rhinozeros, zwei Meter hoch, finden sich zu dieser Zeit in unseren Breiten. In der eisfreien Zeit starben sie aus. Rentiere zogen nach Norden ab, Steinbock und Gemsen stiegen in die Höhe. Angepaßt an die Eiszeiten haben sich Höhlenbären, Höhlenhyänen, Antilopen und andere. Am Rande des Eises und in geschützten Lagen hielten sich verkümmerte Bäume wie Birken, Weiden und sehr schmale Kiefern. Unter den Menschenrassen starb der weit verbreitete Neandertaler aus, dessen Gehirnvolumen in der klassischen Zeit größer war als das der heutigen Menschen und zwischen 1350 bis 1700 Kubikzentimeter lag. Die Zeit des Neandertalers wird zwischen 80.000 bis 35.000 angesetzt. Knochenfunde eines Neandertalers, die dem seinerzeit bedeutenden Pathologen R. Virchow (gestorben 1902) vorgelegt wurden, hielt er für einen rachitischen Husaren aus jüngster Zeit oder für einen Schwachsinnigen. Übrigens stufte er auch zwei Buschmänner, die Kolonialoffiziere mitgebracht hatten, als Pygmäen ein; ein grobes Fehlurteil. Warum der Neandertaler ausgestorben ist oder die Reste seiner Spezies umgebracht wurden, wissen wir nicht. Jedenfalls tauchten um diese Zeit der Crô-Magnon-Mensch auf, der unserem heutigen Typ entspricht, die Grimaldi-Rasse mit typisch negroiden Zügen und andere. Sie alle lebten als Jäger und Sammler. Aller Wahrscheinlichkeit nach waren sie die Höhlenbewohner und die Gravierer und Künstler der franko-kantrabischen Periode und leiten zum Neolithikum über. Viele der damals lebenden und gejagten Tiere tauchen in den Höhlenzeichnungen auf, wie der Bison, das Urrind, das Wildpferd usw.

Für die südliche Hälfte der Erdkugel nimmt man in Entsprechung zu den Eiszeiten *Regen-(Pluvial-)Zeiten* an, wobei noch keine Einigkeit darüber erzielt wurde, ob diese Pluvialzeiten und die dazwischen liegenden trockeneren Perioden sich gleichzeitig oder zeitverschoben zu den Eiszeiten vollzogen haben. Besser sind wir über Nordafrika informiert. Es wurde schon darauf hingewiesen: zeitweise war die Sahara eine Art Parklandschaft mit großem Wildreichtum. In den Trockenzeiten wanderten Menschen entweder westwärts zum Nil und begannen mit Ackerbau und Viehhaltung oder sie wandten sich nach Süden und brachten Völkerverschiebungen in Gang. Im Süden Afrikas dürfte sich der Urwald bis nach Natal hingezogen haben, nur die Küste und das Kapland waren frei, so daß wir hier alte Kulturen vermuten können. Prof. R. A. Dart, der Funde aus Südafrika vorlegte, die später auch in Südfrankreich und der CSSR auftauchten, hat die Annahme einer vorsteinzeitlichen Kultur, einer osteodontokratischen (Knochen-Zahn-Hörner) Kultur, sehr wahrscheinlich gemacht. Nach ihm wird der sogenannte Boskop-Mensch, von dem wir schon hörten, angenommen, der in die Buschmänner aufgegangen sein soll. Wir hätten es demnach schon sehr früh bei den Buschmännern mit einer Rassenmischung zu tun.

Für eine spätere, den Europäern in Südafrika bekannt gewordene Zeit, hat man, wie schon erwähnt, *vier Buschmanngruppen* unterschieden:

1. die Nordgruppe: im Kakaofeld die ≠Auen, die !Khung, die Hei//kom (den Hottentotten, genau den Nama angeglichen);
2. die Kalahari und Zentralgruppe, zum Beispiel die Naron, die Tatibuschmänner, die G/wi und ebenfalls die !Khung;
3. kleine Reste der Namib-Buschmänner;
4. die ausgestorbene Südgruppe der !Kham und der Maluti.

Von den Entwicklungen in Amerika, Asien, Indien, Australien etc. sehen wir hier ab, wo sich wieder andere Verhältnisse entwickelt haben, offenbar auch zeitverschoben. Durch diese Befunde kommen jedoch die früher so beliebten Wanderungshypothesen ebenso in Schwierigkeiten wie die über die Kontinente hinweggreifende Kulturkreis-Theorien.

Was die Zahl der im südlichen Afrika aufgetauchten Felsmalereien und Gravierungen betrifft, haben sich von der Kapprovinz bis Transvaal, in Namibia und Simbabwe so viele Funde ergeben, daß man auf die geschätzte Zahl von ursprünglich 150.000 Einzeldarstellungen gekommen ist. Wie immer es um diese Zahl bestellt sein mag, sicher ist, daß in diesem Gebiet die quantitativ reichsten und qualitativ zum Teil sehr hochstehenden Funde sich feststellen lassen, von denen nur ein sehr geringer Teil in Museen in Kapstadt und in Pretoria, aber auch in Europa oder in umfangreichen Bildbänden sich finden läßt. Da Malereien unter Felsüberhängen, Gravierungen auf Felsplatten im Gelände zu finden sind, ist viel Material dem Klima, der Verwitterung oder dem Unverständnis, auch der Barbarei in unterschiedlichen Formen zum Opfer gefallen. Trotz allem ist relativ viel erhalten geblieben. E. Holub hat auf seinen Reisen schon im letzten Viertel des vorigen Jahrhunderts die eben geschilderten Verhältnisse auch vorgefunden, aber ebenso Gravierungen und Malereien in Ocker gesehen, die er zum Teil mit schweren Hammern durch seine europäischen Begleiter abschlagen oder mit Pulver absprengen ließ, um sie nach Europa mitzunehmen.[2)] In seiner Geschichte über Südafrika hat Theal[3)] auf A. F. Butler hingewiesen, der schon 1752 Buschmannzeichnungen gesehen habe. Der Schwede Ch. J. Anderson[4)] hat 1837 Kopien hergestellt. J. Alexander berichtet 1837[5)] ebenfalls darüber. G. W. Stow[6)] hat besonders in den Jahren 1843 bis 1853 kopiert. Eine Kopie ist von ihm mit dem 23. September 1867 datiert, aber veröffentlicht wurde sie erst posthum 1930. Stow hat Kopien von Malereien von zwei Buschmännern gezeigt, die sie sofort als »ihre Bilder« erkannten. Eine sehr großzügig angelegte Expedition hat Leo Frobenius mit sieben qualifizierten Mitarbeitern 1928 bis 1930 durchgeführt und 1100 Kopien herstellen lassen, von denen nur ein Teil durch ihn veröffentlicht wurde.[7)] Sie sind zumeist mit Farbstift oder in Aquarell wiedergegeben und dadurch auch von der subjektiven Auffassung des Kopierers mitbestimmt. Seit 1871 gab es den Zelluloidfilm, aber soweit wir sehen, wurde er für unser Gebiet erst seit 1905 von Otto Moszeik[8)] eingesetzt. Aber auch, als nach etwa einem halben Jahrhundert der Farbfilm kam, wurde das Kopieren dort beibehalten, wo die Kamera zum Beispiel wegen der Enge einer Schlucht nur bedingt oder gar nicht Verwendung finden kann.

Die Frage nach den Malern und Gravierern stellt sich im südlichen Afrika konkreter als in Europa. Weithin werden die Buschmänner als die Künstler angesehen. Th. Hahn[9)], zu seiner Zeit in Südwestafrika, gibt 1879 an, »munter malende« Buschmänner gesehen zu haben, und vermerkt auch, wie sie ihre Farben gewonnen haben. E. Holub[10] hat von einigen, zufällig angetroffenen und nach seiner Schätzung etwa 50 Jahre alten Buschmännern erfahren, daß ihre Väter und Großväter noch graviert haben. Im übrigen hält er sie für eine aussterbende oder schon ausgestorbene Rasse, findet eine alte Buschfrau »ekelerregend« und wünscht sich, nach ihrem Tode, nur ihren »Cadaver«. Einigermaßen Zustimmung findet die Version, daß Buschmänner südlich des Sambesi-Flusses ihre Schweifgebiete hatten, bis – um 1600 – Bantuvölker den Fluß zu überschreiten begannen und die Buschmänner nach Süden drängten. Schließlich fanden sie Zuflucht in Sumpf- und Steppengebieten, in denen sie möglicherweise schon immer lebten. Zeitweise scheint es auch Phasen eines friedlichen Nebeneinanders gegeben zu haben, bis ihre Ausrottung durch Bantus und Weiße begann. Der letzte Hinweis, daß ein Buschmann gemalt habe, stammt aus dem Jahre 1931 von einem Zulu. Beweiskräftig ist diese Aussage nicht. Welche Menschengruppen oder Völker im südlichen Afrika lebten und welche Kulturzusammenhänge bestanden haben mögen, läßt sich, wie wir schon hörten, nur indirekt erschließen. Aus den Themen der Darstellungen kann man mit einiger Sicherheit annehmen, daß es sich um Jäger und Sammler gehandelt hat. Und dann ist es nicht weiter verwunderlich, daß die eine These davon ausgeht, daß der ursprünglich franko-kantabrische Stil sich allmählich durch ganz Afrika bis in den Süden verbreitet hat.

Noch 1966 fügt A. Lommel[11] dieser These eine von ihm erstellte Karte zu, die illustrieren möchte, daß die Felskunst von Europa ausgehend sich langsam über alle Kontinente verbreitet habe. 1925 hatte S. P. Impey[12] die Urbevölkerung des südlichen Afrika auf den Grimaldi-Menschen zurückgeführt, der vor 50.000 Jahren dorthin gekommen sei und die Malerei mitgebracht habe. Antonio de Almeida hat 1965 den Crô-Magnon-Menschen von der Iberischen Halbinsel zuerst Nordafrika und dann die Kanarischen Inseln besiedeln lassen, der sich dann weiter mit seiner Kultur ausgebreitet habe. Dagegen hat A. Viereck[12] schon 1938 eingewandt, daß die im Süden Afrikas entstandenen Felsmalereien (er dachte dabei vor allem an Südwestafrika) wesentlich jünger sind als die französisch-spanischen. Würden sie vom nördlichen Afrika nach Süden gebracht worden sein, so hätten sie durch eine Unzahl von Generationen weitergegeben werden müssen, ohne zur Ausführung zu kommen, bis sie nach Südafrika gekommen und dort zur Darstellung gelangt wären. Man wird Viereck zustimmen müssen, daß diese Wander-These auf unlösbare Schwierigkeiten stößt.

Die andere Auffassung geht davon aus, daß die Kunstwerke im südlichen Afrika selbst zum Durchbruch kamen. Als Jäger und Sammler kamen so die Buschmänner in Frage. Zur Überlegung standen noch die Berg-Damas[13], die ebenfalls zu den ältesten Völkern Namibias gehören. Sie sind als Töpfer und Schmiede bekannt, die, wo immer es möglich ist, zur Viehhaltung und einem einfachen Ackerbau übergehen. Daneben sind sie auch Jäger und Sammler, aber eben nur daneben. Als Europäer ins Land kamen, siedelten sie zum Beispiel am Brandberg mit seinen vielen Felsmalereien, die sie aber nicht einmal beachteten; Buschmänner wurden dort niemals gesehen. Es scheint aber am ehesten annehmbar, daß ebenso wie in der Menschheitsgeschichte auch in der künstlerischen Entfaltung der reinen Jäger und Sammler an verschiedenen Stellen der Erde die Entwicklung parallel, wenn auch phasenverschoben, vor sich gegangen ist. Verbindungen untereinander müssen nicht unbedingt angenommen werden. Ähnlichkeiten der Thematik ergeben sich aus dem Leben der Jäger. Wir kennen keine anderen Gruppen, die so stark vom Jagdtrieb bestimmt sind, als eben die Buschmänner. Fragt man die heutigen Buschmänner nach dem Vorhandensein von Felsmalereien etc., so können sie keine Auskunft geben; die einzelnen, oben genannten Hinweise liegen ja schon mehr als 100 Jahre zurück. Aber vergessen wir nicht, daß Buschmänner kein Verhältnis zur Vergangenheit und zur Geschichte haben. Ihr Interesse reicht nur soweit zurück, als sie zum Beispiel ihre Großeltern gekannt haben. Wir haben schon gehört, daß es bei ihnen keinen Ahnenkult gibt und darum auch kein Interesse an Genealogien. Wenn am Ahnenkult kein Bedarf besteht, dann stellt sich aber auch hier die Frage, ob, und wenn ja, welche religiösen Motive an den Felsbildern sich nachweisen lassen. Hahn und Stow, die Pioniere unseres Forschungsgebietes, waren der Meinung, daß die Felszeichnungen nichts mit Religion zu tun haben. Auch O. Moszeik ist hier sehr vorsichtig. L. Frobenius war dagegen der Meinung, wenigstens in Nord-Transvaal und Süd-Simbabwe verputzte Verschlußwände von Königsgräbern gefunden zu haben, die sich auch in den vorhandenen, nicht mehr genau datierbaren Ruinen in Simbabwe finden. Sie wären Bantus zuzurechnen, die sich damit auch an Felsmalereien beteiligt hätten.[14]

A. Lommel hat auch eine andere interessante Bemerkung gemacht: Wir könnten die »Geistesart der frühen Jäger-Völker« zum Beispiel auch an den Buschmännern studieren, um durch Vergleiche die Vorstellung der Höhlenkünstler von Altamira etc. zu »rekonstruieren«.

Am weitesten ist hier *E. Holm*[15] gegangen. Er unternimmt es, das »große Credo der Urreligion« bei den gelben Buschmännern in Stichworten zu beschreiben, die von der Schöpfungsgeschichte über sämtliche christliche Heilsaussagen bis zur Eschatologie, ja bis zur für ihn nicht zu bezweifelnden Transsubstantiationslehre reichen. Ist also der Buschmann seit je ein Christ, sogar bestimmter Prägung? Die verwandten christlichen Termini scheinen aber inhaltlich nur Hülsen zu sein für einen anderen Gehalt.

Als weltanschauliches Rüstzeug zum Verständnis seiner Thesen gibt Holm zuerst (1965) den Pan-Entheismus[16] an. Vier Jahre später weist er seine Leser auf diese notwendigen Vorarbeiten hin, aber wechselt sogleich stillschweigend und ausschließlich und ohne jede Erklärung zum Pantheismus über. Dieser wird aber nicht, etwa von Parmenides bis zu Spinoza oder W. Wundt[17] diskutiert, auch nicht in einem recht kurzen Kapitel, das anspruchsvoll mit »Metaphysik« überschrieben wird, jedoch nur zwei weitere Mythen aus der Bleek-Sammlung mitteilt. Holm zieht auch C. G. Jungs[18] Archetypenlehre heran. Sie dient vor allem dazu, jegliche Chronologie der Felsbilder als unbedeutend beiseite zu schieben, da die Archetypen ja zeitlos angelegt sind. Holms verschiedenartige Deutungen sind an dieser Stelle nur insoweit interessant, als man sehen kann, wie europäisches Gedankengut von der Antike bis zur Gegenwart auf die Buschmänner und die Felskunst beliebig übertragen worden ist. Anzumerken ist noch, daß 1865 ein erschossener Buschmann mit zehn gefüllten Antilopenhörnern mit verschiedenen Farben gefunden wurde. Anscheinend ein Maler.

Um diese Zeit, um 1970, bahnt sich eine entscheidende Wende in der Erforschung der Gravierungen und der Felsmalereien in Südafrika an, die die neuesten Mittel einsetzte und nach einer neuen, sagen wir ganzheitlichen, Methode arbeitet. Sie scheint uns so wichtig zu sein, daß wir ihr ein eigenes Kapitel widmen.

11. Ganzheitliche Darstellung der Felsbilder und Gravierungen

Die schon genannten Autoren, soweit es den Süden Afrikas betrifft, haben ein beträchtliches Material der Buschmannzeichnungen gesehen und teilweise publiziert. O. Moszeik[1] teilt 1910 mit, daß er Tausende von Malereien in Augenschein genommen habe (Seite 32). Man findet bei ihm auch einen Großteil der früher erschienenen Literatur zitiert und kritisch besprochen, Hinweise auf die verwendeten Farben, die technischen Hilfsmittel, eine Zusammenstellung der verschiedenen Tiere und Menschen auf die gegenseitige Beeinflussung durch Bantus, gelegentlich auch die Aussage eines Buschmannes, den er getroffen hat, und viele andere Einzelheiten. Moszeik versucht, bei aller Lückenhaftigkeit jene Verbindung zu Nordafrika und Ägypten, auf die schon verwiesen wurde, herzustellen. Für Südafrika gibt er, ohne genaue Angaben, Fundstellen an, die von der Kapprovinz über den Oranje-Freistaat und Natal bis nach Transvaal reichen, die schon zu seiner Zeit sich in einem langsam vorgehenden Verfall befanden, trotz – vergeblicher – Bemühungen des Parlaments, 1904, die Felsmalereien zu schützen, für deren Alter er zum Teil einige tausend Jahre annimmt.

Ebenfalls in den genannten Gebieten hat L. Frobenius gearbeitet und einen Zusammenhang der südafrikanischen Felskunst mit der westeuropäischen beziehungsweise der ostspanischen herzustellen versucht und auf Ähnlichkeiten mit ägyptischen und sumerischen Motiven und Ausführungen hingewiesen. Frobenius gehört zu jenen Forschern, die der Lehre von Kulturkreisen, die über Kontinente hinweg sich erhalten haben, die Grundlagen zu geben versucht hat. O. Spenglerische Gedanken klingen an: Völker können vergehen, aber ihr Kulturerbe wird von neuen, kommenden Völkern aufgenommen und weitergegeben. Wenn er Bilder in die ältere Steinzeit verlegt, dann bedeutet das nicht, daß Buschmänner die Maler waren, es kann auch ein anderes Volk gewesen sein. Wichtig ist nur, daß »ererbte, und zwar prähistorische, Kulturerscheinungen weitergeführt«[2] werden. Er bezieht sich dabei auch auf Bemerkungen bei G. W. Stow. Die Kulturkreise, wie sie Frobenius aufgestellt und benannt hat, können wir in unserem Zusammenhang übergehen, sie sind auch in dieser Form nicht weiter aufgenommen worden. H. Breuil war außer am Brandberg auch in den Drakensbergen und meinte, dort 15 Malschichten unterscheiden zu können. Auch E. Holm hat dort einige Malereien in natura gesehen und fügt viel Material aus verschiedenen Museen hinzu.

Um all das bis zum Jahre 1970 gesammelte Material zu sichten und seine Interpretationen zu überprüfen, bedurfte es einer anderen Methode, die schon seit Jahren im Gange war. Wir meinen jene Versuche, die wir eine ganzheitliche Darstellungsweise nennen möchten und meinen damit, daß nicht mehr da und dort einzelne Fundstellen analysiert werden sollten, sondern ein ganzes, reichhaltiges Gebiet genauestens mit den früher gemachten Erfahrungen und den neuesten Methoden kombiniert zu untersuchen ist. Da sich im südlichen Afrika die klimatischen Verhältnisse nicht so dramatisch verändert haben wie zum Beispiel in Europa, Klima, Fauna und Flora einigermaßen überschaubar ähnlich geblieben sind – jedenfalls für die Zeit der Felsmalereien und Gravierungen –, so lohnt es, sich in einem großräumig abgesteckten Untersuchungsgebiet durch längere Zeitabschnitte aufzuhalten und die nötigen Beobachtungen zu machen, die früher, wie gezeigt, ein kurzer Be-

Südwestafrika, Bez. Lüderitz, große Abstrakta, Gravierung, n. Scherz I/23

Südwestafrika, Bez. Okahandja, Abstrakta, 1a Mensch, 1b Stern, 2a Tiere, 2b Stern, 3 Rad 4 – 6 unklar, Gravierung, nach Scherz I/8

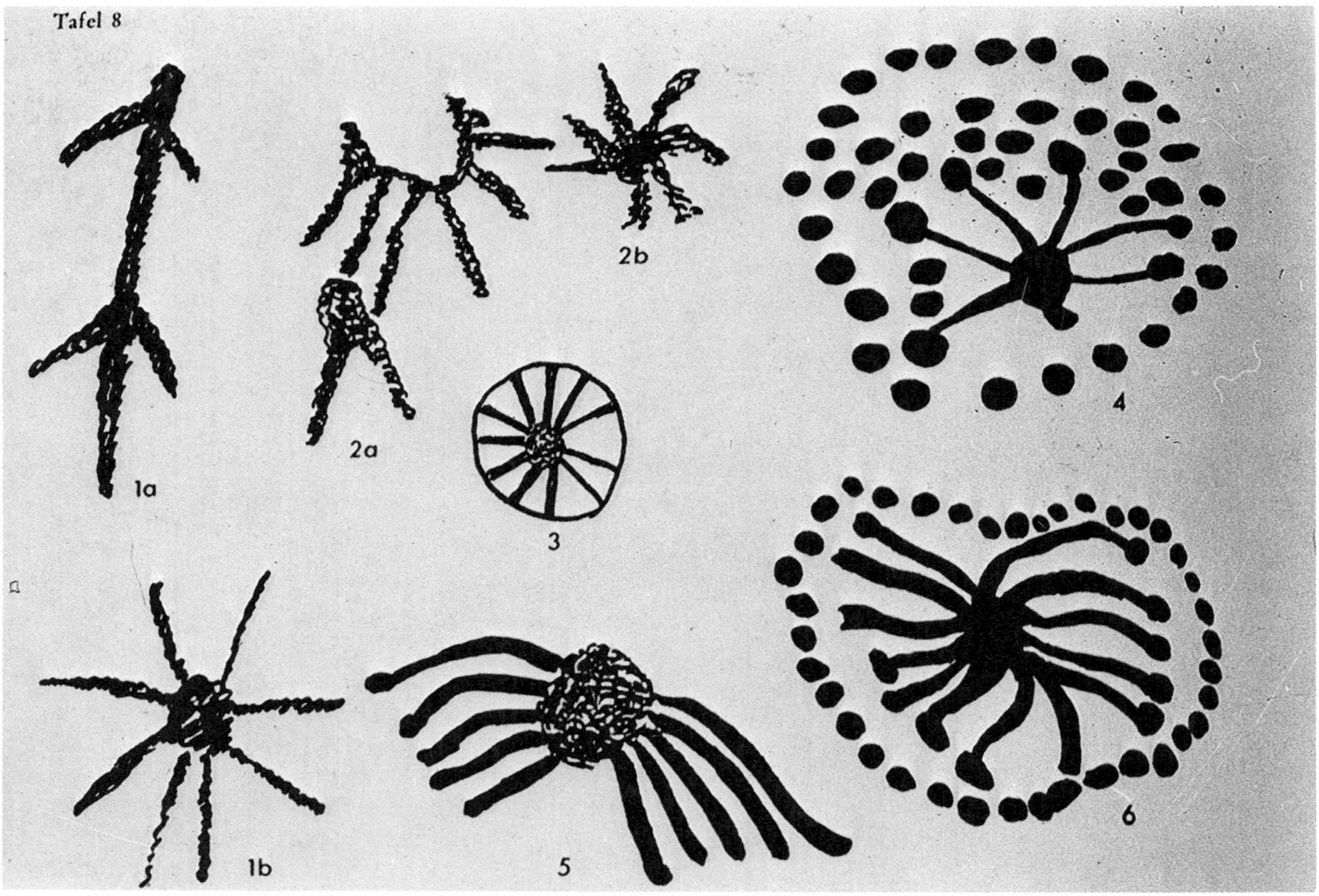

Ostspanien, Alpera, Jäger mit Masken, ursprünglich in Rot, n. Kühn T. 83

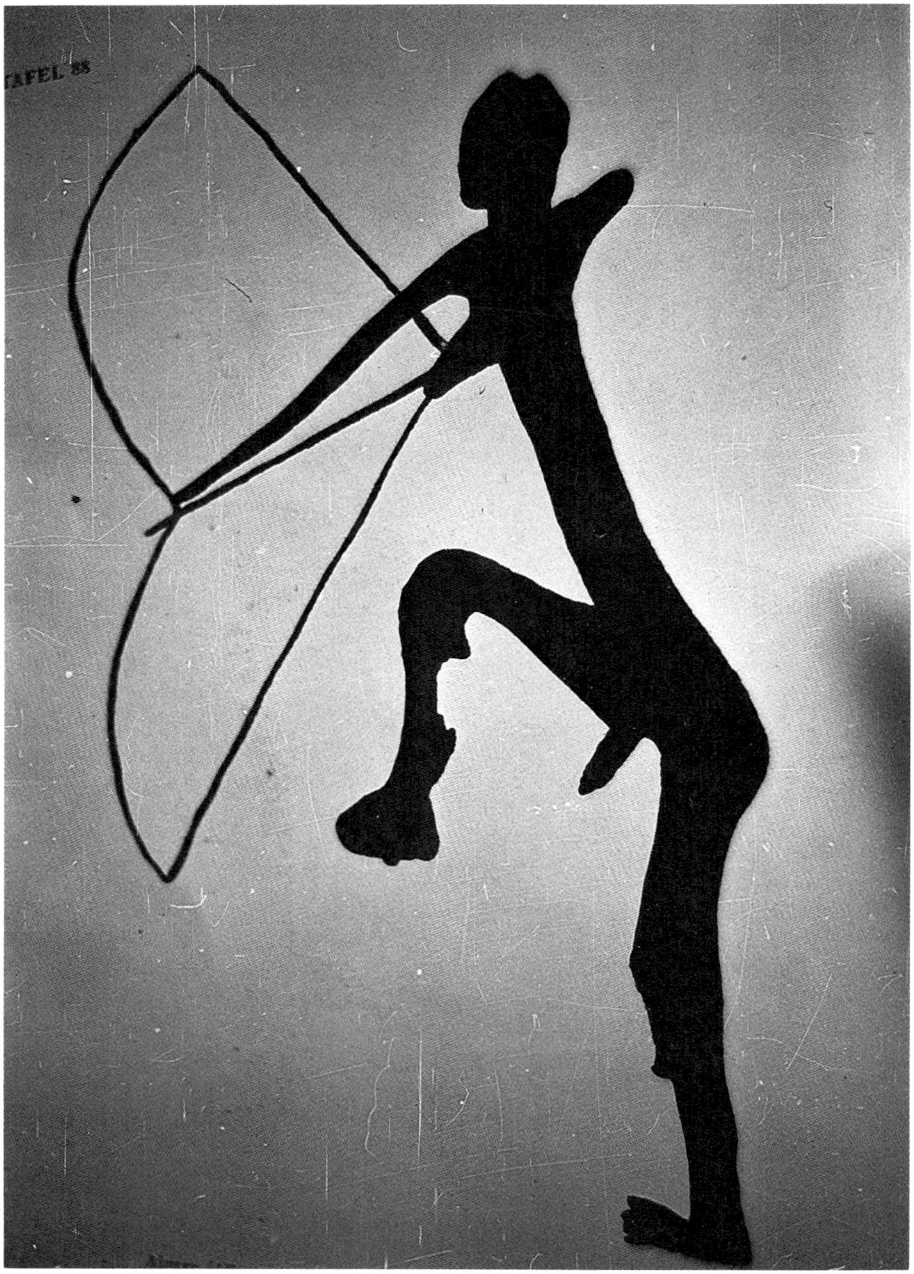

Ostspanien, Alpera,
Bogenschütze mit Penis,
ursprünglich Rot,
nach Kühn T. 89

Kalahari, Grenze zu Botswana

Verlassener Windschirm, nach Ausspähung eines Wildes

Buschmann mit Tätowierung

Buschmann mit Halsschmuck aus Straußeneierschalen

Nächtliche Tanzszene; um das Feuer in der Mitte sitzen Frauen und Kinder, im äußeren Kreis tanzen mit stampfenden Schritten Männer mit Tanzrasseln; vereinzelt versuchen sich ältere Buben.

Gruppe beim Erzählen von Mythen und Jagdgeschichten

Buschmann-Mädchen

Frau eines Buschmannes mit Kind

Auf einem Fell liegen: Pfeilschäfte, Bogen mit Köcher, Jagdmesser, Stöcke zum Entzünden von Feuer

Tanzrasseln, Medizinbehälter mit kurzen Ketten aus Straußeneierschalen-Plättchen, Losorakeln, weibliche »Puderdose« (kleine Schildkröte)

Südafrika, Drakensberge, großes Tierbild. Nach Pager, Ndedema, S. 147 Fig. 180

Nordafrika, Sahara, Tassili-n'Ajjar, Boviden

Nordafrika, Boviden.
Nach Lommel T. 176

Nordspanien. Altamira. Stier, 80 cm lang, nach Lommel T. 13

Spanische Levante, Las Covalas, punktierte Hirsche

Südafrika, Drakensberge, heimkehrende Jäger mit Kadavern und tanzende Gruppe. Nach Pager S. 220, Fig. 335

Südafrika, Drakensberge, Wildreservat »Giams Castle«, seltenes mythologisches Wesen: gebärende Frau sitzend auf einer Art Gesicht, mit Pfeil und Bogen.

Südwestafrika, Tsumkwe, Zeichnung eines 12jährigen Buschmann-Mädchens in einem Versuchskurs 1972, ohne Kenntnis der Felsmalereien.

such niemals vermitteln konnte. Die verschiedenen Beurteilungen haben hier einen ihrer Gründe. Von den neueren Methoden werden C 14 und andere wissenschaftliche Überlegungen miteinbezogen. Die gesammelten Daten und detaillierten Beobachtungen wurden in einen Computer eingegeben und so nach allen Richtungen ausgewertet. Damit ist man nicht mehr auf subjektive Überlegungen angewiesen, sondern kann sie zurechtrücken. Aber auch historische Berichte werden mit aller Akribie berücksichtigt. Die von früheren Forschern gesammelten Eindrücke und die auf ihnen basierenden Interpretationen sind damit nicht wertlos geworden, bekommen aber den ihnen gemäßen Stellenwert. Natürlich kann man mit dieser ganzheitlichen Methode immer nur ein, wenn auch reichhaltiges Gebiet umfassen. Die von der Kapprovinz bis Transvaal einst vorhandenen, gefundenen oder sich noch findenden Zeichnungen werden somit nicht berücksichtigt. Ihre Erfassung, die immer schwieriger wird, wird auf diese Weise vernachlässigt. Weiträumige Kulturkreise lassen sich in exakter Weise ebenfalls nicht mehr bestimmen. Das in einem begrenzten Forschungsgebiet umfassend erarbeitete Material kann dafür bestimmte Perioden aufschlußreich und wesentlich genauer festhalten. Die neue Arbeitsweise zeigt auch, daß eine Abfolge wie im französischen Schema, das für Südfrankreich und Westspanien durchaus sein Recht hat, auf Südafrika sich nicht übertragen läßt, ohne zu Verzerrungen zu führen. Gehen wir aber nun auf einige Einzelheiten ein, die für unseren Zusammenhang wichtig sind.

H. Pager hat *die Ndedema-Schlucht*[3] in den Drakensbergen, Natal, eine zusammenhängende Gruppe von 17 Felsüberhängen, in 1200 bis 2000 Meter Höhe in einer Länge von 5,5 Kilometer auf einer gemalten Felsfläche von 114 Quadratmeter mit nahezu 4000 Abbildungen untersucht, die sich in den Felsüberhängen verschieden häufig finden. Ein erstes wichtiges Ergebnis ist, daß es sich durchwegs um Wohnstätten der Jäger gehandelt hat, aber nicht um sakrale Orte. Nach den vorliegenden historischen Berichten oder Informationen durch Bantus steht ebenso fest, daß in der in Frage kommenden Zeit nur Buschmänner in den Drakensbergen lebten und darum auch nur als Maler in Frage kommen. Es wird klar, daß es sich nicht um Anfänge, sondern um einen Höhepunkt der Felsmalerei handelt. E. Denninger, in Zusammenarbeit mit Pager, hat nach C 14 die ältesten mit 800 Jahren ± 200, also um 1150 datiert, jüngere Malereien mit 200 ± 50 Jahre. Zwischen den franko-kantabrischen und den Malereien in der Ndedema-Schlucht liegen also nicht weniger als zirka 14.000 Jahre, oder geht man von der Levante aus, dann sind es 6000 bis 3000 Jahre. Eine direkte Abhängigkeit voneinander ist bei diesen Zeitspannen nicht mehr vorstellbar. Nach dem Stil der Jagd-, Kampf- oder Tanzszenen ist in diesen Malereien der Mensch gegenüber den Tieren, auch wenn sie wie die Rinder in Scharen stehend dargeboten werden, im Verhältnis 5:3 bevorzugt. Tier- und Menschengestalten in der Größe 10 bis 30 Zentimeter, höchstens einmal 50 Zentimeter, die Leichtigkeit der Bewegungen der Menschen, selten der Tiere, zum Beispiel flüchtender Paviane, fallen auf, aber die größere Sorgfalt in der Ausführung haben die Maler dem Tier gewidmet. Zunächst zwei- (schwarz, rot) und dann mehrfarbige Darstellungen deuten auf verschiedene Techniken und künstlerische Fähigkeiten, offenbar einzelner Maler, hin. Die schönsten Malereien stammen aus der Zeit zwischen 1600 und 1800, einer in diesem Gebiet nachweislich friedlichen Epoche, in der Kontakte mit den Bantu bestanden; sie tauchen nicht nur auf den Malereien, wenn auch nur in ein bis zwei Prozent auf (während Weiße und ihre Wägen nie abgebildet wurden), sondern sind auch in genetischen Artefakten nachweisbar. Bantus haben Buschmannfrauen als Konkubinen genommen – für sie war kein Kaufpreis zu zahlen und sie konnten ohne jede Schwierigkeit wieder fortgeschickt werden. Dagegen sind Verbindungen von Buschmännern mit Bantufrauen nicht bekannt. Aus den genannten Gründen ist das durchaus einsichtig. Ihren Mischlingskindern haben Buschmannfrauen ein Fingerglied, wie sie es gewohnt waren, abgeschnitten. Bantus haben dies als Erkennungszeichen für den Stamm gedeutet und teilweise diese Sitte übernommen. Sind Kontakte also nachweisbar, dann ist auch die wechselseitige Übernahme von geistigem und religiösem Gut wahrscheinlich, wenn auch Buschmänner an ihren Sitten, Gebräuchen und Traditionen stärker festgehalten haben. Im 19. Jahrhundert haben unter Shaka die verheerenden Stammeskämpfe, von den Zulus ausgelöst, auch dieses Gebiet betroffen. In dieser Periode scheinen die Buschmänner und das früher zahlreiche Wild so dezimiert worden zu sein – übrigens auch und nicht zuletzt durch die Weißen –, daß nicht nur die Blüte der Felskunst absinkt und die Buschmänner schließlich aus dem Gebiet ganz verschwunden sind, von einzelnen Individuen abgesehen, die noch nach 1900 gesehen wurden. Wohin die Reste sich gewandt haben, ist ungeklärt.

Gehen wir zu den geistig-religiösen Vorstellungen über, die von einigen Forschern so sicher angenommen werden. Bei der Auswertung der Analysen durch den Computer hat Pager festgestellt, daß sogenannte *mythologische Figuren* nur 1,7 Prozent der Malereien ausmachen, ein Hinweis, daß sie das Leben der Buschmänner nur geringfügig bestimmt haben können, aber auch nicht zu übersehen sind. Von diesen 1,7 Prozent sind 82 Prozent sogenannte Antilopen-Menschen und alites.[4)]

Seltener tauchen tierische Paarungsszenen auf und einige tragende Kühe. Fruchtbarkeitskulte sind darum auch nicht anzunehmen. Göttergestalten beziehungsweise Darstellungen des anzubetenden Mantis fehlen ganz. Regenbringende Tiere sind sehr selten zu sehen, verständlich für ein Gebiet, in dem reichlich Quell- und Flußwasser vorhanden war und in dem es ausreichend regnet. Eine seltsame Figur bietet eine männliche Gestalt in Vorderansicht, ohne daß das Gesicht irgendwelche Charakteristika aufweist, die Hände aber in Tierpfoten überzugehen scheinen. Eine überzeugende Erklärung dieser einmaligen, möglicherweise mythologischen Abbildungen hat sich noch nicht finden lassen.[5)] Um Transmutationen, an die man hier denken kann, handelt es sich sicher bei den Antilopen-Männern, nach älterer Auffassung Jagdmasken zur Tarnung und zur Täuschung des Wildes, wie sie noch heute getragen werden können. Diese Deutung geht aber nicht ganz auf, wenn man beachtet, daß an den Füßen und oder gelegentlich an den Händen Hufe festzustellen sind, wie sie sich in ähnlicher Weise auch im franko-kantabrischen Bereich finden. Nimmt man an, daß auch diese Hufe übergestreift sein könnten, dann ist nicht vorstellbar, wie auf diese Weise die Jäger sich bewegt haben sollen. Oft schreiten diese Antilopen-Männer gravitätisch einher, gegenüber den sich auf Jagd befindlichen gleichsam dahinfliegenden Menschen. H. Breuil, der Kopien von Frobenius-Malern gesehen hat, war der Meinung, daß es sich hier um Vertreter anderer Rassen, aus dem mediterranen Bereich, handelt. Pager (Seite 103) lehnt diese These mit Recht ab. Merkwürdig an diesen Metamorphosen bleibt, daß der Kopf, Füße und Hände »verwandelt« sind, der ganze Körper aber dem Menschen nachgeformt bleibt. Auf dem Kopf werden selten Hörner oder Ohren gemalt, dagegen sind gelegentlich eine Art Fühler zu sehen. Gewichtiger und zugleich anfechtbarer ist die These, daß es sich hier um »Totengeister« handle oder Gestalten von »toten Menschen«, wie es typischerweise ein Bantu Frobenius gesagt hat. Damit sei anzunehmen, daß ihr Geist oder ihre Seele noch mit dem Körper verbunden sei, aber ihn zu verwandeln beginne. Die Voraussetzung dafür ist, daß eine anthropologische Trias, bestehend aus Körper, Seele und Geist und die jeweiligen Lokalisierungen zumeist im Rücken, wie sie unter Bantus nachweisbar sind, auch bei Buschmännern vorhanden waren oder übernommen worden sind. Man wird gut daran tun, wenn man unter dieser Trias sich nicht das gleiche vorstellt, wie wir es seit den Klassikern der griechischen Philosophie gewohnt sind. Führt man den Begriff »Geist« ein, dann muß bei der Tierverbundenheit der Buschmänner die Frage entstehen, ob nicht auch die Tiere einen »Geist« haben. Solche Überlegungen werden von den heutigen Buschmännern verneint. Besteht aber die Interpretation »Geister der Toten«, »Seele« etc. für die Felsmaler und ihre Zeitgenossen zurecht, dann muß der Tod für sie als ein einschneidendes Erlebnis, als eine zentrale Frage angenommen werden. Demgegenüber ist in Erinnerung zu bringen, wie geringfügig der Anteil dieser Bilder im Verhältnis zum Ganzen ist. Die genannten Interpretationen stellen dagegen den Versuch dar, mit der Erfahrung des Todes in der Weise fertig zu werden, daß ein Hinübergehen in eine andere, bessere Welt vorgestellt wird. Das wären dann eindeutig religiöse Aussagen. Nur muß dann in Kauf genommen werden, daß gegenüber einer schöneren Welt nach dem Tode die gegenwärtige Welt und ihre Menschen als wenig gut vorgestellt und erlebt werden. Aus dem Welt- und Lebensbild der heutigen Buschmänner, die unter wirklich schwierigen Verhältnissen leben, kann diese Konsequenz ebenso wenig erhoben werden wie erst recht nicht aus den lebenstrotzenden Felsbildern. Hier kommt die ganzheitliche Erfassung eines ganzen Komplexes zum Tragen gegenüber subjektiv gewonnenen Eindrücken aus vereinzelten Bildern, die selbstverständlich anderer Natur sein konnten.

Nun weist Pager darauf hin, daß Antilopenmenschen zusammen mit den sogenannten alites auftauchen.[6] Sie deuten geradezu an, daß bei einem im Kampf unterlegenen oder in anderer Weise zu Tode gekommenen Menschen oder auch aus den Wunden eines tödlich getroffenen Tieres ein »Etwas« entflieht, zumeist ein »ales« in horizontaler Richtung. Alles hängt nun von der Interpretation dieses »Etwas« ab. Handelt es sich hier um den weichenden Atem, das entfliehende Leben, dann wird nur das Eintreten des Todes angezeigt und dann kann man, wie viele Autoren es tun, auf eine weite Verbreitung solcher Ausdrücke unter »allen Völkern«[7] und darum auch bei den Buschmännern rechnen. Mehr deuten unsere Informanten nicht an und mehr sagen auch die Bilder nicht aus. Wie sollte man sonst an einem im Kampfe gerade hinstürzenden oder flach hingestreckten Mann bildlich deutlich machen, daß er tödlich verwundet oder tot ist? Eine Veränderung im Gesicht ließ sich nicht darstellen, weil Gesichter nicht gemalt worden sind. Das Entweichen des Atems ließ sich durch einen ales deutlich machen oder es wurden um den Toten offenbar trauernde oder bestürzte Menschen danebengestellt, was sich in ihrer Haltung darstellen ließ. Interpretiert man aber statt Atem oder entweichendes Leben »Geist oder Seele«, dann drängen sich Fragen auf, woher denn ein Geist oder eine Seele im Menschen kommen und wohin sie aus dem Menschen entfliehen. Im letzteren Fall interpretiert man weiter: ein Geist oder die Seele gehen in eine andere Welt, in eine Art Paradies. Die Felsbilder selbst geben für diese Interpretationen nichts her. Es scheinen ganz andere Vorstellungen zu sein, die hier hineingetragen werden, etwa von einer Unsterblichkeit der Seele oder einer Seelenwanderung in vielen Wiedergeburten, Vorstellungen, für die unter den Buschmännern sich keine Anthaltspunkte finden. Auch der Hinweis auf ein gemeinsames Auftreten von Antilopen-Männern und alites und also um ein Zusammengehören der Vorstellung von dem ausweichenden Atem und den Antilopen-Männern als »tote Menschen« hilft nicht weiter. Warum wurden dann die tot daliegenden Männer nicht in der beginnenden Verwandlung zu Antilopen-Menschen gemalt? Auf all diese Fragen geben die Malereien keine Auskunft. Aber vielleicht tun es die Mythen, die den »esoterischen« Glauben der Buschmänner aufhellen könnten? In Bleeks Mythen wird von einem Schattenvogel berichtet, der den Tod eines Menschen in der Ferne den Zurückgebliebenen erzählt, von Zauberern, die »uns hinwegrufen und uns verwandeln in ein anders geartetes Wesen«.[8] Wir werden uns mit diesem Hinweis in mythischer Ausdrucksweise zufriedengeben müssen, ohne Antworten zu bekommen auf Fragen, die wir, aber nicht die Mythen stellen.

Der Schattenvogel der Mythe gehört nicht zu den alites, auch ein Zauberer, der die Verwandlung vornimmt, ist auf den Malereien weder neben den Antilopen-Männern noch sonstwo zu sehen. Aber der letztere Hinweis kann uns helfen, festzuhalten, daß es sich bei dem ganzen Komplex der Transformationen um die Vorstellung eines zauberhaften, magisch-mythischen Bereichs handeln könnte.

Über diesen quantitativ so geringeren Teil auf den Darstellungen der Felsbilder der Drakensberge soll nicht vergessen werden, wie gewaltig und eindringlich die Schar der Tiere und Menschen ist. Die künstlerischen Leistungen, bis in liebevoll ausgeführte Details, dürfen nicht verdrängt werden. Sie machen das Eigentliche dieser wunderbaren »Buschmannbilder« aus, wie sie lange Zeit wegwerfend genannt wurden, und das vor allem darum, weil Buschmänner »verächtliche Viehräuber« genannt wurden – aus dem völligen Mißverständnis über die verschiedenen Vorstellungen der Eigentumsverhältnisse heraus. So wurden die Bilder unbeachtet gelassen und dem Verfall preisgegeben. Die Arbeit der vielen Forscher hat ein anderes Verständnis zutage gebracht. Seit einiger Zeit kann man auf allen Touristik-Karten Angaben über leicht zu erreichende Felsmalereien finden, in der Nähe sind Hotels errichtet und höher gelegene Felsüberhänge können mit alpiner Ausrüstung aufgesucht werden.

Ebenso hat E. Scherz[9] einen ganzen geographischen Raum genauestens durchforscht, in jahrzehntelanger Arbeit. Es handelt sich um Gravierungen und Felsmalereien in Südwestafrika/Namibia. Malereien finden sich auch hier unter Felsüberhängen und in Grotten, die sich als Wohnplätze herausgestellt haben, während bei Gravierungen die Wohnplätze in der Nähe von Wasserstellen gelegen sind. In Südafrika sind beide Kunstformen voneinander getrennt anzutreffen, in Südwest treten sie durcheinander auf. Daraus lassen sich Schlüsse auf die Künstler ziehen. Scherz hat über 16.000 Gravierungen erfaßt und 1970 und 1975 sehr viele publiziert. Im allgemeinen wurden Gravierungen auf flach liegenden Felsplatten angebracht, aber auch hier gibt es Ausnahmen an senkrechten Felswänden. Gravierungen sind in Stein geschlagene Umrißlinien in verschiedenen Techniken, die uns hier nicht näher zu interessieren brauchen. Die Altersbestimmung ist schwierig, aber unter Beachtung der Patinierung, der Versinterungsschichten, der Ausbreitung der Schwarz-Napf-Flechten lassen sich, vor allem wenn Malereien auf demselben Stein zu finden sind, Annäherungswerte bestimmen. Das Alter der Malereien liegt etwa in den gleichen Grenzen wie in den Drakensbergen, also um 800 ± 200 bis 400 ± 100. Die erhaltenen Gravierungen scheinen wesentlich älter zu sein, sie werden mit 1000 bis zu mehreren tausend Jahren angegeben. Historische Berichte stehen nicht zur Verfügung, die Europäer sind wesentlich später ins Land gekommen, zunächst einzelne Händler, Missionare, Farmer, Beamte und Soldaten. Damit ist auch die Feststellung der Herkunft der Gravierer erschwert. Unbestritten ist bisher, daß Buschmänner Gravierer waren. Aber ob ausschließlich sie es waren, läßt sich nur behaupten, nicht beweisen. Manches spricht dagegen, zum Beispiel daß an Orten, an denen viele Gravierungen zu finden sind, Buschmänner, soweit wir wissen, sich dort nie aufgehalten haben. Dagegen leben dort seit geraumer Zeit Damas, die aber selten näher in Betracht gezogen werden; sie stehen den Kunstwerken heute völlig gleichgültig gegenüber, obwohl sie oft an ihnen vorbeigehen und die Tradition fortsetzen könnten. Hottentotten wie die erst später ins Land gekommenen Ovambos und Hereros scheiden ebenfalls aus. Es gibt gut belegte Aussagen, nach denen diese Völker selbst berichtet haben, daß sie bei ihrem Kommen ins Land Gravierungen schon vorgefunden haben. Wie schon früher erörtert, sind wir nur auf Hypothesen angewiesen, welche Rassen vor den Buschmännern hier lebten. Wir stehen auch hier wie bei den Malereien vor der Tatsache, daß wir diese Kunst im allgemeinen erst von einem gewissen Höhepunkt an beobachten können. Stilmäßig oberflächlich wirkende Arbeiten sind nicht älteren, sondern zumeist jüngeren Datums. Wichtig für unseren Zusammenhang ist dagegen die eindeutige Feststellung, daß Menschen selten graviert wurden und daß es auch keine aufeinander bezogenen Tiergruppen gibt, also Szenen, wie wir sie von der Malerei her kennen. Für das gesamte untersuchte Gebiet hat Scherz feststellen können, daß sich drei Gruppen finden, die je ein Drittel der Gravierungen ausmachen, nämlich Tiere, Fährten (auch von Menschen) und sogenannter Abstrakta. Auch wenn auf einer Platte mehrere Tiere graviert sind, so steht doch jedes Tier für sich und so lassen sich hier nicht jene Hypothesen entwickeln, die wir bei Interpreten der Malerei angetroffen haben. Antilopen-Männer und alites finden sich nicht. Aber an einer dem nahekommenden Gravierung wollen wir uns einiges klarmachen. Es handelt sich um die größte Fundstelle, die in der Nähe des Brandberges bei Twyfelfontein (oder Uais) mit 2500 Darstellungen liegt. Unter ihnen wird gern auf das sogenannte »Fabeltier« hingewiesen. Manche sehen in Kopf, Ohr und einem Arm einen Teil eines Menschen, während alles andere ein Tier darstellt, wobei offenbar der Schwanz und zwei Beine später hinzugraviert wurden. Das Ganze wird auch als »Zentaur« bezeichnet. In einer Mythe, die Jantunen aufgezeichnet hat, berichtet der Gewährsmann Erasmus von Pferdemenschen, die am

Rande der Erdscheibe leben. Scherz dagegen hält das ganze für eine Kudu-Kuh im Sprung. Jedenfalls weist nichts auf ein Pferd hin.

Vielfach finden sich auf den Felsplatten sogenannte Abstrakta: Linien, kreisförmige Figuren verschiedenster Art, Räder, viereckige Linienmuster, Punkte, Löcher, Waben etc. Den einzelnen Figuren hat man bestimmte Inhalte zugeordnet und sie als Wasserstellen, Hütten, Wildfallen usw. gedeutet. Mit dem gleichen Recht könnte man sich andere Inhalte vorstellen. Leider sind es immer europäische Interpreten, die diese Inhalte meinen deuten zu können. Die Beziehungslosigkeit dieser Formen untereinander, wie wir sie auch bei den Tieren erkannten, lassen jeden Deutungsversuch zu einer reinen Hypothese werden.

In diesem Zusammenhang stellt sich die Frage nach *Bedeutung und Sinn dieser Gravierungen* überhaupt. H. Vedder hat darauf hingewiesen, die Gravierungen als Grenzmarken zu verstehen. Sie hätten dann die Aufgabe gehabt, nomadisierende Gruppen auf die Eigentumsverhältnisse aufmerksam zu machen.[10)] Demgegenüber steht, daß die Felsplatten inmitten des Schweifgebietes eines Clans gelegen sind, in der Nähe von Wasserlöchern, und nicht an der Peripherie. Ist einmal in die Nähe eines Wasserlochs oder einer Quelle ein Fremder oder ein »Feind« gekommen, dann wird er sich nicht mehr durch Gravierungen vom Benützen des Wasserlochs abhalten lassen. Eine mögliche Auseinandersetzung erfolgt, wie wir wissen, dann auf andere Weise. Auch aus anderen Gründen kann man die Platten nicht als »Wegzeichen« verstehen. Ein Angehöriger des Clans braucht keinen Hinweis, er kennt sein Schweifgebiet, die Wasserlöcher und anderes, und für Fremde wird man nicht Wegzeichen aufstellen. Bleibt die Überlegung, ob mit der Abbildung der Tiere das Wild in die Nähe der Jäger gezogen werden soll. Sofort ist man mit der Vorstellung eines »magisch-religiösen« Glaubens bei der Hand.[11)] Als möglicher Ansatzpunkt gilt das »Beschießen« mancher Platten, das heißt, es lassen sich zuweilen Löcher in den Tierabbildungen erkennen, die von Pfeilen herstammen oder herrühren können. Leider werden wir auch hier zumeist im Stich gelassen, was die Verfasser sich unter »Magie« vorstellen, was sie bedeutet, wie und warum sie funktioniert. Könnte man sich die Gravierer also als eine Art »Fallensteller« vorstellen? Die Vielzahl von Tieren auf einer Platte ließe sich in diese Richtung deuten. Oft liegt in der Nähe eine für das Gravieren ebenso geeignete Platte wie auch bei Felsmalereien, ohne daß diese je benutzt worden ist. Wäre sie in Gebrauch genommen worden, so würde sich die Darstellung der Tiere verteilen und somit im späten Betrachter nicht den Eindruck aufkommen lassen, hier werden viele Tiere magisch herbeigewünscht und angezogen. Das Benutzen nur einer Platte, offenbar auch über mehrere Generationen hinweg, läßt sich möglicherweise sehr viel einfacher erklären, nämlich aus dem Trieb, dort weiter zu machen, wo vorher schon ein anderer gearbeitet hat. Magisch angezogen wären also die Menschen, aber nicht das Wild. Da wir aber die Gravierer nicht kennen und vor allem nicht mehr befragen können, hängt der Deutungsinhalt nur noch von den Betrachtern europäischerseits ab. Heutige Buschmänner oder Damas können keine Auskunft mehr geben; das Gravieren, selbst wo Steinplatten zutage liegen, interessiert sie nicht mehr, obwohl sie allen Anlaß hätten, Tiere »herbeizuwünschen«. Auch aus der Vergangenheit ist in ihrem Gedächtnis nichts aufbehalten.

In der Buschmannschule in Tsumkwe sah und erbat ich mir Zeichnungen auf einem Blatt, die Motiven auf Felsplatten ähnelten, obwohl das 12jährige Buschmann-Mädchen Originale sicher nie gesehen hatte.

Auch auf den Gravierungen sind Tiere nicht nur sehr zahlreich vertreten, sondern auch künstlerisch hochwertig ausgeführt, gelegentlich auch leicht karikaturhaft verzerrt, während Menschen selten, dem Beschauer zugewandt, in sehr viel schlechterer Ausführung zu sehen sind. Dabei hätten die Gravierer die Möglichkeit gehabt, das menschliche Gesicht darzustellen. Es ist bisher nur eine einzige Ausnahme gefunden worden[12)], ein Gesicht, das Ähnlichkeiten mit einem Hottentotten, weniger mit einem Buschmann oder Dama, einem Bantu hat. Ein erst spät eingewanderter Bantustamm, die Tschokwe, die in Angola und am Okawango leben, sind Holzschnitzer, die Masken (und anderes) mit Beil und Messer herstellen, die eine gewisse Ähnlichkeit mit jenem Gesicht aufweisen.[13] Freilich ist vor allem der Mund völlig anders, abgesehen von anderen Schwierigkeiten der Deutung.

In Transvaal, im Museum in Pretoria, findet sich eine Platte, auf der ein »Tokolos«, eindeutig ein Kobold aus der Bantuvorstellung, graviert wurde.[14] Haben also auch Bantus graviert? Vermutlich – wir vermerken es nur, um die These von einer teilweisen Bantuisierung der Buschmannstämme nicht von vornherein auszuschließen. Im Gegenteil, wir werden diese These im Auge behalten müssen.

Wiederholt sind wir schon auf die *levantinische,* post-paläolithische *Kunst in Ostspanien* zu sprechen gekommen. Die Fundstellen liegen hauptsächlich zwischen Katalonien und Murcia, im Hinterland der Küste. Die größte Schwierigkeit bereitet die Chronologie, die nur an wenigen Stellen mittels der C-14-Methode bisher angewandt wurde. Es scheint aber die Zeit zwischen 6000 bis auslaufend 3000 ante, der Kupfer-Steinzeit, in Frage zu kommen. Die Fundstellen liegen vorwiegend unter Felsabhängen, meist zum Mittelmeer hingewandt. Vieles ist aus den bekannten Ursachen zerstört, anderes übermalt oder Rinder in Hirsche umfunktioniert. Die Maler waren fraglos Jäger, die von ihnen getragenen Bögen sind größer als die uns bisher bekannt gewordenen, dreifach gekrümmt. Die Pfeilspitzen zeigen einen Widerhaken. Aber das alles ist nicht von großem Gewicht. Die Gesichter sind nur angedeutet, die Männer eilen in weit ausgreifenden Schritten. Das dynamische Element überwiegt – wie in Südafrika. Frauen dagegen tragen Röcke aus Fellen, sie stehen oft zu zweit nebeneinander und wenden dem Besucher den Rücken zu. In ihren Händen sind deutlich Grabstöcke zu erkennen. Bei der täglichen Arbeit werden sie oft in Gruppen dargestellt, die Männer in Kampfszenen oder Tanzdarstellungen. Die Figuren sind häufig klein, nur wenige Zentimeter groß, wiedergegeben. Aber es finden sich auch große Gestalten. Auch die Tierwelt ist in bezug auf ihre Größe verschieden wiedergegeben. Auffallend sind oft dargestellte Hirsche mit einem prächtig ausgeführten Geweih. Sie scheinen das am meisten begehrte Jagdwild gewesen zu sein, aber auch Rinder und Wildpferde finden sich.

Spanische Forscher neigen heute aus guten Gründen dazu, hier an der Levante eine eigenständig entwikkelte Kunst vorzufinden, ohne Beziehung zur frankokantabrischen Kunst. Der schon so oft gezogene einfachste Schluß liegt nahe, überhaupt von einer je selbständig entwickelten Jäger- und Sammler-Kultur zu sprechen, ohne zu übersehen, daß Berührungen und Kontakte in unserem Falle mit Nordafrika bestanden haben dürften. Darüber hinaus ist überall das eine große Thema des Lebens und der Umwelt der Jäger und Sammler wiedergegeben. Mythische Figuren sind dagegen an der spanischen Levante nicht zu finden. Annahmen eines Jagdzaubers oder einer Magie sind auch nicht in Andeutungen belegbar.

12. Magisches Erleben, Denken und Handeln

Die Frage nach der Entstehung, den Motiven, die die Felsmalerei und die Gravierungen entstehen ließen, hat vom Anfang der Entdekkungen die Interpreten mit jener Intensität beschäftigt, die bis zu sonderbaren Kontroversen führten. Unter den Reisenden in Südafrika hat zum Beispiel E. Holub[1)] seiner Meinung Ausdruck gegeben, die Buschmänner hätten die Felswände »aus Langeweile« geschmückt mit tierischen und menschlichen Gestalten, durch Ausmeißelungen oder mit Ockerfarben. Bei den in der Nähe des Sambesi wohnenden Bantus wird Holub Zeuge von Anwendung einiger Zaubermittel, die er aus seiner und seiner Zeitgenossen Sicht als »Humbug« qualifiziert. Eben dort erfährt er auch den geheimgehaltenen Namen eines allwissenden Wesens »Nambe« (das aber »Molemo« genannt wurde), das im »Blau des Firmaments«, also einem Gewölbe, wohnt.[2)] Th. Hahn, 1879, berichtet, daß aus »Lust gemalt« wird und keinesfalls religiöse Motive vorliegen. Von anderen Autoren haben wir gehört, daß sie die Möglichkeit einer Jagdmagie mindestens für möglich halten. Was ist das für eine »Lust« und »Magie«? In der Beurteilung der europäischen Kunst treffen wir ebenfalls beide Möglichkeiten an: Hoenes, 1898, kann keine religiöse Bedeutung erkennen, während Breuil, Obermeier (beide Jahrgang 1877 und befreundet), Graf Begouen, 1911, H. Kühn, 1929, für Magie, zum Teil mit noch erkennbaren Kulten, eintreten. Von allen werden mindestens für den Anfang ästhetische Gründe zugestanden, während später magisch-religiöse Züge zu erkennen seien, die in späterer Zeit wieder abhanden gekommen zu sein scheinen. H. Kühn[3)] gibt für die europäischen Funde in einem umfangreichen Kapitel »das Denken der Eiszeit« fünf Gründe an, die für eine Art von magischer Weltanschauung sprechen, die zugleich Religion und Philosophie ist, und faßt damit zusammen, was auch andere vor ihm bemerkt haben: die auf die Tiere fliegenden Pfeile, das »Beschießen« von Tierbildern, die Lage der Felszeichnungen gelegentlich in sehr abgelegenen Teilen der Höhlen, im Lehmboden gefundene Spuren von Fußsohlen, die als Abdrücke von Tanzspuren angenommen werden, die Verwendung von Tiermasken in Jagd- und Tanzszenen. Der Autor hebt ebenfalls hervor, daß diese an den Malereien und Gravierungen beobachteten Momente auch anders gedeutet werden können und darum allein keine durchschlagenden Argumente ergeben. Darum unternimmt Kühn als erster in unserem Zusammenhang den beachtlichen Versuch[4)], das magische Denken aus den Bildern der europäischen Kunst zu analysieren und es verständlich zu machen, soweit wir heute überhaupt in der Lage sind, es nachzuvollziehen. Im magischen Denken, so führt Kühn aus, verhält sich das Ich zur Wirklichkeit anders als mit Hilfe unserer logisch-kausal naturwissenschaftlichen Kategorien. Es liegt eine andere Kausalität vor, eine anderer Begriff von Raum und Zeit, ein anderes Verständnis der Funktion. Alles ist nicht auf Erkennen, sondern auf Handeln ausgerichtet. Zum Verständnis für jede magische Weltanschauung schlägt Kühn das »Gesetz der Koinzidenz« vor. Danach ist das Schießen auf ein Tierbild ein Schießen auf das Tier selbst. Die für uns zweifachen Vorgänge sind im magischen Denken eine Einheit, unabhängig davon, ob das Ziel des Vorganges vom Schützen räumlich weit entfernt liegt, oder/und zeitlich zu irgendeinem Zeitpunkt erreicht wird. Koinzident meint, daß Menschen nicht nur Tiere sein können oder Eigenschaften wie in Brehms Tierleben haben, sondern Tiere *sind*, Sterne nicht nur symbolisch Tiernamen tragen, sondern Tiere *sind*. In der Diktion der Scholastik ausgedrückt fällt die *causa efficiens* mit der *causa effecta* zusammen. Ursache und Wirkung werden nicht logisch-naturwissenschaftlich aufgefaßt und erklärt, sondern sind festgelegt durch Brauch, Sitte, Übung. Magisch ist demnach unistisches, nicht dualistisches Denken. Das *εστιν γαϱ ειναι το μη εον*, das Nicht-Seiende des Parmenides (zirka 470 ante Chr.), kommt nicht entfernt in Sicht.

Die ältesten Bilder hält Kühn nicht für rein magisch. Im Aurignacien gibt es zum Beispiel keine Maskenmenschen, keine eingezeichneten Pfeile. Zuerst tritt die Nachahmung der Bewegung der Tiere im Tanz auf; es ist also ein Sich-Einstellen, ein Sich-Vorbereiten auf die Jagd aus den gemachten Erfahrungen heraus. So entstand langsam ein Identitätsgefühl zwischen Mensch und Tier, aus dem sich später Zauber und Magie entwickeln, und zwar zuerst als Tötungsmagie, später als Fruchtbarkeitsmagie. Damit vollzieht sich ein Übergang zum Dynamismus und Animismus. Im animistischen Denken ist »Kraft« die wirkliche Substanz, ein Stoff. In dem Maße als das magische Denken zurücktritt (ganz hat es nie aufgehört), verlieren die naturalistischen Tiermalereien ihren Sinn, sie werden nur noch stilisiert dargestellt, in den Vordergrund treten Menschenbilder. Im animistischen Denken ist das Tier nicht mehr abzubilden, sondern das Abgebildete bedeutet nun das Tier. Je stärker das animistische Denken wird, desto stärker treten stilisierte Gravierungen, geometrische Skulpturen auf.

Ein weiteres Indiz bieten die *Bestattungsformen*. Zuerst wird der Tote als Ganzer betrachtet, der darum auch in der Nähe begraben wird und dem man seine Kleidungsstücke, Werkzeuge etc. beigibt. Man denkt an ein Weiterleben der organischen Funktionen des Körpers; der Tote ist der Lebende, aber mit einem »Seelenglauben« hat das alles nichts zu tun. Erst im späteren Magdalénien und in Azilien finden sich Bestattungen einzelner Teile, zum Beispiel Köpfe etc. Im Neolithikum ist der Animismus zum vollen Sieg gekommen. Die Auffassung vom »gleichsam lebendigen Leichnam«, so Max Ebert, 1921, hört auf, von ihm trennen sich Geister oder Seelen. Das Neolithikum stellt eine Revolution dar. Jetzt rücken die Menschen mit ihren Hütten zusammen, Tiere werden domestiziert, Nährpflanzen für Mensch und Tier angebaut, Quellen gefaßt, kurzum das Zusammenleben organisiert und die ersten städtischen Siedlungen entstehen. Das bedeutet natürlich auch einen Wandel im Bereich des Geistigen und Religiösen.

In großen Zügen sind wir hiermit den Darlegungen Kühns gefolgt. Kühn lehnt sich dabei an H. Wölfflin[5)] an, der drei Epochen unterscheidet: 1. das Aurignacien mit der Betonung der Kontur, der Umrißlinien, des »Linearen; 2. das »Malerische«, mit der Betonung der Farben, die Mehrfarbigkeit, das Benutzen von Lichteffekten im frühen und mittleren Magdalénien, das den Höhepunkt des malerischen Stils darbietet; 3. das späte Magdalénien, das einen neuen linearen Stil pflegt. Das magische Denken steht zwar nicht mehr im Vordergrund, ist aber immer noch vorhanden und läßt sich auch heute noch immer finden. Wir brauchen nur an die unterschwellige Bedeutung denken, die sich in der Benutzung von Amuletten in vielen Formen, der Horoskope, dem »Besprechen« mit magisch wirksamen Formeln findet, der magischen Bedeutung der Zahl, zum Beispiel der »13«, und vieles andere. Wir pflegen diese Phänomene zwar abzuqualifizieren, aber fassen sie auch unter dem Thema einer okkulten »Wissenschaft«, der Parapsychologie etc., zusammen. Sofern wir Entsprechungen in den mythischen Erzählungen der Buschmänner kennengelernt haben, versuchten wir sie zuerst psychologisch als Suggestion, also aus dem seelischen Bereich her, zu deuten. Kühn macht dagegen den Versuch, Magie im rationalen Bereich zu erklären, ausgehend von den Wandlungen innerhalb der aufgefundenen Bilder, eine Entwicklung des sehr unterschiedlichen Denkens der Eiszeit-Menschen gegenüber dem späteren Denken zu geben. L. Frobenius, 1931, redet von der »Sinnrichtung einer Geistigkeit« und bleibt dabei bei den von ihm aufgestellten »Kulturkreisen«. Selbst Graziosi, 1956, betont[6)], daß es keine deutliche Unterscheidung zwischen Mensch und Tier gibt und nennt dies eine »primitive Mentalität« oder kann von magisch-religiösen Zügen reden; aber was darunter gemeint ist, bleibt dem Leser überlassen. H. Breuil in seinem zusammenfassenden Alterswerk 1952)[7] vermerkt alles, um seine vielfachen Schichten, Stile, Kulturkreise überaus genau zu beschreiben, aber was er unter magischer Weltanschauung versteht, bleibt auch bei ihm offen. Viele Autoren verhalten sich so, als ob es völlig klar sei, was jeweils unter Magie und Zauber zu verstehen ist.

Es ist sehr bedauerlich, daß es eine Aufnahme, Auseinandersetzung oder Weiterführung mit Kühns Thesen, soweit ich sehe, nicht gegeben hat. Sein Versuch bleibt als bedeutsame Leistung bestehen, auch wenn sich hie und da Kritik anmelden ließe. So hat man die Probleme den Philosophen, wie etwa Lucien Lévy-Bruhl (1857 bis 1939)[8] oder Religionswissenschaftlern überlassen, die die »primitive Mentalität« als eine Schicht *im* Menschen aufzufassen begannen.

Eine Verdeutlichung der Thesen Kühns findet sich auf einem ganz anderen Gebiet. Sie führt uns in die Traumwelt unserer Erlebnisse und damit in die Tiefenpsychologie. In der Analyse mancher Träume stoßen wir ebenfalls auf jene andere Welt, die nicht logisch-naturwissenschaftlich erfahren wird. Caruso[9] nennt sie die participation mystique. Im Traumleben überlappen sich Räume, ohne daß uns dies irgendwelche Schwierigkeiten bereitet. K. Jaspers hat dieses Hier- und zugleich Woanders-Sein als »doppelte Orientierung« angesprochen. Auch mit der Zeit erleben wir im Traum ein Geschehen, das der Vergangenheit oder der Zukunft angehört und zugleich gegenwärtig ist. Der Träumende kann zugleich als Kind und als Erwachsener auftreten. Die uns im Wachsein vertraute Folge der Zeiten wird zu einer Einheit. Ähnliche Phänomene kennen wir vom Film und vom Theater. In beiden Medien werden Geschehnisse, die durch längere Zeit und in verschiedenen Räumen sich entwickelt haben, in ein oder zwei Stunden zusammengefaßt und so gleichzeitig erlebt. Der Film ist im besonderen Maße in der Lage, Räume und Zeiten nicht nur nebeneinanderzustellen, sondern durch Ein- und Rückblendungen das gegenwärtige Geschehen besonders eindringlich zu machen. Subjekt und Objekt können zusammenfallen und sind nicht mehr voneinander abgegrenzt. Wir befinden uns im Traum oder im phantastischen Geschehen gleichsam auf einer Bühne. Es fragt sich, in welchem Sinn diese Vorgänge, die im hellen Bewußtsein unseres Denkens von uns nicht mehr recht nachvollzogen werden können, aber in der seelischen Tiefe vorhanden sind, in unseren Träumen und in der Kunst so durchbrechen, daß sie von uns wieder »erlebt« werden. Im Erwachen, im Augenblick der Rückkehr in die Wirklichkeit zerbricht das magische Denken und Erleben, wir »vergessen« den Traum und eine andere, zum Beispiel als Freude, Trauer oder Katastrophe erfahrene Wirklichkeit tut sich auf.

Wenn wir zu unseren Bildern der Vorzeit zurückkehren, dann wird manches noch in anderer Weise einsichtig. Nach den *Motiven* fragend, warum diese Tierbilder in solch großartiger, lebendiger Durchführung entstanden sind, könnten wir jetzt formulieren, daß zum Beispiel ein nicht zu Ende gekommenes Erlebnis, in der Begegnung mit einem Tier, erst durch die Abbildung zum abschließenden Erlebnis gebracht wurde. Der Maler ist als Jäger etwa einem Bison begegnet, der auf ihn zustürzte, den er, aus welchen Gründen auch immer, nicht zu erlegen vermochte, aber fliehend mit dem Leben davonkam. In die Höhle zurückgekehrt, setzt er dieses erregende Erlebnis in ein Bild um und fügt zugleich Pfeile hinzu. Jetzt wird das Tierbild beschossen und ist endgültig erlegt. Kühns Überlegungen erweisen sich im Grundsatz durchaus zurecht. Die gleiche Situation, die ein unabgeschlossenes Erlebnis zum Abschluß zu bringen sucht, läßt den Maler sein Bild oft in einem abgelegenenTeil der Höhle anbringen, das ja nicht in erster Linie für den Clan, sondern für ihn selbst bestimmt ist. Die statt eines Nebeneinander überlagernd gemalten Tierbilder zeigen möglicherweise ebenfalls an, daß im magischen Denken Raum und Zeit einen anderen Stellenwert haben als bei uns.

Möglicherweise fällt damit auch Licht auf ein Problem, das kaum beachtet wird: nämlich das Verlassen der Höhlen nach einem Absturz der Decke oder des Einganges. Es wurde der gar nicht so schwierige Versuch unternommen, dorthin zurückzukehren. Wir verdanken zwar diesem Umstand die Erhaltung der Bilder in Europa über mehr als 15.000 Jahre. Wenn es sich hier aber um sakrale Kultstätten gehandelt haben sollte, ist dieses Verhalten, an die so gewichtigen Stellen nicht zurückzukehren, unbegreiflich. Oder wurden diese Einstürze als ein Eingreifen neuer, unbekannter Kräfte aufgefaßt, so daß sie die Bewohner vertrieben und sie deshalb nicht mehr zurückkehrten? Zur Diskussion steht auch die These, daß der Zerfall der Einheit von Subjekt und Objekt, kurz des magischen Denkens, mit durch die Veränderung des Klimas bedingt war, die jene Einstürze der Eingänge und teilweise der Decken bewirkte und zugleich erlaubte, außerhalb der Höhlen zu wohnen und die Wirklichkeit neu zu erleben. Damit sind für die damaligen Menschen die Höhlenmalereien unbedeutend geworden. Auf den Malereien der spanischen Levante tauchen nun Menschen in dynamischer Bewegung auf, in Kampf- und Jagdszenen. Wir befinden uns damit aber schon am Beginn des Neolithikums, dessen entscheidend neue Situation wir schon andeutend beschrieben haben. Nun tritt die Forcierung der Fruchtbarkeit von Mensch und Tier auf, die Abwehr gegen feindliche, bedrohende Kräfte wird gesteigert, die Ausbildung von Kulten geht nun in ungeahnter Schnelligkeit vor sich. Mögen vorher in der Zeit der magisch erfaßten Welt Ansätze einer immanenten Religiosität aufgetreten sein, sie drängen jetzt als Religion oder Pseudoreligion in den Vordergrund und entwickeln sich rasch. Für diese Aufgaben werden jetzt Menschen eigens freigestellt, die sehr bald einen überaus bedeutenden Einfluß gewinnen. Die Institution der Religion ist gegeben; der Name göttlicher Wesen wird wichtig, die Spezialisierung ihrer Funktionen nimmt zu. Dagegen wird das magische Denken und Erleben an die Grenzen des Lebens gedrängt oder ins Unbewußte und führt dort oft ein fragwürdiges Dasein oder erinnert uns an ein mühsam verändertes Weltbild und Wirklichkeitsverständnis, dessen Mächtigkeit wir in uns verspüren und ohne das wir eigentlich nicht auskommen zu können scheinen. Weder ist damit dem Problem der sogenannten Anfänge, das die Ethnologie und die ihr noch zuzuordnenden Fächer stellen werden, noch einer Entwicklung und damit einem Überwinden verschiedener Stufen das Wort geredet, sondern eben nur ein Ausschnitt vollzogen, der die jeweilige Andersartigkeit aufzeigt, ohne schon eine Wertigkeit vornehmen zu wollen.

Die Situation unseres Problems im südlichen Afrika liegt etwas günstiger. Hier haben wir neben einer vergleichsmäßig größeren Häufung von Malereien und Gravierungen auch Einblicke in die Kultur- und Lebensweise der Buschmänner, der teilweise wahrscheinlichen Maler und wenigstens einen Teil ihrer Mythen zur Verfügung. Darauf ist schon genügend hingewiesen worden. In dieser Welt ihres magischen Denkens tauchen auch beginnende Metamorphosen auf, Verwandlungen in Masken- und Antilopen-Männer, die nun nicht mehr so ungewöhnlich erscheinen, sich vielmehr im Übergang zu einer Seinsweise befinden, die ein Miteinander von Subjekt und Objekt darstellen. Wenn wir uns an den geringen Prozentsatz dieser mythologischen Figuren erinnern, dann stehen sie offenbar nicht im Mittelpunkt des Lebens und Erlebens. Sind sie ein Ansatz für eine Bewältigung des Todeserlebnisses? Ist es der Wunsch, zurückzukehren in das Dasein des Tieres, dem man so oft das Leben genommen hatte? Natürlich sind auch dies nur Spekulationen, aber sie fügen sich in das Denken der Alt-Steinzeit ein, das sich bei den Buschmännern noch aufspüren läßt. Das Zusammenfallen von Zeit und Raum haben wir ja auch bei der Benutzung des Miniaturbogens beobachtet, beim Doloswerfen etc. Weil uns diese Weltvorstellung für die Bewältigung unserer aus dem logisch-naturwissenschaftlichen Denken und Handeln herkommende Wirklichkeit so fremd und fern zu liegen scheint, aber im Unbewußten erhalten geblieben ist und an die Oberfläche drängt, sollten wir erwägen, ob nicht so manche Phänomene der Gegenwart, die den Normalbürger so leicht erschrecken, das Verlangen ausdrücken, der Vielschichtigkeit menschlichen Denkens und Erlebens zum Durchbruch ins Bewußtsein zu verhelfen und uns vor Einseitigkeiten bewahren zu wollen.

Die noch lebenden Steinzeitmenschen pflegt man abzuqualifizieren: sie seien auf einer »primitiven« Kulturstufe stehengeblieben und müßten zunächst die Produkte unserer »Zivilisation« übernehmen, um sich ihr zu nähern. Sie hätten ja nicht einmal einen Staat und Machtstrukturen entwickelt und sind so, in Kleingruppen lebend, selbstverständlich dem Untergang geweiht gewesen. Darum konnte man sie auch abdrängen und als lästige Überbleibsel abschießen und vernichten. Sollte aber ihre Kunst und Kultur, wie wir meinen, ganz anders zu bewerten sein, dann ist ihre Existenz im Gegensatz zur »Zivilisation« eine nicht zu übersehende Alternative, ein Hinweis, daß es unterschiedliche Lebens- und Denkformen gibt, die zu negieren bedeuten könnte, den homo sapiens als einen möglicherweise Nebenzweig der Menschheits-Entwicklung erscheinen zu lassen, der genauso aus der Geschichte gelöscht werden kann, wie zum Beispiel einst der Neandertaler. Weitere Aspekte sind noch in folgenden Kapiteln zu diskutieren, im Zusammenhang mit den spät in der Geschichte auftretenden Offenbarungs-Religionen, zum Beispiel des Christentums.

Aber halten wir zunächst fest: in den Anfängen, im Aurignacien, ist Magie lediglich ein Antrieb zur Entwicklung der Kunst, die in ihrem Beginn nach ästhetischen Kriterien betrachtet sein will, wo auch immer ihre Fundstellen aufgespürt werden konnten. Magie ist zunächst eine Weltschau und kann später so auch zu Wurzeln einer Religiosität werden, die sich aber eigentlich erst durch Animismus und Manismus entfalten und etablieren kann.

Ob sich eine Linie von Nordafrika nach Ostspanien bis zur Barriere der Pyrenäen – oder umgekehrt eher unwahrscheinlich vom franko-kantabrischen Gebiet über die Levante nach Nordafrika – führen läßt, wo sich eine Abspaltung nach Süden zu den Buschmännern vollzog, ist mit unseren heutigen Mitteln keineswegs endgültig zu entscheiden. Stilistische Ähnlichkeiten und gleichartige Darstellungen sind oft frappierend, können aber das Problem einer eventuellen Wanderung, nach welcher Richtung immer, nicht lösen.[10)]

13. Musikinstrumente und Gesang

In Südwestafrika finden sich gelegentlich sogenannte Musiksteine, auf die E. Scherz[1] aufmerksam gemacht hat. Es handelt sich um einzeln stehende oder um zwei aufeinander liegende Gesteinsplatten, die mit einem spitz zulaufenden Stein angeschlagen werden. So kann man einen weithin hörbaren Ton in verschiedener Höhenlage erzeugen. Die Löcher sind etwa faustgroß, zum Teil mit Patina bezogen – sie scheinen daher schon vor längerer Zeit benutzt worden zu sein –, zum anderen Teil offenbar noch frisch angeschlagen. In der Nähe dieser Steine findet sich immer ein freier Platz, der möglicherweise zum Tanzen benutzt wurde.

In diesem Zusammenhang ist nochmals auf die Tanzrasseln zu verweisen, die aus getrockneten Früchten des Manketti-Baumes (Rizidendron rautanluii) hergestellt und an beiden durchbohrten Enden auf zwei Sehnen aneinandergereiht werden. Sie werden von den Männern zum Tanz mehrfach um die Fesseln und den unteren Teil der Beine geschlungen und ergeben bei den schleifend-stampfenden Tanzschritten ein rhythmisch klingendes Geräusch, das durch Klatschen der Hände und Singen von den Frauen aufgenommen wird.

Anstelle der Manketti-Früchte wurden von den !Kham-Buschmännern der Bleekschen Mythensammlung[2] auch Springbockohren, die mit getrockneten Beeren locker gefüllt wurden, zu dem gleichen Zweck benutzt. Nur gelegentlich wird heute von einer Frau eine Trommel verwendet, um den Gesang der Frauen rhythmisch zu unterstützen. Aus der gleichen Quelle stammt die Mitteilung, daß an die Sehne eines Bogens ein an einem Ende breiterer Federkiel angesetzt wird, der goura genannt wird. Auf diese Weise läßt sich ein Ton erzeugen, der den Kampfruf des Straußes nachahmt.

Von P. R. Kirby[3] wird unter Musikinstrumenten auch folgendes aufgeführt: !goin !goin (Bullrover), ein aus zwei Teilen bestehendes Schwirrholz, das nicht zur Erzeugung von Musik, sondern zum Austreiben der wilden Bienen aus ihrem Stock benutzt wird, um leichter an den Honig herankommen zu können. Nach einer anderen Version sollen die Bienen auf diese Weise zur weiteren Produzierung von Honig angeregt werden.

Sucht man nach einem Ausdruck von Musikalität, so wird man zuerst an den Gesang der Frauen und Mädchen denken. Van der Post, Seite 76, will einen »Walzer ähnlichen Takt und eine merkwürdige wienerische Sehnsucht« herausgehört haben. Vor ihm, 1936, hatte P. R. Kirby den gemeinsamen Gesang der Frauen eine Art »Jodeln« genannt, und harmonische Intervalle einschließlich der Septime festgestellt. Das Jodeln liegt in einem Halbton zwischen der Sext und der Septime. Der Tonsatz wird wiederholt, bis ein dritter folgt. Es ist ein sehr fröhliches Singen. Die Mädchen können auch einfache Harmonie europäischer Musik, die sie auf Farmen oder Missionen gehört haben, nachahmen, aber zugleich die beiden verschiedenen Stile deutlich unterscheiden. Eine musikalische Begabung ist also sicher vorhanden.

Ein Vergleich mit der bei Hottentotten auftretenden polyphonen Melodie, den Intervallen, Oktaven, Quinten und gelegentlich auch Terz und die dabei benutzten Musikinstrumente braucht uns hier nicht zu beschäftigen. Dagegen ist interessanter, daß bei den Berg-Dama ein Instrument bekannt ist, das auch bei den !Khung-Buschmännern benutzt wird. Die Berg-Dama nennen es ≠ gou kha:s, ein Name, der das Instrument beschreibt, nämlich ≠ gou, einen hölzernen Resonanz-Körper, der aus einem starken Baumast angefertigt wird und an dem sich einige nach oben gebogene Hölzer befinden; kha:s, die in kleine an der Endwand befindliche Löcher gesteckt werden. Von der anderen Seite des Resonanzbodens zu dem Bogen laufen fünf Saiten, zumeist Tiersehnen. Gespielt wird mit beiden Händen und ausschließlich von Männern, wobei die eine Hand die Saiten niederdrückt und die andere sie zupft. Man könnte dieses Instrument als eine Art Zither bezeichnen, keineswegs als Harfe. Der Spieler summt die Melodie leise mit, spielt und singt zur eigenen Unterhaltung, aber findet auch immer wieder Zuhörer. Anstelle des hölzernen Bodens wird neuerdings in der Nähe der Weißen auch ein Benzinkanister verwendet.

Ein ähnliches Instrument wird folgendermaßen hergestellt: auf einem kleinen Brett werden plattgeklopfte Drähte verschiedener Länge befestigt, die an ihrem anderen Ende etwas nach oben gebogen sind, und damit ein wenig in die Luft ragen. Durch leichtes Niederdrücken kann man eine einfache Tonfolge erzeugen. Ich habe es nur bei Kindern in Aktion gesehen.

Den Namen des vorher genannten, zitherähnlichen Instrumentes konnte R. Brownlee, auf den sich Kirby bezieht, von den Buschmännern nicht erfahren. Er wurde uns mit »Gwaše« angegeben. Ob dieses Instrument von anderen ethnischen Gruppen übernommen wurde, ist ebenso hypothetisch wie die Annahme, daß es eine Gruppe von Buschmännern zuerst erfunden hat. Kirby hat 1971 eine Tabelle von Saiteninstrumenten zusammengestellt, die er bei Bantu-Stämmen gefunden hat. Wie er berichtet, befinden sich 43 dieser Instrumente in seinem persönlichen Besitz. Schon 1901 hat B. Ankermann[4] eine Reihe afrikanischer Instrumente beschrieben, die sich damals im Berliner Völkermuseum befanden. Ein harfenähnliches Instrument kann aber Ankermann nur für Oberguinea nachweisen, so daß hier keine Zusammenhänge bestehen dürften.

H. Vedder[5] hat in seinem Werk über die Berg-Dama berichtet, daß ihm ein alter, blinder Berg-Dama erzählt hatte, daß er sein Saiteninstrument so gefühlvoll spielen konnte, daß sich ihm die blinden Augen mit Tränen füllten. W. Schmidt[6] knüpft hier an, schreibt von lyrischen Bogen- und Harfenliedern und fährt dann fort: »Ein Volk, das solche Schöpfungen hervorbringen konnte, *muß* früher eine Seele gehabt haben, die gefühlvoll, zart, innig und rein war, und eine solche Seele mußte sich wohl auch in der Religion und besonders in ihrer hervorragenden Gestalt, dem höchsten Wesen, auswirken.« So einfach scheint es nun doch nicht zu sein, daß sich aus Klage- und Zither-Liedern und der Ergriffenheit eines alten, blinden Mannes eine früher bei den Berg-Dama und damit wohl auch (so wird man ergänzen dürfen) bei den Buschmännern eine Seele postuliert wird, die »zart, innig und rein« war und sich in einer Religion eines höchsten Wesens ausgewirkt haben muß. Was mag sich der Theologe Schmidt wohl unter einer »reinen Seele« vorgestellt haben, die sich auf die Vorstellung eines höchsten Wesens »ausgewirkt« hat? Sollte er, was die »reine Seele« betrifft, an einen vergangenen paradiesischen Zustand gedacht haben? Wir wollen hier nicht weiter fragen – uns genügt es, die Musikalität der Buschmänner und ihrer Frauen hervorgehoben zu haben.

14. Namen von Göttern und Geistern und ihre Funktionen

Schon bisher ist oft aufgefallen, daß von den Buschmännern als Informanten immer wieder betont wurde, es gäbe bei ihnen keine Gebete, kein Opfer, keine kultischen Handlungen usw. Auch die Begründung wurde mitgeliefert: warum sollen wir bitten oder danken, wir haben ja ohnehin das Notwendigste; warum sollen wir Opfer etc. vornehmen, wir haben nichts Böses getan.

Natürlich finden sich Einschränkungen: sie haben zum Beispiel von Weißen etwas über beten und opfern gehört. Sie fügen hinzu, daß sie von den Bantus magische Praktiken und zauberische Handlungen gesehen haben, von Ahnenverehrung und Kulten etwas wissen, aber nichts davon – jedenfalls nichts bewußt – übernommen haben. Ihre Lebensweise ist im großen und ganzen unverändert geblieben, soweit nicht die Zivilisation als unvergleichlich stärkere Kraft auf verschiedenen Kanälen einzudringen beginnt.

Damit ergibt sich ein vorläufiger Schluß: es wird von Forschern in den letzten 100 Jahren festgestellt, daß sie gerade noch von gegenwärtigen, in unserem Falle besonders von den Buschmännern bestimmte Mitteilungen nach dieser oder jener Seite hin erhalten haben. Mit ihrem baldigen Aussterben sei ja ohnehin zu rechnen. Gerade noch kurz vor diesem Zeitpunkt konnten sie einigen Alten ihr bis dahin von ihnen gehütetes Geheimnis entreißen.

Mit dieser Einstellung kann man dann ein endgültiges, gar nicht mehr nachprüfbares Urteil abgeben. Wie aber wäre es, wenn sie mit den ihnen begegneten Buschmännern sich bereits in einem Zeitraum befanden, in dem das in den letzten Jahrzehnten gesammelte Material schon von verschiedenen Seiten her *fremden Einflüssen* unterlegen war, ohne ihnen genügende Beachtung zu schenken? Wir erkennen diese Beeinflussung verhältnismäßig leicht an übernommenen Gegenständen. So kommen aus unserer Zivilisation zum Beispiel Blecheimer, leichte Hosen und andere Kleidungsstücke, oder von den Bantu her kleine Eisenstücke für die Giftpfeile anstelle der alten Knochenspitzen.

In unserem Zusammenhang interessieren uns aber Geistervorstellungen, Götternamen oder ein Hochgott, also geistig-religiöse Einflüsse, die nicht leicht zu erfassen sind. Daß dieser religiöse Komplex bei den tierhaltenden Nomadenvölkern vorhanden ist, und zwar seit dem Beginn dieser Lebensweise, darüber besteht kein Zweifel. In manchen Richtungen der Ethnologie werden Beeinflussungen besonders durch Missionare angenommen und ihnen, wenigstens für eine gewisse Zeit, positive Bedeutung zugemessen, bis sie später von rational-wissenschaftlichen Erkenntnissen sicher eingeholt und verdrängt und so allmählich überflüssig werden. So sahen es jedenfalls Tylor und seine Anhänger. Andere Auffassungen wie zum Beispiel die von P. W. Schmidt gegründete Schule, weisen solche Beeinflussungen energisch zurück. Man kann Schmidts Ärger an diesen Stellen verstehen, wenn diese Thesen allzu monoton vorgetragen werden. Wenn von Ethnologen aber nur Missionsstationen und ihre Umgebung besucht werden, sie sich von Missionaren als Dolmetscher und Ortskundigen begleiten ließen, dieser schon durch Jahre und Jahrzehnte jeden einzelnen der Informanten kennt, dann ist es verständlich, daß auf bestimmte Fragen angelernte Antworten folgen. Es gibt schon genug allgemeine Motive für diesen Vorgang: der Befragte will dem Frager Antworten geben, die ihn freuen; die Befragten wollen zu erkennen geben, daß sie auch auf diesem Gebiet Bescheid wissen, daß sie nicht »unterlegen« sind, ihre Unwissenheit zugestehen müßten; oder sie erwarten Geschenke und für diese Geschenke wollen sie den Frager auch zufrieden stellen. Direkte, bohrende Fragen enthalten für den einfühlsamen Befragten schon die Antwort in sich. Das alles haben auch wir vielfach erfahren. Auf der anderen Seite spielt auch die Ausbildung eines Missionars eine Rolle, seine Prägung durch seine Muttersprache, sein Elternhaus und dessen Frömmigkeit, die Ausbildung und Prägung durch seine heimatliche Kirche oder seine Missionsgesellschaft. Wenn Missionare verheiratet sind, bringen auch ihre Frauen ihre Lebensweise und ihren Lebensstil mit. Es darf auch nicht vergessen werden, was Missionare, neben ihrer eigentlichen Aufgabe, etwa auf linguistischem oder wirtschaftlichem Gebiet geleistet, und in welcher Weise sie sich eingelebt haben. Die Mitteilung älterer Missionare, daß sie vieles anders gemacht hätten, wenn sie in jüngeren Jahren das gewußt hätten, was sie jetzt als alte Männer wissen, macht die ganze Breite der Schwierigkeiten deutlich. Man muß sich auch klarmachen, wenn Buschmänner von dem reden, was sie von »Weißen« gehört haben, sie gar nicht nur an Missionare denken, sondern ebenso auch an Farmer, Händler, Touristen, an Beamte der Verwaltung, an Schul-und Erziehungsstationen, die sich in ihrer Nähe befinden oder von denen sie gehört haben. Sie beachten viele Äußerungen, die abgeschliffene Redewendungen der Weißen sind, ohne natürlich unterscheiden zu können, welche popular-philosophische oder allgemein kirchliche Gedankengänge hier zum Ausdruck kommen. Diese ganze Palette von Weltanschauungen müssen den Buschmännern als »christlich« erscheinen und Verwirrung stiften, die sich in ihren Antworten niederschlägt.

Seit dem Anfang unseres Jahrhunderts ist die *»Kulturkreislehre«*[1] entwickelt worden. Sie basiert auf zwei wichtigen methodischen Grundsätzen, die uns in unserem Zusammenhang interessieren. Ihr Anliegen war, das in Museen und in der Literatur zusammengetragene Material, das sich zudem durch die Feldforschung ständig vermehrte, zu ordnen und Zusammenfassungen zu versuchen, die erst geographische Bezirke und bald darauf Kulturkreise genannt wurden. Der entscheidende Grundsatz ist die historisch-kritische Methode, entwikkelt an historischen Urkunden. Da wir es in unserem Fall aber mit schriftlosen Völkern zu tun haben, kann es sich nur darum handeln, die Aussagen der Informanten über ihr Leben und Handeln kritisch zu betrachten. Das ist nur möglich durch ständigen Vergleich möglichst vieler Informanten vieler Clans derselben Sprachfamilie, indem man sie zum vergleichenden Erzählen anregt. Dabei ergibt sich, daß Clans, die in verhältnismäßig durch längere Zeit hingehende Beziehung mit Weißen und Bantus stehen, gegenüber den heute zum Beispiel in der Kalahari einigermaßen unbeeinflußten Gruppen voneinander zu unterscheiden sind. Aber auch die rasch oder sehr vorsichtig vorgenommenen neuen Überprüfungen und Interpretationen müssen nach ihren Voraussetzungen ständig kritisch untersucht werden. Das ist ein weites Gebiet, das hier und da schon angeklungen ist und ständig dialektisch aufeinander bezogen werden muß.

In diesem Kapitel diskutieren wir vornehmlich über Gott, Götter und Götterfamilien, irgendwelche Geisteswesen oder als religiös anzusprechende Elemente. Wo immer sie sich zeigen, werden wir die soeben skizzierten Probleme von Beeinflussungen nicht außer Acht lassen dürfen und uns vor Augen halten, daß zum Beispiel unter »Monotheismus« sehr unterschiedliches verstanden wird.

Es ist nur allzu bekannt, daß die Aussagen über Götter etc. davon abhängen, welcher Begriff von Religion, offen oder geheim, verwendet wird. In jüngerer Zeit, 1968, hat R. O. Moore[2] sich dafür eingesetzt, daß es unter den Bantus einen »Hochgott« gibt, wenn auch nicht einen monotheistischen Gott, aber doch ein transzendentes Wesen von nicht-menschlicher Personalität, einen Schöpfer und Gestalter, der alles regiert und als Wächter und Richter über die ethischen Gesetze fungiert; ihm gebührt Gebet und Gottesdienst, häufig durch Vermittlung der Ahnen. Moore gibt zu, daß er seine Belege aus verschiedenen Bantu-Stämmen ausgewählt und zusammengetragen hat, wie er auch Beeinflussung durch christliche Lehren in Erwägung zieht. Mit dieser

Einschränkung kann man Moore für den von ihm vorgetragenen »Bantu-Glauben« durchaus zustimmen. Fragwürdig werden seine Aussagen nur, wenn er einen Monotheismus als »Frühform *der* afrikanischen Religion«[3] annehmen möchte. Aber bei seinem oben angegebenen methodischen Vorgehen ist alles möglich. Ist der »Monotheismus« die Frühform, so stellt der Polytheismus eine Degenerationsform dar. Hier folgt Moore W. Schmidt.

Aber kehren wir zu W. Schmidt[4] mit seinem folgendermaßen formulierten Religionsbegriff zurück: Die wahre, lebendige Religion hat notwendigerweise zwei Seiten, eine theorethische, objektive Seite, die die Existenz höherer, persönlicher Wesen aufweist, die anerkannt werden, von denen man sich ständig abhängig und zum Gehorsam ihnen gegenüber verpflichtet fühlt. Die subjektive Seite der Religion beschreibt dann die dazugehörigen, äußeren Handlungen, wobei verschiedene Formen von Gebeten, Ernte- und Tieropfern, mindestens jedoch ein Primitialopfer noch vor dem Verzehren einer Jagdbeute oder der Ernte dargebracht werden. So oder ähnlich ist Religion oft formuliert worden, und nachdem man die Formel zur Verfügung hatte, ging es nur darum, aus vorliegenden Berichten oder mit Hilfe der Feldforschung das Gesuchte zu finden. Dem engagierten Leser oder Beobachter wird dabei einigermaßen ungemütlich. Er sieht gegenüber diesen Religionstheorien andere Tatsachen, die in das entworfene Bild sich nicht recht einfügen lassen. Sobald man verschiedene Religionen näher betrachtet, wird der ursprüngliche Buddhismus und der Jainismus zwar als Erlösungsreligion, jedoch ohne Götter oder einen Gott, ohne ein »Jenseits« zu vermerken sein. Angesichts dieser Lage verzichten viele Religionsforscher auf jede Definition der Religion, um hinzuzufügen, daß zwar ungefähr jedermann weiß, was er mit dem Wort »Religion« annähernd meint, wenn es auch eine so breite Fächerung der Bewertungen gibt, die eine genaue Definition nicht zuläßt. Je nachdem, welcher Auffassung wir in dieser Frage zuneigen, stehen wir jedoch schon jetzt unter der Notwendigkeit, einige markante Interpretationen zu besprechen, die zu unserer Fragestellung gehören.

H. Vedder hat (1905) in Gaub in der Nähe von Tsumeb, Südwestafrika, eine Missionsstation geleitet und dort nicht nur Damas, sondern auch Buschmänner kennen gelernt und eine Analyse der Buschmannsprache versucht. Er hebt[5] besonders hervor, daß die Buschmänner von allen verfolgt sich in die Sumpfgebiete nördlich und südlich des Kavango und in die Kalahari zurückziehen mußten. Bei diesen Auseinandersetzungen ist es zu genetischen Kontakten gekommen, und zwar wesentlich zwischen Hottentotten- und Bantumännern und Buschmannfrauen, die als Konkubinen gehalten wurden. Der umgekehrte Vorgang, daß Buschmänner mit Bantu- oder Hottentottenfrauen Verhältnisse eingingen, ist nicht nachweisbar[6] und mehr als unwahrscheinlich. Kinder aus den genannten Kontakten wurden von ihren Müttern buschmännisch erzogen, auch wenn Hautfarbe und Gestalt des Vaters durchschlugen. Die sich daraus ergebende Gruppe der »schwarzen Buschmänner« können wir hier beiseite lassen, aber merken an, daß sich auch auf diesem Wege eine gewisse Bantuisierung ergab, zum Beispiel durch die Annahme von Magie und Zauberwesen, die sich typischerweise im Bereich von Runtu vorfinden. Wir konnten unter den !Khu in Mpungu und Rupara im Umkreis der finnisch-lutherischen Mission wie auch im Gebiet um Runtu und Sambia innerhalb der katholischen Mission vielfache Bestätigungen hierfür vorfinden. Die Nähe der Ovambo, die zu den Bantus gehören, erklärt manches. Dagegen treten zauberische Elemente unter den !Khung in der Kalahari stärker zurück. Schon Vedder hatte den Eindruck, daß unter den Buschmännern zwar von g//ãuwa n'aa und g//ãuwasi, von guten und schlechten, das heißt, den Menschen übelwollenden alten Vorfahren oder Geistern gesprochen wird, aber nichts von einem Gott und nichts von Gebeten und Opfern bekannt ist. Geister und Gespenster sind auch nicht Erscheinungen, denen man religiöse Furcht oder gar Ehrfurcht entgegenbringt – eher kann man den lebenden Alten Ehrfurcht bezeugen. //Gañab als einziges gutes Wesen fand sich nicht bei den Buschmännern, sondern bei den Damas.[7]

Der Farmer Fritz Metzger hat Buschmänner langsam an Saisonarbeit zu gewöhnen versucht und sie über zehn Jahre beobachtet, wie es nur wenige andere Farmer getan haben. Während des Zweiten Weltkrieges, als die Männer in Camps interniert waren, hat Metzger seine Beobachtungen in der Freiheit des Schriftstellers zeitlich und räumlich zu einer Geschichte zusammengeordnet, die er unter dem Titel »Narro und seine Sippe« vortrug. Nach dem Krieg übersandte er seine Aufzeichnungen Vedder zur Beurteilung. Nach der Lektüre der beiden Hefte schreibt Vedder in einem Brief vom 13. August 1948: »Ihr Buschmann redet von einem göttlichen Wesen, das er Garunga nennt. Garunga ist importiert (dieser Satz findet sich nicht in Vedders Brief, aber ist sinngemäß im englischen Text des Vorwortes eingeschoben). Andere Namen sind Hue, andere Gañab oder Gauãeb..., welchen sie meistens keinen weiteren Namen geben. Garunga ist bei den Buschmännern eingewandert vom Ovamboland und heißt dort Kalunga. Von den Ovambo haben ihn die Herero übernommen. Sie sprechen von Ndjambi Karunga.« Mit der Aufnahme dieses Brieftextes in das Vorwort der englischen Ausgabe »Narro and his Clan« wird deutlich, daß Vedder und Metzger darin einer Meinung sind, daß die !Khung nicht einfach von »Gott« reden, dem sie keinen Namen geben, wie Vedder meint – eher von einem »göttlichen Wesen«, einem »Etwas«. Beide stimmen auch darin überein, daß eine Reihe von Namen eines »göttlichen Wesens« von Bantu-Völkern übernommen worden ist und sie damit nur mit Vorsicht oder besser gar nicht beachtet werden. Dieses »Etwas« wird von Vedder als »religiöses Gefühl« angesprochen. Er war sich auch darüber im klaren, daß vieles vielzulange versäumt wurde aufzuzeichnen und darum schon zu seiner Zeit nur noch vage beschrieben werden konnte. Auch G. Mcbell Theal verweist darauf, daß auf Farmen Buschmannkinder mit Farmerskindern gemeinsam aufgewachsen sind, oft Buschmannsprachen beherrschten, aber weder die Sprache noch erfahrene Inhalte aufgeschrieben wurden. Man wird auch hinzufügen dürfen, daß niemals erhoben worden ist, wie auf diesem Wege, über die Kinder, europäisches Gedankengut, alltägliche Sprachformen in Buschmanngruppen hinübergewandert sind.

Metzger hat seinen »Narro...« ins Englische übersetzen und diese Übersetzung auf Wunsch des Verlegers noch einmal überarbeiten lassen. Es lohnt sich, diese drei Fassungen miteinander zu vergleichen. Zum Beispiel schrieb Metzger ursprünglich: »Garunga... ja das Schicksal flucht uns« und eine Seite weiter »Garunga hehe ete je, Fluch des Schicksals» und ähnliches. In den englischen Fassungen wird für Schicksal »Naua« (= //gaua) geschrieben; in einer darauffolgenden Klammer wird »Fate« gesetzt.[8] »Geister der Ahnen« wird ebenfalls mit Naua wiedergegeben und »Gott der Natur« mit the law of nature. Man muß daher mit der englischen, vorliegenden Ausgabe vorsichtig umgehen und ihren Trend erkennen. Schicksal, ein in diesem Zusammenhang auch von Vedder gebrauchtes Wort, meint, daß über den Menschen, über seine Familie oder Gruppe Böses oder Gutes, Krankheit oder Tod kommen kann, das es zu ertragen oder zu bewältigen gilt. Metzger, der sich selbst von Jugend auf am ehesten als Pantheist in einem allgemeinen Sinn versteht, bedauerte in einem Gespräch 1972, daß er sich »hätte verleiten lassen, für Schicksal oder Gott //gaua (im Text Naua) einzusetzen«. Diese Übersetzung sei nicht »zutreffend«. Die !Khung meinen etwas ganz anderes, als was wir mit dem Wort »Gott« ausdrücken. Eher könnte im allgemeinen vom Schicksal geredet werden, oder //gaua könnte als ein großer Zauberer oder für viele kleine Zauberer aufgefaßt werden.

Bei den großen Unternehmen der amerikanischen Marshall-Familie, 1952/52 und 1955, war Metzger ebenfalls dabei. Ihrer Route sind wir teilweise gefolgt und haben einige ihrer Gewährsmänner antreffen können. Die Marshalls haben als Ethnologen gearbeitet, wenigstens was Mutter und Tochter betrifft, aber auch en passant (oder bewußt?) europäische Verhaltensweisen einzuführen versucht, zum Beispiel amerikanische Tänze vorgeführt und zur Nachahmung empfohlen.

Elisabeth Marshall-Thomas, die Tochter, schreibt temperamentvoll:[9] »Alle machten (beim Regentanz) mit, die Frauen sangen und die Männer wirbelten im Kreis um das Tanzfeuer. Die unter ihren Füßen aufbrodelnden Staubwolken machten sie zu Gespenstern im unheimlichen Licht zwischen dem Feuer und dem

Mond . . .; ein Medizinmann . . . sprang unter die Tänzer wie ein Leopard, leichtfüßig und elegant.« Natürlich hört man auch Löwen brüllen. Später teilt sie mit, daß im Osten und im Westen zwei ≠gao!na als göttliche Wesen wohnen. ≠Gao ist ein verbreiteter Männername, also wäre zu übersetzen »großer oder alter Mann«. Lorna Marshall, die Mutter, schreibt: ≠gao!na war mehr ein Mensch und lebte auf Erden. Heute dagegen wäre er als Schöpfer und Aufseher aufgefaßt. Hishe ist ein ähnlicher Name. Der größte Geist wird auch G//auwa n!aa bezeichnet und gilt als guter Geist, aber nicht als Gott. Bei den nächtlichen Tanzstätten wurden Elisabeth M. noch andere Namen genannt; sie erwähnt Heiše (einen der »ersten Menschen«). M. Gusinde zählt eine Reihe von Namen auf, gibt aber //gaua den Vorzug.[10] Lebzelter erinnert an den Namen Xu (nach Kolp), der verstanden wird als der »große Kapitän«, was auf nautische oder militärische Aspekte verweist und darum sicher – vielleicht über die Weißen von den Hottentotten – übernommen wurde.[11] Uns wurden genannt //'Eiha, //ganha, Hue und Hua in der Bedeutung »Herr«, n!eu »der Alte«. In der Markus-Übersetzung von F. Weich steht !hu für Gott. Auch !hara wird als gebräuchlicher Männername verwendet. Die Marshalls geben an, daß //gaua die Bezeichnung für Gespenst und guter Geist ist. Von anderer Seite wird //gaua, wie wir schon im Zusammenhang mit Metzger diskutiert haben, als »höchstes Wesen«, ja als Hochgott fälschlich interpretiert und ist so vielfach in der Literatur verbreitet worden.

Kehren wir noch einmal zu Elisabeth Marshall-Thomas zurück, so lesen wir, daß die Verfasserin von Erscheinungsformen dieses »Wesens« gehört hat als einen Mann von der Größe einer Maus, in einer Dunstwolke, ja als gelbe Maus. Seine Frau heißt Koana (wir hörten: Coti), ein üblicher Frauenname, die auch einige Kinder hat; er sei ohne einen festen Platz wie die g//ãuwasi, die toten Geister, die Schlechtes bringen. Gefühlsmäßig (!) hält sie ≠Gao!na für den »alten Gott«, der »jetzt mit dem Gott im Osten und Westen zusammengeflossen ist«. Denn heute würde der große Gott des Ostens manchmal //gaua genannt, einst die »alte Macht des Bösen«. Für das reiche Angebot von Götternamen und um das Durcheinander in eine Ordnung zu bringen, wird von Eliabeth Marshall-Thomas das »Gefühl« in Anspruch genommen. Welche anderen Kriterien stehen auch sonst zur Verfügung?

Es gibt auch eine untere Welt, die wie die unsere ausgestattet ist mit Pflanzen, Bäumen, Tieren und Menschen wie hier oben. Eine Verbindung zwischen diesen beiden Welten besteht nicht, »vielleicht durch gewisse, sehr tiefe Wasserlöcher hindurch; durch ein Wasserloch kletterte der große Gott seinerzeit herauf, als er zum ersten Mal in die Welt gekommen ist«. Offenbar ist dieser »große Gott«, der von unten kam, kein Schöpfer der Welt und eben damit auch kein höchstes Wesen im eigentlichen Sinn. Weiters wird erzählt von »Leuten ohne Knie«, die die Sonne töten, verzehren und das übriggebliebene Schulterblatt wieder als Sonne zum Himmel werfen. Diese und andere Berichte über Sonne, Mond und Sterne tragen deutlich mythische Züge, werden aber als solche von der Verfasserin nicht gekennzeichnet noch reflektiert.

Lorna Marshall unterscheidet ebenfalls zwei Götter, im Osten und im Westen, und hält den »großen Gott« für eine Schöpfergestalt, denn er schuf sich selbst und den »kleinen Gott«, ihre Frauen und Kinder und gab sich selbst den Namen Hishe, zum eigenen Lobpreis. Sie verzeichnet sieben Namen, darunter //gaushi //gai, einen bösen Geist. //Gaishi //gai und ein kleiner //gaua könnten als Kultheroen gelten, der sich verwandeln kann, ein Magier ist, ein zorniger Rachegott wie »Jehowah« (die Verfasserin meint Jahwe des Alten Testamentes, von dem sie nur vage Vorstellungen zu haben scheint). Auch die Verwendung als »Protagonist« wird von ihr unglücklich verwendet und meint als Vorkämpfer oder Schauspieler wahrscheinlich eine Art Trickster-Gestalt. Den Namen ≠gao !na möchte Lorna Marshall als »ursprünglichen« Gottesnamen verstehen, während Huwe von den Berg-Dama und Hishe von den Auen oder von den Hottentotten und anderen wahrscheinlich übernommen sein soll und //gaua als Ausdrucksmittel dient. Der Wechsel der Namen wird von der Verfasserin gedeutet aus verschiedenen gefühlsmäßigen Nöten, der

Phantasie, der Einbildungskraft; sie kann einige Namen noch ihre Funktionen genau deuten. Es ist bemerkenswert, wie die beiden Frauen dieselben Informanten zur gleichen Zeit gehört und doch differenziert verstanden haben. Die Fülle der Namen, ihr Bedeutungswandel und die verschiedenen Interpretationen deuten auf einen gewissen Synkretismus hin, eine Vermischung aus verschiedenen Quellen, die sich nicht mehr oder nur teilweise beweiskräftig erheben lassen. Soweit es versucht wurde, greifen die Verfasserinnen auf eine eigene gefühlsmäßige Deutung oder auf eine mögliche Gefühlslage der Informanten hin – und wir bleiben im Bereich der Hypothesen.

Man kann bisher folgendes zusammenfassen: Noch immer wird nach einem »ursprünglichen« göttlichen Wesen – vergeblich – gesucht. Es wird von Geistern, einem oder zwei gut/bösen »Geistern« geredet, die verschieden lokalisiert werden. Die Namen gehen seit einiger oder langer Zeit hin und her und verändern ihre Bedeutung. Auch die Übernahme von Benennungen sagt noch nichts aus über eine dahinterstehende transzendente Wirklichkeit, die ja ihre Spuren hinterlassen haben müßte, eher aber überhaupt in Frage gestellt wird. Die Realität einer Schöpfergestalt kann nicht belegt werden. Schöpfer und Schöpfung haben es aber doch mit der Realität, mit der Wirklichkeit zu tun. Selbst ein »ursprünglicher« Name kann nur gefühlsmäßig erschlossen werden und bleibt eine unsichere Interpretation. Statt jeglicher Beweiskraft wird die Phantasie bemüht. Gebete werden – wenn überhaupt – nach einigen Informanten in der Stille verrichtet, in der Form anklagender Fragen und indirekter Wünsche. Niemand weiß, was jemand oder der ganze Clan »in der Stille« betet.

Hier muß eine grundlegende Frage gestellt werden: sind Wünsche, in indirekter Form formuliert, überhaupt noch Gebete? Sind es »Seufzer« aus einem »religiösen Gefühl«? Was besagt es, wenn Medizinmänner mit magischer Kraft ausgerüstet erscheinen und eine erhoffte Heilung eines Kranken ebenso hingenommen wird wie das Gegenteil? Sind Medizinmänner deshalb schon »Gottesmänner«? Ist ein magisches Tun oder sind nächtliche Tänze schon Religion? Wenn ja, in welchem Sinn? Damit ist noch wenig getan, wenn ein Beobachter oder ein von irgendwoher beeinflußter !Khung den Namen einer Gottheit nennt – die Auswahl ist ja groß genug – und so magische Kräfte, Tänze oder Jagdbräuche als religiöses Tun angesehen werden. Unsere Interpretationen stehen auf sehr schwachen Füßen.

Viele Namen göttlicher Wesen sind offenbar von Bantus, Hottentotten oder Damas übernommen worden. Auch ihr Inhalt? Scheinbar nicht. Die Benutzung von verbreiteten Frauen- und Männernamen schafft nicht neue Inhalte. Ein »ursprünglicher Gottesname« kann nur in gefühlsmäßiger Auswahl bestimmt werden. //Gaua, von manchen bevorzugt, wird übersetzt als Wind, Atem, Geist, Seele, Sprache; im Rupara-Gebiet wird er identifiziert mit der Annahme »neuer Sitten«. Oder //gaua wird als Ahne verstanden, wofür auch der Name !Ku!hara genannt wird.

Wenn wir verschiedene Namen für höhere Wesen angeboten bekommen, dann entsteht bei einigen Autoren offenbar die Meinung, daß es nun auch in irgendeiner Weise einen »Gott« geben muß. Die Überlegungen gehen dann rasch in der Richtung weiter, nun auch diesen »Gott« näher zu beschreiben. Im Bereich des Christentums bieten sich dafür aus guten Gründen theologisch-dogmatische Formen an und man beginnt, Gott, sein Wesen und Sein, seine Eigenschaften und Funktionen zu beschreiben und inhaltlich aufzufüllen. Legt man diese Vorgangsweise auf die Vorstellungen der Buschmänner um, so ist für sie auch eine Art Dogmatik gewonnen, aber die Schwierigkeit bleibt, ob die Voraussetzung dieselbe ist, ob es sich auch bei ihnen um einen persönlich wirksamen Gott, einen Schöpfer, einen Richter handelt. Ist dieser »Gott« so allmächtig, allwissend usw., dann müßten die Menschen es ja auch spüren oder wissen, daß sie dauernd beobachtet werden und in ihr Leben günstig oder ungünstig eingegriffen wird. Bei den Buschmännern sollen sich dafür vor allem die nächtlichen Tänze anbieten, Jagdtänze und der Medizinmanntanz, um Jagderfolge oder Heilungen zu erfahren. Die »Kraft« für dieses Eingreifen erhalten die Medizinmänner von //gaua. Davon haben wir schon einiges erfahren. Da man aber seiner Sache doch nicht ganz sicher ist, hat man eine zweite Möglichkeit angeboten. Nach dieser Auskunft war einmal ein Schöpfer und Erhalter am Werk, der die Abläufe in der Welt und im Leben des Menschen bestimmte. Aus einer Reihe von Motiven, die bei ihm oder bei den Menschen gelegen sind, hat er sich von der Regierung der Welt zurückgezogen. In diesem Fall spricht man von einem »deus otiosus«, der für sich lebt und die Welt Welt sein läßt. Diese Vorstellung von einem »müßigen Gott« ist in der europäischen Aufklärung, im Deismus, zu Hause. Man ließ Gott einen guten Mann sein, während die Welt und das menschliche Leben nach bestimmten Gesetzen ablief.

An dieser Stelle schließt sich ein Kreis. Der oben skizzierte Religionsbegriff: Anerkennung Gottes, gefühlsmäßige Bindung an ihn und Gehorsam und wenigstens *eine* Kulthandlung, wenn nicht doch mehr aufweisbar sein sollte – dieser objektive und subjektive Religionsbegriff beschreibt die wahre, lebendige Religion, die, auf dem Wege über die Buschmänner, schon auf paläontologischer Kulturstufe nachgewiesen werden soll. Hat man den Informanten direkte Fragen gestellt, ob sie einen solchen »Gott«, unter welchem Namen auch immer, kennen, dann erfolgte jeweils eine bejahende Antwort und irgendein Name, den der Informant auf einmal gehört hat. Damit scheint alles ganz einfach und selbstverständlich zu sein. Ist man auf diese Weise zu einem, gemäß Theorie und Praxis, einigermaßen schlüssigen Ergebnis gelangt, so steht nur noch offen, ob sich nicht doch ein »ältester Gottesname« nicht nur gefühlsmäßig, sondern möglichst beweiskräftig bei den Buschmännern finden läßt. Alles, was wir von europäischen Reisenden oder Forschern darüber erfahren, ist etwa ein Jahrhundert alt, wenn man großzügig sein will und auch einzelne frühe Bemerkungen miteinschließt, sind es zwei Jahrhunderte. Schriftliche Zeugnisse der Buschmänner gibt es ja nicht. Die datierbaren Felsbilder, soweit sie sicher von Buschmännern stammen, sind nicht sehr viel älter. Aber gerade sie geben uns keine Abbildungen von Göttern, von deren Erscheinungen oder von einem Jagdzauber, einer Jagdmagie einige Forscher so beredt berichten. Die Gravierungen, die älter zu datieren sind, geben ebenfalls keine Aufschlüsse. Die Mythen, die wir kennen, sagen nichts aus über Gott und Götter, Erhaltung und Regierung der Welt. So ist ein »Ur-Monotheismus«, wie er in der Bibel in den Berichten von Adam und Eva zu lesen ist, bei den Buschmännern, die als Rest einer Urbevölkerung verstanden werden, unbekannt. Nur Orpen läßt, nachdem er in die Geschichten seines Gewährsmannes »Ordnung« gebracht hat, King erzählen, daß er zu Cagn (Kaggen) gebetet hat und ihn um Nahrung bat, seinen Hunger zu stillen. Auf die Fragwürdigkeit dieses einen Berichtes sind wir schon früher eingegangen.

In dem zuletzt aufgezeigten Gedankengang haben wir einen ethnologischen und – damit verbunden – zugleich christlich-theologischen Weg beschritten. Ist dieser theologische Weg nicht doch in sich recht fragwürdig? Gotteserkenntnis im christlichen Bereich beruht nicht auf Vorstellungen und Ideen, die zwangsweise zu Ideologien führen, sondern auf in der Geschichte geschehene Offenbarung, der der Glaube entspricht. Es hat sich letzten Endes nie als gut erwiesen, wenn der Offenbarungsglaube zu einer Ideologie umfunktioniert wurde.

Es bleiben einige mythische Aussagen, auf die wir – wenn auch kurz wiederholend – zurückgreifen müssen. Wir erinnern uns an die *»frühe Rasse«*, von der oft die Rede war. Da wirft ein Mädchen glühende Holzasche zum Himmel und die Milchstraße entsteht; später schleudert sie !huin, eßbare Wurzeln, nach oben, aus denen weiße und rote Sterne werden. Ein großer Stern trägt den Namen !Gaunu, der den anderen Sternen ihre Namen gibt. Der Informant !han≠Kasso, der mit Bleek arbeitete, weiß von seinem Großvater, daß die Sterne in der Nacht Tsau!Tsau singen (eine Art Sphären-Musik?). Dieser Großvater – wir wiederholen es – hat den Fixstern Kanopus, wenn er voll aufging, angerufen und ihm einen Tausch vorgeschlagen zwischen seinem verzweifelnden, hungernden Herzen, seinem leeren Magen, seinem kraftlosen Arm und dem vollen Herzen, Magen und kraftvollen Arm des Kanopus. Danach hat er für die Jagd am kommenden Tag seine Pfeile geschärft. Der Tausch soll sich also während der und durch die kommende Jagd vollziehen. Wenn im Winter Kanopus und Sirius aufgehen, werden ihnen brennende Holzscheite entgegengehalten, damit die Sonne, wie er nach einigem Zögern bemerkt, wärmer scheint. Soll das alles als Schöpfungsgeschichte gelten? Der Handelnde ist jedenfalls kein »Gott«, sondern ein Mensch der »frühen Rasse« oder der Großvater, der den Tausch vorschlägt und sicherheitshalber seine Pfeile schärft. In einer anderen Mythe schläft der »Sonnenmann«; seine Arme sind ausgebreitet und so strahlen seine Achselhöhlen. Auch Felsbilder zeigen diese strahlenden Sonnenmänner; die Mythe ist also bekannt. Zu ihm werden von den Müttern Kinder der »frühen Rasse« geschickt, damit sie ihn zum Himmel werfen, die Erde erhellt wird und der Buschmann-Reis trocknet. Nähert sich die Sonne dem Mond, durchbohrt sie ihn mit einem Messer, so daß er abnimmt; aber sein Rückgrat bleibt übrig und aus ihm erwächst wieder der volle Mond.

Die im Mythus personifizierten Naturvorgänge werden durch Kinder, Mädchen und Alte in Bewegung gehalten, während andere im Hintergrund bleiben. Soll zum Ausdruck gebracht werden, daß die Alten und Kleinen es sind, von denen die Impulse und Taten ausgehen? Würde alles unglaubwürdiger, wenn in diesem Zusammenhang Erwachsene und Starke, Männer und Frauen es wären, die in Aktion treten? In einer anderen Mythe wird aber im Gegensatz hiezu das Gewitter erklärt als ein Kampf zwischen zwei Schwägern ≠ Kagara und !Haunu, die gegeneinander Blitze schleudern. Schwäger pflegen leicht als Gleichberechtigte in eine Art Konkurrenzhaltung zu kommen. Wer ist der Stärkere? Soll darauf eine Antwort gegeben werden?

Zusammenfassend wird man sagen dürfen, daß Sonne, Mond, Sterne und Unwetter und ihre Erscheinungsformen der »frühen Rasse« verdanken. *Sie* sind die Urheber und befinden sich doch im Zusammenhang mit den heutigen Steppenbewohnern. Im Grunde verdanken die Menschen alles sich selbst, der »frühen Rasse«, den Tieren, zu denen sie wurden oder in die ebenso wie in Bäume sie sich verwandeln können oder müssen. Aber die Menschen sind keine göttlichen Gestalten, keine Heroen. Ein Solar-, Lunar- oder Astral-Kult findet sich nicht einmal in Ansätzen.

Im *Rupara-Bereich* heißt der »erste Buschmann« Uue, zu dessen Zeiten auch Tiere Menschen waren, der bei Uhu und Eule das Feuer stiehlt, um Wurzeln braten zu können. Feuermachen können ist also ein erfreulicher Vorgang, aber nicht so notwendig, wie es in der Eiszeit der Mensch in seinen Höhlen bitter nötig hatte, und wir darum große Aschenhaufen in den Höhlen fanden. Bei den heutigen Buschmännern wird //gaua, der Übeltäter im Westen, synonym mit dem Namen Satan, auch Tsana gebraucht. Das Wort Satan erinnert an europäische Einflüsse. Dahin deuten die auch heute häufig anzutreffenden Vorstellungen, nach denen ein Toter beziehungsweise sein Geist, seine Seele oder er selbst sich zuerst nach Westen wendet, woher Krankheit und Tod kommen, und dann in einem Halbkreis nach Osten, seinem eigentlichen Ziel, schwenkt. Denn dort wohnt der gute //gaua mit seiner Familie, nicht wie man zuweilen lesen kann im »Himmel« oder im »blauen Himmelszelt«, sondern am Ende der Erdscheibe, wo das große Wasser beginnt und Sanddünen das Wasser aufhalten. Sie nähren sich von Fliegen und was »sonst fliegt«. Ihrem Weltbild getreu wandern dorthin die Toten, die »Geister«, die »Seelen« – und zwar die Alten sofort, während Jungverstorbene als Geist im Busch, in der Nähe des Clans, jedenfalls eine gewisse Zeit hindurch, bleiben. Schließlich bewegen sich alle auf einem breiten Pfad dem Ziel im Osten entgegen. Kurz vorher zweigt ein schmaler Weg ab. An der Abzweigung findet sich ein tiefes Loch mit Feuer (!).

Die Vorstellung von den beiden Wegen, einem schmalen für Wenige und einem breiten Weg für die Vielen, findet sich im Neuen Testament, im frühen und heutigen Christentum, wobei aber der breite Weg ins Verderben führt, der schmale aber ins Leben. Buschmännische Informanten, besonders in der Nähe von Farmen oder Missionen und ihren Einrichtungen, haben, wenn sie von dieser Vorstellung reden, die Bedeutung der Wege vertauscht. Nach ihrem ethischen Maßstab gibt es nicht wenige Gute und viele Böse, sondern vielmehr ist es umgekehrt. So finden sich auf dem breiten Weg zu der guten //gaua-Familie nahezu alle Buschmänner und ihre Familien, und in großzügiger Auslegung auch Bantus und Europäer. Der schmale

Weg aber, nur von wenigen begangen, führt ins Verderben. Es wird erzählt, daß gegen Ende des breiten Weges Felsen gegeneinanderschlagen, die die toten Geister oder Seelen ängstigen und so auf den schmalen Weg ins Verderben treiben sollen. Aber das gelingt nur bei wenigen. Immer wieder wird betont, daß sie, die !Khung, keine Angst haben, und zum Beweis wird angeboten, daß sie am Tag in der Nähe oder zwischen zwei Löwen sich ohne jegliche Angst hinlegen würden. In diesem Zusammenhang habe ich niemals etwas vom Himmel gehört, sondern nur vom Osten, wo sich die Clans wieder sammeln. Was sie dort tun würden, war unbekannt. Nur Buschmänner, die schon Christen waren oder sich taufen lassen wollten, erzählten, daß sie dort immer singen würden. Daß hier eine Reihe christlicher Einflüsse vorliegt, auch wenn sie wirr wiedergegeben werden, bedarf keiner weiteren Erörterung. Wohl aber müssen wir auf Themen nach der Trennung von Leib und Geist, Leib und Seele und die darauf bauenden Lehren von Geistern, Göttern usw. eingehen.

Mantis religiosa

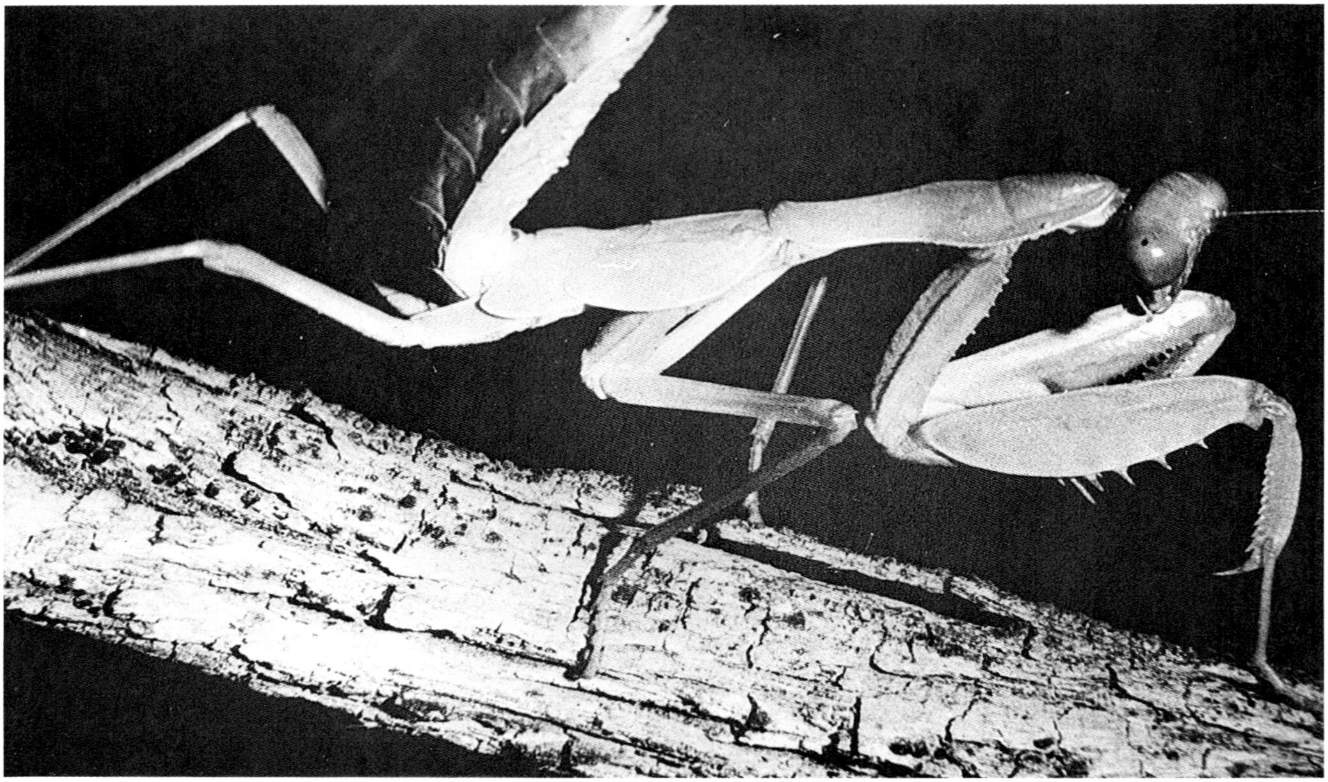

15. Europäisch-angelsächsische Interpretationen

Rousseau und Voltaire starben 1778 und wurden 1791 nebeneinander im Pantheon beigesetzt, wenn auch beide verschieden alt wurden. Ein Jahr später wurde James Cook, der die terra australis, über die schon lange Vermutungen aufgestellt waren, suchte, auf Hawaii von den Eingeborenen scheinbar grundlos erschlagen. Das paßte so gar nicht zu dem Bild von den *»edlen Wilden«*, der »natürlichen Güte des Menschen« das Rousseau entworfen hatte, wenn er auch in seinem Erziehungsroman Emile, der fern jeglicher Zivilisation aufwuchs, nur gelegentlich vom »Wilden« sprach.[1] Im Grunde war es Rousseau gleichgültig, ob es einen solchen edlen Wilden gab, er brauchte dieses Bild nur, um es der damaligen Gesellschaft, die am gegenwärtigen Elend schuld sei, gegenüberzustellen und um die eingetretene Entwicklung korrigieren zu können. Aber die Vorstellung vom edlen Wilden wirkte lange nach. Voltaire dagegen hat einiges Material aus phantastischen Reiseberichten gesammelt[2], die damals viel gelesen wurden. Noch heute wird nach Daniel Defoe, 1731 gestorben, gegriffen, der in seinem Alter Abenteuerromane geschrieben hat, wie den Robinson Crusoe, der sich aus dem gestrandeten Wrack nicht unerhebliche Reste der Zivilisation zum glücklichen Überleben retten konnte. Die in der Zivilisation lebenden Menschen sind für Voltaire die eigentlichen Barbaren, die an den »Wilden« lernen können, was Freiheit und Würde ist. Folgt man dieser Linie in der Erziehung, dann läßt sich durch den einsetzenden Fortschritt ein Paradies auf Erden erreichen. Freilich kann sich Voltaire nicht einer gewissen Skepsis entziehen, ob dieses utopische Ziel wohl erreicht werden könnte.

Im darauffolgenden Jahrhundert erschienen immer mehr Berichte von Abenteurern, Entdeckern und Reisenden, von Missionaren und Kolonialbeamten und Völkerkundlern über den »Wilden«, den man auch den »Primitiven« nannte, um mit ihnen Tauschgeschäfte in Gang zu bringen. Viele brachten auch so manches Material mit, das das Wissen erweitern sollte. Was lag näher, als das in Museen gesammelte Material zu ordnen. Jeder Ordnung liegt natürlich auch irgendein System zugrunde, das es zu finden galt und nach dem man das Material aufstellte. Zeitgeschichtlich befand man sich unter dem Eindruck eines evolutionären, allem überlegenen Fortschrittsglauben. Eine »konservative« Betrachtungsweise, zum Beispiel der Religion, die sich auf Offenbarung Gottes beruft, wurde in diesen Kreisen als überholt und »steril« empfunden; ihr stand auf der anderen Seite eine kritisch-progressive Haltung gegenüber, die in einem Nihilismus zu enden drohte. Es lag für eine wissenschaftlich abwägende Ethnologie nahe, hier einen Ausgleich zu finden.

Der Engländer Edward Burnett Tylor (1832 bis 1917) lebte in Oxford, war dort zunächst Direktor des Völker-Museums, später Professor für Ethnologie. In einer Reihe von Einzeluntersuchungen legte er seine Ergebnisse vor, bis schließlich 1871 sein großes Werk folgte: Primitive Culture.[3] Er ist niemals nach Afrika oder Australien gereist, um die »primitiven« Menschen und Kulturen aufzusuchen. Ihm genügte die Sammlung im Museum und die vorhandenen Berichte. Mit seinem Werk wurde er damals zum Begründer der modernen Ethnologie, oder wie er auch gern sagte, der »kulturellen Anthropologie«. Was Darwin über die biologische Entwicklung dargelegt hatte, meinte er für die Entwicklung der Kultur, der Zivilisation, der Philosophie und der Religion aufzuzeigen. Religion hat Tylor als eine Abart der Philosophie aufgefaßt, die sich aus der Vernunft und der Phantasie der Menschen entwickelt hat. Als ein wesentliches Moment kommt auch die Moral in Betracht, soweit sie sich in der jeweiligen Gesellschaft finden läßt. Tylor war sich darüber im klaren, daß er bei dem vorliegenden Material nur zu den Vorstellungen der noch lebenden »Naturvölker« vorstoßen und gerade noch auf die zeitlich davorliegenden Berichte sich verlassen kann, im übrigen aber auf hypothetische Rückschlüsse angewiesen ist. So und nicht anders ist es gemeint, daß für ihn auch der primitive Mensch ein mit Vernunft und Phantasie und Güte (wie es sich Rousseau und Voltaire vorgestellt hatten) begabtes Wesen gewesen sein muß, wenigstens im Grundansatz, aus dem sich abstrakte Vorstellungen allmählich entfalteten. Ebenso legt er Wert darauf, daß sich die Vorstellungen nicht gradlinig entwickelt haben, sondern daß es auch »Rückschläge« gab, so wie wir heute noch aus der primitiven Kultur herstammende Phrasen gebrauchen, die eigentlich keinen Sinn mehr haben oder sich als »abergläubische« Reste erhalten haben, so daß wir den primitiven Menschen sehr gut verstehen können, wenn wir auch imstande sind, abergläubische Erscheinungen wissenschaftlich zu erklären. Van Baaren, 1964, der sich mit Religion und Kult der schriftlosen Völker auseinandersetzt, betitelt sein Buch: »Menschen wie wir«[4], um auf die Gemeinsamkeit hinzuweisen.

Wie soll man sich nun den Anfang vorstellen? Tylor geht unter anderem davon aus, daß dem Primitiven im Traum andere Menschen erscheinen, die sich ja an einem anderen Ort befinden, oder daß er träumt, er befinde sich an einem anderen Ort. Daß es sich hier um ein anderes Verständnis von Zeit und Raum handeln könnte, kommt bei Tylor nicht zur Sprache. Für Tylor stellt sich die Frage für den vernünftigen Primitiven anders. Eben hat dieser ja mit einem inzwischen Verstorbenen noch gesprochen und nun soll das nicht mehr möglich sein? Sollte nicht doch der Tote noch irgendwie ansprechbar sein? Ist nicht irgendetwas doch noch lebendig? Zeigen dem Primitiven seine Träume nicht an, daß etwas von ihm sich nicht doch auch woanders befinden kann? Dieses Etwas bezeichnet Tylor mit anima, soul und nennt diese anfänglichen »Erklärungsversuche« Animismus. Aussagen in Mythen, die von irgendwelchen Erscheinungen reden, lassen sich doch auch auf diese Weise erklären. Diese Beseeltheit des Menschen dehnt sich auch auf Tiere und Gegenstände aus. Bastian, Frazer und andere nennen diese beseelten Gegenstände »Fetische«. Im gleichen Sinn lassen sich Anfänge der Religion leicht und rational erklären, und auch die Phantasie kommt ein wenig zu ihrem Recht. Tylor war sich dessen ganz sicher, im Animismus »das Fundament« der Religionsphilosophie, die Wurzel der Religion gefunden zu haben. Von diesem Ansatz ist es für Tylor und diejenigen, die ihm folgen, ein Leichtes, zu der Vorstellung von »Geistern« zu kommen; die Geister wiederum werden, indem der Primitive sie mit immer mehr Eigenschaften ausstattet, zu Göttern. So kommt es zum Polytheismus. Schließlich erhebt sich aus der Schar von Göttern der eine Hochgott, also eine Art von Monotheismus, der sich nach Tylor gelegentlich schon auf der untersten Stufe der Entwicklung finden läßt, eine Bemerkung, die seine Gegner oft übersehen haben. Im westlichen Bereich der Kulturen entwickelt sich später so die Lehre von der »Unsterblichkeit der Seele«, während der Osten die »Seelenwanderung« als wesentliches Element annimmt. Beide Möglichkeiten verbinden sich mit der Moral und werden so zu Erziehungsfaktoren in der Geschichte der Menschheit. Mit dieser Verbindung kann Tylor auch der Mission ein positives, wenn auch vorübergehendes Ziel zuerkennen. Die ihr von Tylor zugedachte Aufgabe erfüllt sich durch vernünftige Aufklärung und moralische Erziehung der Menschen. Es wird sehr deutlich, daß sich für Tylor Beobachtungen aus der Völkerkunde mit philosophischen Gedankengängen, die aus dem Positivismus stammen, und einem vorsichtigen Fortschrittsglauben verbinden. Damit erweist sich Tylor ganz als Kind seiner Zeit, dem spät-viktorianischen Zeitalter. Die Frage, ob irgendwann eine transzendente Offenbarung sich vollzogen haben könnte, muß Tylor ablehnen. Handelt es sich doch für ihn ausschließlich um innermenschliche, innerweltliche Vorgänge, die sich insgesamt wissenschaftlich aufklären lassen oder aufklären lassen werden. Reste und Überbleibsel (survivals) finden sich jedoch auf allen Stufen der Entwicklung.

Gelegentlich hat sich Tylor zu sehr unfreundlichen Pauschalurteilen gegenüber dem Katholizismus hinreißen lassen, die damals – es war die Zeit des I. Vatikanums – unter den sogenannten Liberalen Englands häufig waren. Auf katholischer Seite fand er jedenfalls einen Gegenpart, wenn dieser sich auch erst später, aber dann umso massiver zu Wort meldete. Es handelt sich um P. W. Schmidt, auf den wir noch ausführlich zu sprechen kommen müssen.

Halten wir uns aber zunächst an Mitteilungen unserer Buschmänner. Darüber befragt, wissen sie zumeist von *eigenen Träumen,* denen sie aber keine besondere Bedeutung zumessen – von Ausnahmen abgesehen. Träumt ein Buschmann von der Jagd, so kann das für ihn ein positives Vorzeichen sein: er hat das Tier schon erlegt, wenn es auch erst am Tage darauf eintreffen wird. Zeit und Raum fallen im Traum für ihn zusammen – und das ist weder rational noch phantastisch. Träume über Verstorbene sind allgemein sehr selten. Erscheint aber im Traum der verstorbene Vater, so wird irgendetwas Böses geschehen. Gelegentlich hörte ich, daß dieser Vater-Traum oder irgendein anderer intensiver Traum, der jedoch keinen klaren Sinn ergab, nachher durch Werfen der Los-Orakel zu einer Klärung kommen konnte. Zieht man diese Aussagen zusammen, so spielen Träume nicht die Bedeutung, die sie bei Tylor haben, und ergeben kaum einen Hinweis auf die anima. Erscheint einem Täter ein von ihm Ermordeter oder Erschlagener im Traum, dann taucht die Gefahr eines Racheaktes auf, der von den Verwandten des Toten erwartet werden kann, aber nicht von der anima. Wie wir schon wissen, wird ein Sterbender oder gerade Verstorbener bei den Buschmännern nicht mit besonderer Sorgfalt behandelt, wie wir es aus den so ganz anders gearteten bäuerlichen Strukturen her kennen. Natürlich vergewissert man sich, ob der Sterbende schon tot ist, etwa am Erkalten des Körpers; oder der Körper wird mit einem glühenden Holzstück berührt, um festzustellen, ob er noch reagiert. Der Verstorbene wird dann in der bekannten Hockerstellung begraben. Verbreitet ist die Annahme, daß der Geist des Verstorbenen sich von dem Leichnam löst. Wohin sich die Geister begeben beziehungsweise wo sie sich befinden, darüber gibt es unterschiedliche Aussagen, die schon erörtert worden sind. Daß hier vielfach Einflüsse fremder Umgebung vorliegen, ist zuweilen offensichtlich. Geisterfurcht ist nicht erkennbar; auch alle Züge des Dämonischen fehlen. – Daß Tylor Überlegungen und Ergebnisse, die sich aus den kunsthistorischen Funden ergeben, 1871 noch nicht kennen konnte, ist selbstverständlich, aber daß er auch in seinem Alter auf sie nicht eingegangen ist, bleibt unverständlich. Sein Animismus gehört einer späteren Zeit an, aber nicht in die Anfänge der Menschheit und ist nicht die Wurzel der Religion.

Etwa um die Jahrhundertwende hatte der Animismus, wie ihn Tylor darstellte, nicht nur weitgehend Zustimmung erhalten, es begannen sich auch von verschiedenen Seiten her Widersprüche anzumelden. A. Lang (1844 bis 1912), ein Schotte, hatte gegen Tylor schon 1898 in Oxford darauf aufmerksam gemacht, daß die All-Beseeltheit im Widerspruch stehe zu den Aussagen über eine »unabhängige, unsterbliche Seele«, an der übrigens auch Lang gelegen war, und daß Tylors Evolutionismus ein weltanschauliches Element darstelle, das andere Fakten einfach abblendet, zum Beispiel das Auftreten höchster Wesen schon auf früher Stufe. Animismus sei darum auch nicht mehr als eine Hypothese, über die man als solche reden kann, aber kein Dogma. Wenn Tylor und seine Anhänger besonders die ratio hervorgehoben und also den Primitiven als vernünftigen, kausal denkenden, nur noch etwas kindlichen Menschen dargestellt haben, so macht Lang auf Phänomene wie Ekstase, Trance, Besessenheit, visuelles und körperliches Vorahnen aufmerksam, die zur Religion gehören, wie immer man diese dann auch angesehen haben mag. Die Lang später zugeschriebene Degenerations-Theorie ist von ihm nicht ausgeführt worden, wenn man nicht Aussagen über den negativen, zerstörerischen Einfluß der Zivilisation nach dieser Richtung hin erweitern will. Auf seine theologischen Überlegungen ist nocht zurückzukommen.

Ähnlich äußerte sich 1904 K. Th. Preuss (1869 bis

1938), damals Assistent am Völkerkundemuseum in Berlin, *vor* dem Glauben an Seelen und Geistern, wie ihn der Animismus darstellt, steht der Glaube an zauberische Kräfte und Mächte, die erlebt werden. In diesem Zusammenhang wird gern von »mysthischen« Erlebnissen gesprochen, die es dann erforderlich machen, eine religiöse Anlage im Menschen zu postulieren. Von R. Otto[5] ist 1917 diese Anlage im Menschen systematisch und mit großem Einfühlungsvermögen untersucht worden. Von da an redet man viel vom Heiligen, Numinosen, tremendum, fascinosum etc. und gelangt natürlich zu der Frage, woher diese Erlebnisse in den Hochreligionen kommen. Aufgeworfen ist damit auch das Problem nach dem Vorhandensein von »Hochgöttern« vielleicht schon bei den Naturvölkern (ein Thema, das schon Lang, Schmidt usw. aufgegriffen hatten), die einen Kult erfordern, also Riten und Handlungen zunächst wohl magischer Art entwickeln. Damit tritt aber ein weiteres Problem auf, das die eben erörterte Frage von einer anderen Seite wieder aufnimmt, nämlich, wem der Kult nun eigentlich dient. Nähert man sich dem Gedankengang, daß der Kult in erster Linie nicht für Gott, sondern für den Menschen selbst da ist, dann beginnt man auf Wünsche, Erwartungen und Hoffnungen zu warten, die sich erfüllen sollen. Sekundär dagegen ist bei diesen Autoren die Vorstellung von einer Macht, die das Leben regiert und damit auch bestimmte Regeln moralischen Verhaltens überwacht. Unterstützung findet man in manchen Kulturen, die erzählende Mythen wiedergeben und den Kult im weitesten Sinn verdeutlichen. Vieles ist Preuss dadurch zugewachsen, daß er selbst Feldforschung in Mittelamerika betrieben hat und ihm dabei nicht verborgen bleiben konnte, wie leicht schon im Sehen und Hören des Forschers Interpretationen einfließen und der Forscher selbst allzu leicht einer Täuschung unterliegt. Jensen, 1951[6], macht dann auch darauf aufmerksam, daß die Aussagen der Eingeborenen auf die gestellten Fragen entsprechend ausfallen. Indem Preuss das Leben und den Kult beobachtet, entgeht er stärker den spekulativen Fragen nach den »Ursprüngen« der Religion, oder, wo er sie anvisiert, meint er, Religion aus dem Magischen sich entfalten zu sehen.

Ebenfalls in Oxford war Tylor, 1899, noch ein anderer Gegner erwachsen, R. R. Marett (1866 bis 1943), der, wie damals alle Forscher, den Animismus nicht bestreitet, aber ihn nicht für den Anfang hält, aus dem Religion zu erklären sei, die vielmehr im Gefühl, in der Ehrfurcht wurzelt. Seele und Geist tauchen nach Marett später auf oder haben jedenfalls nicht jene Vorrangstellung, die ihnen der Animismus zumißt. Dafür werden von Marett Zauber und Magie als religiös bewertet.

Viele interessante Einzelheiten haben wir hier bewußt beiseite gelassen. Es geht uns ja nicht um eine Darstellung der wissenschaftlichen Theorien, sondern nur um ein Aufzeigen gewisser Trends. Das Interesse der Forscher dieser Richtung geht dahin, unbefriedigt über Tylors Darstellung des Animismus, aufzuzeigen, daß *im* Menschen neben der ratio auch das Gefühl und das Bedürfnis nach kultischem Handeln von entscheidender Bedeutung sind, und daß das Gefühl, das Numinöse, zeitlich vorrangig ist. Im Grunde bleibt es bei der Entwicklungslinie von unten nach oben, nur wird sie durch den *Prä-Animismus* um ein Glied nach rückwärts verlängert. Vor allem wird auch die Skepsis verstärkt, daß die eigentlichen »Ursprünge« nicht mehr zu erheben sind.

Es läßt sich auch ein anderer Schluß ziehen – und damit verlassen wir Marett und andere: wenn die verschieden zu beobachtenden Anfänge der Religion *im* Menschen liegen, werden sie, um es sehr vereinfacht auszudrücken, von der einen Seite her mehr der verstandesmäßigen, von der anderen Seite mehr der psychologischen Entwicklung zugewiesen. Dabei lassen sich durchaus viele Gemeinsamkeiten entdecken, geht doch alles sehr menschlich, sehr natürlich zu. Damit ist aber die Kategorie des »Religiösen« in seiner Eigenart aufgegeben und untersucht werden bestenfalls noch die Abläufe im Denken, Fühlen und Handeln, soweit diese beobachtbar sind. Kann man noch darüber hinausgehen?

A. Vierkandt[7] (1907) versuchte, Zauberei und Geisterglauben, magisches Denken und den Animismus miteinander zu vereinen, wobei er der Zauberei einen leichten Vorrang gibt, weil überall für die Naturvölker sich die Unfähigkeit zeigt, die Wirklichkeit realistisch zu erfassen. Zunächst aber wächst in der Forschung das

Unbehagen an der Situation. Lucien Lévy-Bruhl, geboren 1857, hat 1910 den Vorschlag gemacht, davon auszugehen, daß jede Gesellschaft ihre eigene Mentalität, natürlich auf einer gemeinsamen Grundlage habe und darum von einer »mentalité primitive« gesprochen, wobei aber Vorstellung und Form je verschieden sind. Wie ist nun diese primitive Mentalität vorzustellen? Sie ist, so Lévy-Bruhl, *prälogisch,* und er fügt hinzu, daß damit nicht antilogisch gemeint sei. Aber weder er noch seine Anhänger konnten erklären, was nun eigentlich prälogisch sei. So ist dieser Begriff von Ethnologen, übrigens auch in den nach dem Tode Lévy-Bruhls erschienenen Carnets (Notizbücher)[8)], wieder fallengelassen worden. Dafür hat er in der Religionswissenschaft eine gewisse Rolle weitergespielt, umso mehr, als in der Nähe des Prälogismus ein mystisches Element steht oder dasjenige einer Partizipation, einer Teilhabe am »Heiligen«, so daß zum Beispiel Nacht und Wasser, verschiedene Dinge, miteinander zu tun haben. Zugleich hat Lévy-Bruhl hingewiesen auf die über-individuellen, kollektiven Vorstellungen.

Damit sind wir schon bei der Skizzierung der *soziologischen Schulen.* Hier ist zuerst zu nennen der polnische Ethnologe Bronislaw Malinowski (1884 bis 1942), ab 1927 Professor in London, später in den USA[9)], Vertreter eines Funktionalismus, der von ihm sozialwissenschaftlich begründet wird. Funktion, so führt Malinowski aus, »bedeutet immer eine Befriedigung menschlicher Bedürfnisse.« Diese Grundbedürfnisse sind zugleich »funktionale Imperative«, aus denen sich die Institutionen ergeben, die die Bedürfnisse befriedigen beziehungsweise aufheben. Die Bedürfnisse lassen sich bei den Naturvölkern in etwa vorstellen bei der Initiation, wo der Junge nun Mut bekommen soll für die Jagd und einen eventuellen Kampf, während für den alternden, sterbenden Menschen »Trost« bereitgestellt wird. Die Religion wird so als Hilfe und »Wohltat« empfunden, als Vorteil, den die Gesellschaft übermittelt.

Auf die Religion als soziales Phänomen war zuerst Emile Durckheim (1851 bis 1917)[10)] gestoßen. Damals war neues Material aus Australien publiziert worden, das keine Hinweise auf einen Animismus ergab, wohl aber auf den Totemismus. Darunter versteht man einen noch nicht ganz geklärten Zusammenhang zwischen einem Clan und einer Tierart etc., dem Totem, der auf Blutsverwandtschaft beruht. Wir haben hier nicht vor, die Entwicklung Durckheims darzustellen, sondern wollen nur darauf hinweisen, daß religiöse Gefühle und Verehrung nicht durch das Totem entstehen, sondern allein durch den Clan, also durch Menschen, die die Riten, den Kult erstellen. Es ist nicht ganz unrichtig, wenn hier von einer »vergöttlichten Gesellschaft« gesprochen wird, weil das Erlebnis des Totems und die kultische Gemeinschaft zusammenfallen. Demnach hat es nur Sinn, die Riten oder nach Malinowski die Bedürfnisse zu befragen. Arnold Gehlen, 1904 geboren[11)], hat darauf hingewiesen, daß es schlicht falsch ist, den Zweck des Kultes in der »Aufhebung von Bedürfnissen« zu sehen. Man handelt vielmehr, so führt Gehlen aus, um der Sache willen, indem man eine Gewohnheit fortsetzt oder aus seinem Können heraus, kurz aus einer Fülle von Motiven »auf einen zukünftigen Zustand« hin, aber keineswegs um des einzigen Zieles willen, der »Aufhebung von Bedürfnissen«.

Man wird zugeben können, daß Les rites de passage[12)] und ihre Klärung von hohem Interesse für die Ethnologie und für uns selber sind. Ebenso wird man die Bedeutung der Gemeinschaft, des Clans innerhalb der primitiven Gesellschaft oder der Familie innerhalb unserer Gesellschaft nicht gering anschlagen. Am Beispiel unserer Buschmänner haben wir schon ausführlich darauf hingewiesen. Letztlich weisen, wie es die genannten und auch andere Autoren tun, die Ethik, die Sitte, die Normen, das wie auch immer zu definierende Gewissen, die Erwartung einer ausgleichenden Gerechtigkeit oder einer Güte, das Menschenbild auf Probleme hin, die zum Kult gehören können, auf jeden Fall aber zur Gemeinschaft.

Gegen Ende des vorigen und am Anfang dieses Jahrhunderts häufte sich in den Museen immer mehr ethnologisches Material. Viele Völker besinnen sich heute auf dieses von ihnen stammende Material und beginnen die Rückgabe ihrer Kulturgüter zu fordern. Wie immer diese Kontroverse ausgehen mag, sicher ist, daß von der Aufgabe eines Museums aus gesehen das gesammelte Material gesichtet sein wollte. Friedrich *Ratzel* (1844 bis 1904) legte 1887 als Geograph eine Untersuchung über den »afrikanischen Bogen« vor. Es waren zwei Gedankengänge, die ihn dabei beschäftigten: einmal ging es ihm um das geschichtliche Schicksal der Völker. Gegenstand der Forschung ist nun nicht mehr die in der ratio oder in der Psyche erkannten Wesenszüge des Menschen, sondern, soweit es die Forschung vermag, die ganze Breite der Geschichte der Völker. Die Völker sind mit ihren Kulturen ja nicht gleichsam in einem Ghetto geblieben, sie sind miteinander in Berührung gekommen, haben ihre Kulturgüter, ihre Religion miteinander ausgetauscht. Um diese Vorgänge in den Griff zu bekommen, stellte Ratzel die These von der Migration auf. Selbst sehr weit voneinander entfernt wohnende Völker sind durch großräumige Wanderungen miteinander in Berührung gekommen und haben einander beeinflußt. Dies schien durch die früher anders gelagerten geographischen Verhältnisse nicht unmöglich zu sein. Innerhalb Afrikas versuchte Ratzel diese These an einem relativ einfachen Beispiel, den Bogen, klar und einsichtig zu machen. Die Probleme der Entstehung und Entwicklung verschiedener Kulturen wurden durch die Herausstellung einzelner Kulturgüter oder Werkzeuge oder auch religiöser Elemente auf diese Weise keineswegs gelöst, aber örtlich und zeitlich fixiert oder verschoben.

Adolf Bastian (1826 bis 1905) war seit 1886 Direktor des Völkerkundemuseums in Berlin und hatte schon früher von »geographischen Provinzen« gesprochen, in denen sich jeweils Völker mit bestimmten Teilchen einer Kultur vorfanden, die entweder an verschiedenen Teilen der Erde gleichzeitig oder in einem Teil der Erde sich zuerst vorfanden und dann übernommen wurden, so daß man sie zueinanderordnen konnte. Es lag damit bereits in der Luft, nicht nur den Wanderungswegen und dem Austausch einzelner Geräte nachzuspüren, sondern von verschiedenen Geräten und sozialen Einrichtungen und so von Kulturen zu sprechen, die in verschiedenen Gegenden und bei verschiedenen Gruppen man aufgespürt zu haben meinte. Dann ließ man den Terminus »geographische Provinzen« fallen und ersetzte ihn durch die Theorie von Kulturkreisen und anstelle von Lokalstämmen beginnt man von Rassen zu reden. Leo Frobenius (1873 bis 1938) war an leitender Stelle an mehreren Museen tätig und hat zwischen 1904 bis 1915 in ganz Afrika insgesamt sieben Reisen unternommen. Während er ursprünglich die Möglichkeit der Übertragung von Fertigkeiten und Kenntnissen ins Auge faßte, die ja keineswegs bei jedem einzelnen Volk selbständig entstanden sein konnten, stellte er die Lehre von der Kultur-Morphologie und der Kulturseele auf[12a)], um in seinen zahlreichen Veröffentlichungen über einen größeren Zeitraum hinweg seine Thesen auch wieder zurückzunehmen oder zu variieren. Wir verweisen nur darauf, wie Frobenius nach dem Ende des Ersten Weltkrieges unter dem Einfluß von Spenglers »Untergang des Abendlandes« und der allgemeinen Kulturkrise in Deutschland seine Darlegungen vom Untergehen der Kultur zu ihrem neuen Sendungsauftrag ausweitete. So sehr dieser Gegenwartsbezug zeitgeschichtlich einsichtig sein mag, er mußte auch Kritiken auf den Plan rufen, die – was uns hier besonders angeht – seine ethnologischen Methoden betrafen.[13)] Einerseits wurde geltend gemacht, daß jede Gruppe, jedes Volk auf seine eigene Weise lebt und denkt und darum auch einseitig ist, sobald man die weitgespannte Mannigfaltigkeit der Völker bedenkt. Andererseits heißt übertragen von Kenntnissen und Fähigkeiten eine Auswahl treffen, und damit gerät die Aufstellung von Kulturkreisen in die Gefahr einer subjektiven Konstruktion. Ein lückenloser Beweis war für die Zusammengehörigkeit von Kulturkreisen kaum zu erbringen; immerhin sind diese Darlegungen interessant genug.

Zunächst waren am Berliner Museum Bernhard Ankermann (geboren 1859) und Fritz Gräbner (geboren 1877), beide zuerst als Assistenten, später in hohen Positionen tätig, mit dem Auf- und Ausbau der *Kulturkreislehre* erfolgreich. Ankermann[14)] betreute die afrikanische Abteilung, Gräbner geht von Melanesien aus und wandte sich Australien und Ozeanien zu.[15)] Gräbner ist hier besonders wichtig, weil er, von Haus aus Historiker, 1911 die neue »Methode der Ethnologie« vorlegt, von der wir schon gesprochen haben. Er stellte fünf Kulturkreise auf, von denen uns in diesem Zusammenhang vor allem der erste interessiert. Er nennt ihn »magisch-primitiv« und zählt zu ihm die Tasmanier und Ur-Australier, die zum Teil gänzlich ausgerottet wurden, zum anderen Teil wurden ihre Reste in Australien nahezu gänzlich zivilisiert, und die Buschmänner. Zeitlich setzt er diesen Kulturkreis im Übergang vom Paläolithikum zum Neolithikum an.

Als P. W. Schmidt diese »Kulturkreislehre« kennenlernte, sah er in ihr und später die von ihm gegründete »Wiener Schule« die Möglichkeit, für seine Darstellung des Ursprungs der Gottesidee die methodische Begründung herauszuarbeiten. Es sei nur vermerkt, daß er wieder das geographische Element betonte und in seiner zweiten Gruppe neben den Pygmäen auch unsere Buschmänner auftauchen. Wenn der Animismus und die Evolutionslehre damals so verbreitet waren, lag es nahe, diese Auffassung damit anzugreifen, daß man die Evolution, die Entwicklung von unten nach oben, umkehrte und das Material von oben nach unten ordnete. Aber das ist doch ein zu einfacher und formaler Gesichtspunkt. Dagegen steckt hinter Schmidts Unternehmen ein gefestigter christlicher Glaube mit seinem biblischen Weltbild, das er apologetisch und damit theologisch argumentierend bewahren wollte. Aber dabei blieb es nicht. Schmidt meinte auch »Reste« dieses Glaubens bei den Primitiven zu finden, die zur eigentlichen »Ur-Kultur« und damit zusammenhängend zur »Ur-Religion« und zum *»Ur-Monotheismus«* führen. Der Ursprungsort liegt für Schmidt in Asien, und von dort ist mit Hilfe der übernommenen Migrationstheorie die Ausbreitung nach Indien, nach Australien, die Südsee und über die Behringstraße bis nach Feuerland erfolgt, ohne daß klar wurde, wie sich diese riesigen Wanderungen praktisch vollzogen haben könnten. Von Asien aus sei also die »Ur-Religion«, der Ur-Monotheismus, überallhin getragen worden, so daß sich die älteste Schicht, »Höchste Gottheiten«, finden lassen, die erst später von Animismus, Totemismus, Magie etc. überdeckt wurden. Was wir heute als »primitiv« kennen, ist ja schon eine späte Erscheinung und alle Rückschlüsse zu den Ursprüngen bleiben im Spekulativen hängen. Schmidt geht darum so vor, daß er alles, was in sein Schema von der Ur-Religion nicht passen will, als Randerscheinung einstuft oder diese »sekundären Züge« auf den angenommenen Ursprung hin interpretiert. Wir stehen vor der Umkehr der Evolutionsmethode zur Dekadenztheorie; Tylor und seine Anhänger wurden für Schmidt zur Gegenposition schlechthin. Ethnologisches Material läßt sich für beide Theorien erbringen, so daß beide Theorien und ihre Abarten als möglich erscheinen. Die wirkliche Unterscheidung liegt jedoch gar nicht in dem lückenhaften und jeweils unterschiedlich interpretierten Material, sondern fällt in die weltanschaulichen Bezugsfelder, die zumeist theologische Hintergründe haben.

Eine Reihe von Ethnologen betonen zwar ausdrücklich, daß sie von Theologie nichts verstehen und auch nicht von ihr ausgehen, aber sie stehen im christlich durchtränkten Kulturkreis und beziehen theologische Positionen, wie sich noch zeigen wird. Das Neue für Schmidt und seine Schule ist dann vor allem, daß sie über eine bewußt theologische Position verfügen und dies auch keinesfalls verleugnen. So stellt sich für Schmidt das Ziel, einen ethnologischen Gottesbeweis zu erbringen, nur ist dieser »Beweis« für den Christen nicht nötig und für den Ethnologen nicht möglich, weil die Anfänge in einem für uns nicht zu durchdringenden Dunkel liegen. Auf seinem Wege kommt Schmidt in die unglückliche Lage, Adam der Genesis als historische Figur festzuhalten und von hier aus das erste Menschenpaar als monogam hinzustellen; die Polygamie ist dementsprechend eine Dekadenzerscheinung, ohne Rücksicht auf die verschiedenen sozialen Strukturen der Völker. Im Garten Eden, in Asien geortet, leben diese ersten Menschen in der Ur-Religion, das heißt konkret im paradiesischen Umgang des fast vollkommenen Menschen mit Gott, dem Schöpfer und Vater. Das sind aus seinem Glauben erwachsene theologisch fundamentale Aussagen, die durchaus Respekt verdienen. Das Fatale daran ist lediglich, daß Glaubensaussagen zu historischen Vorgängen werden, die als solche in der Genesis schon im vorigen Jahrhundert nicht mehr aufrechterhalten wurden. Schmidt ordnete das ihm zugängliche Material seinen christlichen Glaubensaussagen ein. Wo der

Ursprung der Gottesidee lag ist ja schon vorgegeben, so daß die große Mühe, die er und die von ihm zur Mitarbeit eingesetzten Schüler und Seminaristen aufbrachten, sowohl von Ethnologen weithin (und zuweilen mit unnötiger Schärfe) abgelehnt wurde, wie sie bei Theologen Skepsis hervorrief. Weil die Dinge so liegen, muß mit Schmidt entscheidend theologisch diskutiert werden.

1966 hat Martin Gusinde (1866 bis 1969), unmittelbarer Schüler und Kollege von Schmidt, über zwei Reisen zu den !Khung-Buschmännern, 1950 und 1953, berichtet. Er sah es als seine Aufgabe an, Schmidts Thesen durch Feldforschung zu belegen, wie dies auch andere Schüler Schmidts mit zum Teil kritischen Ergebnissen unternahmen. Unser Interesse aber gilt Gusinde, weil er sich den !Khung-Buschmännern zuwandte. Gehemmt durch das von ihm benutzte Dodge-Auto konnte er in die Kalahari nicht eindringen, sondern gab sich mit dem Besuch ihrer Ränder, der Farmen und dem ihm nahestehenden Missionsstationen zufrieden. Auch leicht erreichbare Missionsstationen anderer Kirchen hat er leider nicht aufgesucht, so daß sich schon in der Auswahl der Route eine bestimmte Einengung ergab. Ich bin seiner Route weitgehend gefolgt, ohne mich an sie zu binden, und habe seine Kontaktpersonen zum Teil noch angetroffen. Bedauerlicherweise habe ich ein anderes Bild gewonnen, als es Gusinde schildert. Wir sind auf einige dieser Unstimmigkeiten bereits in den jeweiligen Kapiteln eingegangen. Was Baumann gegenüber W. Schmidt geltend gemacht hat, daß dieser wesentliche Elemente übersehe oder als zweitrangig einstufe[16)], gilt auch für Gusinde. Er bemüht sich um eine Unterscheidung zwischen dem »arteigenen«, »echten Glauben« der !Khung und einem nicht »reinrassigen« !Khung-Verständnis. Hier kommt die Völker- und Rassenlehre der Kulturkreistheorie zum tragen – als ob mit einer bestimmten Rasse auch eine bestimmte Vorstellung zusammenhängt. Natürlich liegt Gusinde der sich hier einstellende Zusammenhang fern, er sucht vielmehr nur den »ursprünglichen Kern« im Sinne des Religionsbegriffs von W. Schmidt. Er findet den »urtümlichen Hochgott« als die ursprüngliche Gedankenwelt (Seite 59). Entgegenstehende Beobachtungen und Auffassungen werden gelegentlich dafür sehr scharf abqualifiziert als »Produkt seiner (sc. H. Vedders) eigenen Phantasie«. Dagegen schätzt Gusinde seine eigene Arbeit so ein: »Von mir ist ein nahezu vollständiges Wissen um das religiöse Gut der Buschmänner erreicht worden« (Seite 55); »Mir war es vergönnt, genaue Einzelheiten von solchen hochbejahrten, verläßlichen Zeugen endlich in Erfahrung zu bringen« (Seite 64). Das Ergebnis sieht so aus: das höchste Wesen ist eine »vornehme, tadellos sittliche Persönlichkeit«. Die Buschmänner haben eine »wirkliche, lebendige, feste Überzeugung« (Seite 60) des allmächtigen, allwissenden, obersten Gesetzgebers, Schöpfers Himmels und der Erde, allgegenwärtig, ausgestattet mit geistigen Fähigkeiten wie Verstand, freier Wille, Gedächtnis, Urteilskraft. Die Verehrung dieses »richtigen Hochgottes« erfolgt durch ständiges Beten, wenn dieses auch nur in Gedanken besteht, und »meditierend überläßt sich jedermann dem Schlaf; im Lager herrscht heilige Stille«. Primitial-Opfer werden dargebracht. Die völlig »andersgeartete Wesenheit der Seele, ihre geistige Seinsweise« enteilt dem Körper nach dem Tode »hinauf ins Himmelsblau« (Seite 68). Man fühlt sich bei dieser Einschätzung der Buschmänner in eine geradezu ideale christliche Gemeinde versetzt; nur welche Bedeutung hat dann noch die Begegnung Gottes in Christus mit dem Menschen? Ist sie nur noch eine Bestätigung des längst Vorhandenen? Von Magie, Zauberei, Animismus usw. will Gusinde nichts wissen, sie haben mit der Religion der echten !Khung nichts zu tun. Gusinde meint also genau gefunden zu haben, was er gesucht hat; den Erweis der urmonotheistischen These Schmidts. Nur – ob wir wirklich gefunden haben, was wir so gerne entdecken möchten? Formal gesehen isoliert die »Wiener Schule« den Glauben an ein höchstes Wesen von der Gesamtheit der Wirklichkeit, nur um auf ein ältestes Stadium zu schließen. Inhaltlich müssen, wie bei Schmidt, die theologischen Probleme überlegt werden.

16. Der anthropologische Weg im 19. und 20. Jahrhundert

Wir gehen davon aus, daß der frühe Mensch, wer immer darunter zu verstehen sein mag, gewisse Vorstellungen, Ideen oder religiöse Gefühle entwickelt hat und daß darum seine Kulturleistungen, Weltanschauungen oder religiöse Anfänge auch vom Menschen aus zu betrachten sind. Um es gleich vorwegzunehmen: auch hier stoßen wir auf verschiedene Thesen, die manchmal ineinander übergehen, und die wir zu analysieren versuchen.

Sieht man Schwarzafrika südlich der Sahara an, dann mehren sich die Stimmen, die, nicht wie etwa in der Kolonialzeit, eine einigermaßen einheitliche Kultur dort zu sehen meinten, sondern annehmen, der Vielfalt der Stämme und Völker in einer Vielzahl von Kulturen gerechter zu werden. Von den alten Bewohnern Afrikas und ihren Kulturen wissen wir wenig genug. Handelt es sich doch weithin um »schriftlose Völker« und die mündliche Tradition reicht nicht weit genug zurück. Umso mehr können Hypothesen blühen. Eine dieser einigermaßen einsichtigen Hypothesen nimmt als einschneidendes Ereignis das Ende der letzten Eiszeit an. Während Gletscher abschmolzen und sich so zurückzogen, hören entsprechend im südlichen Teil Afrikas die Regenzeiten auf, wenn auch diese Ereignisse zeitlich verschoben aufgetreten sein sollten. Auch Nordafrika wird von einer fortschreitenden Trockenheit betroffen. Die Sahara, in den Regenzeiten eine blühende und bevölkerte Zone, fängt an, auszutrocknen. Die dort lebenden Völker rücken, neue Weiden suchend, wie schon ausgeführt, zum Teil nach Süden. Je nachdem, ob man annimmt, daß Buschmänner zur Urbevölkerung ganz Afrikas gehörten oder vor allem sich nur im südlichen Teil Afrikas aufhielten, wurden sie früher oder später, jedenfalls im Zusammenhang mit der Völkerverschiebung, weiter nach Süden gedrängt, ohne rechtzeitig gewahr zu werden, daß sie damit in eine Falle gerieten. Dezimiert zogen sie sich in einsame Gebirgstäler, in Sumpfgebiete oder in die Kalahari-Steppe zurück, um einigermaßen gesichert leben zu können. Eine Hypothese nimmt an, daß sie auf die schon vor ihnen im Süden ansässigen Boskop-Menschen trafen, die untergegangen sind oder sich mit Buschmännern mischten. Eine andere Vermischung soll sich mit den Hottentotten vollzogen haben, und zwar entweder schon auf der gemeinsamen Wanderung von Nordafrika her[1)] oder erst im Süden. Die als Khoi-San zusammengefaßten Völker der Hottentotten und der Buschmänner hätten auch »hamitische« Einflüsse aufgenommen. Sehr früh haben sich auch die Damas im Südwesten niedergelassen, die die Sprache und zum Teil auch die Kultur der Hottentotten übernahmen, ein seltener Fall, wenn auch nicht gleich ein »ethnologisches Rätsel«. Die erste These der Wanderung von Nordafrika ist darum interessant, weil man dann eine kulturelle Einwirkung von Ägypten annehmen konnte. Das gilt auf jeden Fall für die aus dem Norden gekommenen Hereros, die äthiopischen Einschlag aufweisen und deren Entwicklung wir von der Mitte des vorigen Jahrhunderts an verfolgen können, wie wir auch über die Ankunft der Ambos, Kavangos etc. Bescheid wissen. Alle haben, als sie einwanderten, schon Buschleute angetroffen, wie sie selbst versichern. Die Besiedelung dieser Gebiete liegt also vor dieser Einwanderung und ist wesentlich älter. Artefakte wurden aus dem Mesolithikum gefunden, etwa 10.000 Jahre vorher. Wegen dieser Mischungen gibt es keine einheitliche *Rasse oder Kultur*. Damit ist das

Problem aufgeworfen, ob Rasse und Kultur überhaupt zusammengehören und sich gleichmäßig entwickeln. Dann hätte es einen Sinn, sich in unserem Fall nach »reinrassigen !Khung« umzusehen (wie Baumann und Gusinde meinen), um so auf altes Kulturgut und alte religiöse Vorstellungen zu stoßen. Nimmt man an, daß eine Rasse andere Kulturelemente nicht übernehmen kann, dann muß dieses »nicht Können« näher erläutert werden. Es würde beispielsweise bedeuten, daß Buschmänner nicht imstande wären, kausal in unserem Sinn zu denken. Niemand wird bestreiten, daß Buschmänner kausal zu denken vermögen, wenn man darunter gewisse Zusammenhänge des alltäglichen Lebens meint. Wenn etwa Wind und dunkle Wolken aufziehen, wird der Schluß gezogen, daß es bald zu regnen beginnen kann. Sie können sogar komplizierte Zusammenhänge aus dem technischen Bereich erfassen und rasch nachahmen, wenn sie es wollen. Schulversuche mit eigenen Klassen für Buschmann-Kinder ergaben, daß diese Kinder rascher Zusammenhänge begreifen als etwa Bantu-Kinder. Die zugrundeliegenden Motive beziehungsweise eine Weiterentwicklung konnte man bisher deshalb nicht beobachten, weil diese Kinder nicht lange genug in der Schule verblieben, sondern mit ihren Eltern wieder verschwanden. Sie könnten wahrscheinlich ihr kausales Denken dem unsrigen angleichen, aber sie sehen keinen Anlaß, dies zu tun. Stellt man ihnen aus unserem logisch-naturwissenschaftlichen Denken bestimmte Fakten entgegen, dann bauen sie diese in ihr Weltverständnis ein. Kenner dieser Verhältnisse werden mehr und mehr darüber nachdenklich, ob man es nicht akzeptieren soll, verschiedene Interpretationen von Welt und Wirklichkeit je nach dem Bezugs-System gelten zu lassen, sie als durchaus gleichwertig zu betrachten einschließlich der Konsequenzen, die sich daraus ergeben. Religionswissenschaftler, die unser Kausaldenken für alle Menschen als vorgegeben ansehen, haben daraus den Schluß gezogen, daß bei der Beobachtung vorhandener Dinge logischerweise die Frage nach der *prima causa* auch von den »Primitiven« gestellt werden könnte und also für sie am Anfang aller Dinge auch ein Schöpfergott stehen müßte. Erfüllt von dieser Idee, hat man nach europäisch-amerikanischem Muster in verschiedenen Kulturen so viele Schöpfer und Hochgötter entdeckt, daß es in der Völkerwelt geradezu davon wimmelt, ob sie nun am Schreibtisch oder in der Feldforschung »gefunden« wurden. Es drängen sich zwei Fragen auf: 1.: steht im Hintergrund die Vorstellung, daß der biblische Bericht von der Schöpfung und dem ersten Menschenpaar nicht als eine Glaubensaussage über das Verhältnis von Gott und Mensch, Gott und Welt aufgefaßt wird, sondern als ein prähistorischer Bericht? Und 2.: die philosophische Aussage der prima causa zielt auf ein ens, ein Sein. Vom Glauben gesehen begegnet Gott in der Geschichte nicht als Sein, sondern als Person, die ihren Willen und ihre Verheißungen auf Zukunft hin offenbart. Philosophische Schlüsse und Postulate, die das Denken befriedigen wollen, sind etwas grundsätzlich anderes als Glaubensaussagen, die Gott loben und verkündigen.

Das andere Thema, das sich auf dem anthropologischen Wege aufdrängt, ist die Frage nach der *Seele* beziehungsweise dem *Geist*. Es erschien lange dem europäischen Denken selbstverständlich, Körper, Seele und Geist als Substanzen oder Wesenheiten aufzufassen. Nachdem das aristotelische Verständnis des Menschen mit dem christlichen sich endgültig in der Scholastik zusammengefunden hatte, galt als gesichert, daß vor der Geburt die Seele in den Körper kommt, um ihn im Sterben wieder zu verlassen. Die Anfänge dieses Denkens im europäischen Bereich sind, soweit es sich zunächst um die Trennung von Leib und Seele handelt, erst seit dem 5./6. Jahrhundert v. Chr. bei Plato nachweisbar. Vor dieser Zeit, zum Beispiel bei Homer, in den schon früher entstandenen, aber in seinem Namen zusammengefaßten Volksepen, die zirka zwei Jahrhunderte vor Plato niedergeschrieben wurden, finden wir nichts von entseelten Helden. Die »Seele« zu verlieren bedeutet bei Homer, wie bei vielen Völkern, das Leben, den Lebensmut zu verlieren. Von einer selbständigen »Seele« ist keine Rede.[2)] Dagegen findet sich bei Gusinde[3)] eine einem !Khung in den Mund gelegte Bemerkung: »Das Sterben besteht darin, daß sich die Seele vom Körper trennt, wenn //gaua erstere abberuft.«

Nach dieser Aussage schafft ein »Schöpfer« natürlich auch Seelen und beruft sie ab. Und diese Vorstellung soll schon altes Glaubensgut der !Khung sein? Das Ereignis des Todes ist so selbstverständlich in den Ablauf ihres Lebens hineingenommen, daß Sterben keinen Anlaß zu Spekulationen gibt. Selbst unter den Bantus Afrikas ist »persönliche Unsterblichkeit« unbekannt.[4] Damit scheidet auch eine Übernahme von benachbarten Völkern aus. Etwas ganz anderes ist es, wenn man unter »seelisch oder psychisch« Gefühle, innere Erlebnisse etc. versteht. Natürlich kennen auch !Khung den Ausdruck von Freude oder Trauer, von Freundlichkeit oder Verdrossenheit usw.

Ähnlich verhält es sich mit dem Begriff »Geist« – synonym mit Leben wiedergegeben, oder gebraucht im Sinne von Wahrnehmungen oder Ausdrucksmöglichkeiten. Sie werden von Mensch und Tier erzählt, aber ebenso bei Mensch und Tier auch unterschieden. Mit dem gleichen Wort kann »Geist« auch für das Phänomen der Sprache benutzt werden, die ebenfalls Tieren zugesprochen wird, wenngleich »Tiersprachen« von Menschen nur bedingt verstanden werden. So deutet das Erscheinen des »Schattenvogels« und sein Ruf den Tod eines Menschen an. Erfahrungen bei der Jagd lassen Tiersignale als Verständigungsmittel des Wildes untereinander deutlich genug erkennen und werden von Buschmännern auch gern und gekonnt nachgeahmt. Das gleiche gilt vom Verhalten der Tiere, das in so manchen Tänzen nachgeahmt wird. Vom Geist kann gesagt werden, daß er im Herzen des Menschen sitzt und als böser oder guter Geist tätig wird. Der böse Geist, personifiziert als Satan angesprochen, wendet das Herz um, zum Bösen hin. So wenigstens hört man es im Bereich von Missionsstationen. Hier wird dann weiter berichtet, daß der Geist nach dem Tod den Menschen verläßt und sich zum »großen Geist« //gaua na!aa begibt, der gut und böse ist, von dem aber im gleichen Atemzug betont wird, daß er *nicht* Gott ist. Nach anderer Version werden die Totengeister unterschieden. Die Totengeister alter Menschen verhalten sich ruhig, die junger Menschen können Unruhe stiften, werden aber auch als »gute Freunde« bezeichnet, die im »Busch« hausen oder in einem Menschen. Im letzteren Fall wird die Anwesenheit eines bösen Geistes im Menschen in Zusammenhang mit einer Krankheit gebracht, besonders mit dem Irre-Sein. Wie sollte es in ihrer Weltschau auch anders interpretiert werden, als daß das Phänomen eines Irren mit der Verwirrung durch einen Geist erklärt wird[5], gegen den auch ein Medizinmann nichts auszurichten vermag. Sicher darf nicht übersehen werden, daß die Unruhe junger Verstorbener damit erklärt wird, daß sie, ohne Vorbereitung wie die Alten, aus der Gemeinschaft des Clans ausgeschlossen sind und wieder den Zusammenhang suchen. Die Aktivität liegt also genau so auf der Seite der Geister wie des Clans, der das Böse unter sich abzuwehren sucht, indem er die Hütte des Verstorbenen abreißt oder überhaupt den Platz wechselt.

Geister können auch als *Ahnen* verstanden werden, wenn auch nicht bei den Buschmännern. Welch große Bedeutung die Ahnen zum Beispiel bei den benachbarten Hereros haben, hat zuletzt O. Köhler[6] ausführlich beschrieben. Bei ihnen stehen Ahnengeister oder Ahnenseelen mit den Lebenden in enger Gemeinschaft. Im allgemeinen verhalten sie sich wohlwollend, aber die Seelen oder Geister »im Leben gefürchteter Menschen könnten zu Gespenstern«, Owiruru, werden. Mit Darbringung von Opfern kann man sich vor ihnen schützen, ein Verhalten, das den !Khung nicht in den Sinn kommt. Als, noch in der deutschen Kolonialzeit der Aufstand der Hereros 1904 zerschlagen wurde und ein Zusammenbruch der Großviehwirtschaft erfolgte, vollzog sich auch ein religiöser Verfall. Ahnenfeuer, Ahnenbaum, Ahnenstab etc. wurden bedeutungslos. Mit dem Neuerstarken der Herero-Gesellschaft leben auch wieder die Ahnenfeuer auf und alte kultische Zeremonien werden neu belebt. Der Ahnenkult ist übrigens in Schwarzafrika weit verbreitet, nach Köhler (Seite 35) unter den nilotischen Rinderhirten nur dort, wo sich in alter Zeit mit den Rinderhirten ein »nigerisches Bauern-Element« mischte. Da bäuerliche Elemente unter den Schwarzen häufig sind, lassen sich afrikanische Kulturen ohne eine Verbindung mit ihren Ahnen nicht verstehen. Selbst in städtischen Strukturen wie in Soweto gibt es zwar viele Begräbnisinstitute, aber kein einziges Krematorium. Eine Verbrennung eines Leichnams ist wegen der großen Bedeutung der Ahnen nicht annehmbar; es könnte ja der Ahnengeist zugleich mit der Verbrennung des Leichnams vernichtet werden.

Wir sind scheinbar vom Thema abgewichen. Aber gerade der Vergleich mit den Ahnen und Totengeistern unter den Bantu-Völkern und darüber hinaus zeigt eine starke Verwurzelung in den viehhaltenden und bäuerlichen Kulturen und macht um so deutlicher, wie wenig davon bei den !Khung, trotz jahrhundertelanger Nachbarschaft, eingedrungen ist oder mißverständlich wiedergegeben wird.

Von Afrika wenden wir uns wieder nach Europa. Man wird die Diskussionen bei uns über die »Wilden«, die »Primitiven«, den Urzustand usw. im 18. und 19. Jahrhundert bis in unsere Gegenwart nicht verstehen, ohne wenigstens kurz auf den *Darwinismus* beziehungsweise Neo-Darwinismus einzugehen. Es begann im Sterbejahr Goethes, 1832, als in England ein junger Mann, Charles R. Darwin, 1809 bis 1882, eine Weltreise von 1832 bis 1837 unternahm und darüber zunächst in der »Reise eines Naturforschers um die Welt« berichtete, besonders beeindruckt von der eigenartigen Pflanzen- und Tierwelt auf den Galapagos-Inseln, westlich von Ekuador, im Stillen Ozean. In der Fauna und in Fossilien früherer Tierformen fand Darwin, der Medizin und Theologie studiert hatte, viele Hinweise auf eine nur natürlich zu erklärende Abstammung der Arten voneinander, die sich durch Mutation und Selektion deuten ließ. Erst 20 Jahre später, 1859, ließ er sein Werk erscheinen: »On the origin of species by means of natural selection«, das mit großer Begeisterung aufgenommen und ebenso heftig abgelehnt wurde; ihm stand ja eine mehr als tausendjährige Tradition gegenüber, von Aristoteles bis zu Linné, die die Arten als so unabänderlich angesehen hatten, wie Gott sie geschaffen habe. Darwin war sich sicher auch über die theologischen Folgen seiner Aussagen im klaren. Denn in der ersten Auflage seines Werkes von der Entstehung der Arten hatte Darwin noch von Gott als dem Lenker der Entwicklung der Arten gesprochen und dabei offensichtlich an die christliche Lehre von der gubernatio Dei gedacht. In der zweiten Auflage hat Darwin Gott gestrichen, weil er ihm überflüssig erschien. E. Häckel mit seinen »Welträtseln«, 1899, hat daraufhin die Einheit der Welt als Monismus popularwissenschaftlich propagiert und von der »natürlichen Schöpfungsgeschichte« gesprochen, von der kirchliche Kreise sich besonders betroffen fühlen mußten. In unserem Zusammenhang ist jedoch zweierlei festzuhalten:

1. Darwin hat, wie jeder Wissenschaftler, nicht nur seine Beobachtungen mitgeteilt, sondern sie zugleich zu erklären versucht. Daß er dabei angeregt wurde durch Thesen von Th. R. Malthus, der auf eine errechnete Überbevölkerung und Vorschläge zu ihrer Ernährung hinwies und von Überlegungen des Juristen und Geologen Ch. Lyell über das Wachsen und Werden in der Natur beeindruckt wurde)[7], ist nur noch darum von Interesse, weil sich die Übertragung von Thesen, von einem Gebiet auf ein anderes zuerst fruchtbar erweisen kann. Darwin war und bleibt der erste, der die Abstammungsgeschichte des Menschen zu deuten unternahm und dabei vor allem auf das Gesetz des Überlebens des Stärkeren im Kampf ums Dasein, also durch natürliche Zuchtwahl hinwies, so daß ein allmählicher Fortschritt angenommen werden konnte. Noch nicht nachzuweisen war das fehlende Bindeglied zwischen Affen und Menschen. Häckel hatte schon den Namen für den Affen-Menschen – Pithecanthropus – bereit. Bei diesem Stand der Dinge machte sich der Holländer *Dubois* auf und reiste 1891 nach Java, um nach dem »missing link« zwischen Affen und Menschen zu suchen. Seine spätere, unglückliche Art der Veröffentlichungen und das unbegreifliche Zurückhalten von Funden, die erst fast 40 Jahre später veröffentlicht wurden, lassen erkennen, daß selbst namhafte Forscher um einer These willen vorgefundenes Material nicht vollständig vorlegen. Später zeigte sich, nachdem man in verschiedenen Weltteilen, in Nordindien, in Ost- und Südafrika weitere Fossilien gefunden hatte, daß Affe und Mensch schon seit 25 Millionen Jahren getrennt nebeneinander lebten, aber der letzte gemeinsame Ahne des Menschen ein Affe gewesen ist. Die Vormenschen sind in der Grauzone zwischen 10 Millionen und zwei bis drei Millionen Jahre zu suchen. Der »Urmensch« hatte zwar Steine als Werk-

zeuge gebraucht, sie aber erst in einem späteren Stadium zurechtgeschlagen.

Ab 1900 entdeckte man als Substrat der Mutation und Träger der Erbfaktoren die Chromosomen in den Zellkernen und als eigentliche Träger innerhalb der Chromosomen die Gene. Verbesserte Untersuchungsmethoden haben dann auf deutliche Unterschiede zwischen den Menschenaffen und dem Menschen hingewiesen. Heute lebende Menschenaffen haben 48 Chromosome in ihren Zellkernen, während der Mensch 46 aufweist; am stärksten weicht vom Menschen der Gibbon ab, der ein Chromosomenpaar weniger als der Mensch hat. Der Evolutionsmechanismus erscheint grundsätzlich geklärt, die Theorie der natürlichen Auslese fest begründet und somit die Lücke zwischen den Theorien Darwins und den praktisch beobachteten Fakten geschlossen.

2. Wir haben davon gesprochen, daß Darwin innerhalb der Abstammungslehre Gott sehr bald als überflüssig vorkam. Man muß hier noch mehr sagen: die Entwicklungslehre wurde von Tylor und seinen Anhängern auch auf die Entwicklung der Religion angewandt, etwa in der Art: animistisch, religiös (naiv), wissenschaftlich. Für den aufgeklärten Menschen des 19. Jahrhunderts trat an die Stelle der Religion die Wissenschaft, die auch alle noch ausstehenden Probleme lösen würde. In einer Eile, die der gelegentlichen Hast bei der Auswertung von Funden entsprach, wurde das heute noch nicht ausdiskutierte Problem des Verhältnisses von Religion und Wissenschaft rasch entschieden, wobei sich verschiedenste Theorien und Weltanschauungen wie zum Beispiel ein allgemeiner Pantheismus oder der Monismus als Lösung empfahlen. Von Seiten der in Kirche und Theologie institutionalisierten Religion wurden im ersten Stadium der Auseinandersetzungen Fakten und Tatsachen entweder einfach bestritten oder in einen anderen Zusammenhang gestellt.

Eine Reihe von Einwänden gegen den Darwinismus kam von Seiten der Theologen. Ein so kompliziertes Organ wie zum Beispiel das Auge (Hornhaut, Glaskörper, Netzhaut etc.) stellt nach ihrer Meinung ein von Anfang an aufeinander abgestelltes Ziel (gr.telos) dar, bei dessen Erklärung man mit einer Reihe von »Zufällen«, Mutationen nicht mehr auskommt; Darwin pflegte zu sagen, wenn er über dieses Problem nachdenke, »mache es ihn krank«. Man mußte schon einen Zeitraum von Millionen Jahren annehmen, auf den man diese Entwicklung verteilen mußte.[8] Die letztere Auskunft war für alle, die von den Naturwissenschaften exakte Daten verlangten, wenig befriedigend, und die erste Erklärung, daß hier von Anfang an ein »Sinn« am Werke gewesen sein muß, ließ die Theologen zu früh frohlocken. Läßt sich doch genügend Widersinniges und Unvernünftiges, ja Schädliches in den Entwicklungsreihen aufzeigen: warum hatten die großen Dinosaurier ein Stirnauge, das die Umgebung nicht sieht? Nun, sie sind ja ausgestorben, wie auch das Machaerodon (Messerzahn), dessen Gebiß so gewaltig war, daß es beim Fressen das Maul nicht mehr zumachen konnte. Was sollte daran sinnvoll sein? Man mußte mit der Teleologie sehr vorsichtig auch auf theologischer Seite umgehen, um nicht nur in Rückzugsgefechte verwickelt zu werden. Die Debatte konzentrierte sich naturgemäß auf die Lehre von der Schöpfung und den in der Bibel stehenden Berichten über die Entstehung der Welt und des Menschen. Demnach schien am Anfang des Geschehens in Adam der gottebenbildliche Mensch historisch vorhanden gewesen zu sein. Durch seinen Ungehorsam wurde er degeneriert und war somit aus seinem ursprünglich paradiesischen Zustand abgesunken. Durch den Glauben konnte er wieder erlöst und zur Vollendung oder durch die Psychologie zu einer inneren Harmonie geführt, durch die Soziologie in eine funktionale Gesellschaft eingegliedert werden. Nur wenn man diese verschiedenen Auffassungen vor Augen hat, kann man verstehen, daß die Diskussion von den verschiedenen Sehweisen aus so vehement geführt worden ist. Immerhin war eine zweitausend Jahre alte geistige Geschichte aufzuarbeiten.

Auf der Seite der Evolutionisten wurde hingewiesen auf die These von der Anpassung des Vormenschen an die veränderte Umwelt, die durch das Zurückweichen des Dschungels und der Entstehung weiter Steppen notwendig wurde. Bleibt auch an dem Vollzug dieser Umweltsveränderungen manches nicht befriedigend geklärt, so kann mit Hilfe der aufgefundenen Steinwerkzeuge vom Beginn einer Technik bis zu einer Industrie der Alt-Steinzeit mit Recht geredet werden. Hier ließ sich eine gewisse Zielstrebigkeit der menschlichen Tätigkeiten ableiten, die zu den stärksten Argumenten der Entwicklungstheorie zählt. Innerhalb der Grauzone zwischen Tier und Mensch ist auch der Beginn des eigentlichen *Humanum* zu suchen. Die Voraussetzung dafür ist die Entwicklung des Gehirns. Aus fossilen Schädelresten läßt sich zeigen, daß der Gehirnumfang der Australopithecinen vor zwei bis drei Millionen Jahren nur 300 bis 600 Kubikzentimeter aufwies und in aufsteigender Reihe der klassische Neandertaler 1350 bis 1700, der heutige Mensch 1500 Kubikzentimeter. Als Spezifikum des Humanum hat A. Portmann (1897 bis 1982) den aufrechten Gang mit den damit verbundenen körperlichen Umstellungen, die Entwicklung der Sprache und das Handeln genannt. An die Stelle der nur selten und in großen Zeiträumen auftretenden Mutation tritt nun der Erfindungsgeist, die Intuition des Einzelnen, der seine Erfahrung an andere weitergibt und so die Verbreitung durch Tradition erfolgt. Der Mensch selbst nimmt seine Entwicklung in seine Hand und das Tempo der Entwicklung wird beschleunigt. Während der Neandertaler in der Eiszeit wieder ausstirbt und durch Aurignac und den Crô-Magnon-Menschen und andere verdrängt wird, zeigt sich, daß der Neandertaler ein Nebenzweig der Menschheitsentwicklung war und die gerade Linie zum homo sapiens zur Gegenwart aufsteigt. Die gemeinsame Grundlage liegt jedoch in grauer Vorzeit in der Gemeinsamkeit von Tier und Mensch.

Was auf dem Wege einer Anthropologie bisher ausgespart wurde, war die seelisch-geistige Komponente, die aus dem aristotelisch-christlichen[9] Gebäude unangetastet übriggeblieben zu sein schien, nachdem das Körperliche schon weitgehend als Entwicklung aus dem tierischen Bereich verstanden worden war. Die Seele war immer noch als das »geschaffene göttliche Seelenfünklein« (so Eckhart in seinen Predigten) in uns angesprochen. Erst als, angeregt durch französische Mediziner, S. Freud (1856 bis 1939)[10] auf den Plan trat und die Triebe im Unbewußten unseres Seelenlebens entdeckte, vor allem den Sexualtrieb, der den Menschen selbst im frühkindlichen Stadium mit dem Tier verband, war ein neuer Weg beschritten. Dem bewußten Ich gelingt nicht die Kontrolle der Libido, da sie durch den Ödipuskomplex fixiert ist und dem Über-Ich unterliegt, dem unpersönlich gewordenen Vater, den übernommenen moralischen, sittlichen, religiösen Illusionen. Freuds Spekulationen über eine Urhorde und dem Verspeisen des Urvaters als Anfang der Religion können wir übergehen, da sie weder ernsthaft zu diskutieren sind noch irgendwelche Auswirkungen hatten. Bedeutsam dagegen ist, daß wieder von naturwissenschaftlicher Seite ein gewaltiger Stoß gegen die Besonderheit des Menschen geführt wurde. Es war nicht schwierig, auf jene Einseitigkeiten Freuds hinzuweisen, die so oft einer Neuentdeckung anzuhaften pflegen. Da war es zuerst sein methodisches Verfahren, weil seine Fälle aus der bürgerlich-dekadenten Schicht des damaligen Wien kamen und infolge des induktiven Verfahrens ihnen die Allgemeingültigkeit aberkannt wurde; und zweitens wurde ihm Pansexualismus vorgeworfen. Das Entscheidende blieb, die Entdeckung des Trieblebens. Der nur um 14 Jahre jüngere Freund und Schüler Freuds, der heute weniger genannte A. Adler (1870 bis 1937)[11], erkannte bald einen anderen Teilaspekt des Menschen. Adler sah ebenfalls im wesentlichen aus der Großstadt kommende Menschen, aber er sah die Schwierigkeiten im Zusammenleben zwischen Erwachsenen untereinander in der Familie und im Beruf oder mit den Jugendlichen und Kindern im Schulverband, das gestörte soziale, kommunikative Verhalten und den dahinterliegenden Willen zur Macht und den Drang zur Geltung, die Minderwertigkeitskomplexe, die aus dem Unterbewußtsein kommende Spannungen im Einzelmenschen (daher »Individual-Psychologie«) schufen. So ergab sich die Notwendigkeit, nach Therapien auszuschauen, den Stellenwert des Sexual- oder Minderwertigkeitstriebes beim Einzelnen wie in der Gemeinschaft so zu steuern, daß der Einzelne wieder leistungs-und genußfähig wird oder sich einer Neugestaltung der Wirklichkeit anpaßt. Um dieses Ziel erreichen zu können, mußte ein Aufgebot verfügbarer, seelischer Kräfte postuliert werden.

Auch C. G. Jung (1875 bis 1961)[12] hat seine Anregungen Freud zu verdanken, wenn er sich auch, wie Adler, von ihm löste. Er fügte dem »persönlich Unbewußten« das »kollektiv Unbewußte« hinzu, nachdem er in Nordafrika und in Nordamerika sich mit ethnischem und mythologischem Material befaßt hatte. Aus diesen Einsichten kommt dem kollektiv Unbewußten überragende Bedeutung zu, weil es allen Menschen gemeinsam ist aus der »ererbten Hirnstruktur«[13] und darum nicht abhängig von dem persönlichen Einzelschicksal. Die Ur-Erlebnisformen nennt Jung Archetypen, die ebenso kollektiv sind wie sie jedem einzelnen zugehören, die eher als »ererbte Bahnungen«, als Möglichkeiten zu bestimmten Urerfahrungen jedes Menschen zu bezeichnen sind und auftauchen in dem Begriff des »Schattens«, des Niedrigen, Primitiven etc. in jeder Seele. Sie werden auch »Urbilder« benannt, als anima beim Mann und als animus bei der Frau, aus der Tiefe der Vergangenheit auftauchend, und können bewältigt werden. Während Jung S. Freud als den großen Entlarver der Triebe und Störungen sieht, versteht er sich selbst als den humanen Erzieher zur Einordnung in den Zusammenhang des menschheitlich-kollektiven Unbewußten.

Über die Trieblehren und Vererbungen hinaus will V. E. Frankl (geboren 1905)[14] eine geistorientierte Höhenpsychologie über eine Daseinsanalyse die »Logotherapie« setzen. Unter Verwertung der tiefenpsychologischen Erkenntnisse der Vorgänger sieht er das eigentliche Ziel in der Bejahung der Verantwortlichkeit des Menschen als seine existentielle Seinshaltung. Das menschliche Dasein ist ausgezeichnet durch seine Geistigkeit. Das Geistige des Menschen ist nicht weiter ableitbar und ist frei gegenüber seinen Trieben, seinem mitgebrachten Erbe, seiner Umwelt. Die Aufgabe des Menschen ist dann darin zu sehen, sein persönliches Dasein zu erfüllen, den anderen zu erleben, ihn zu lieben, die Chance der Sinn- und Selbsterfüllung wahrzunehmen. Eine letzte, nicht näher zu bestimmende Instanz spricht durch das Gewissen als Urphänomen transzendenten Ursprungs. Eine letzte Sinngebung kommt also immer von jener zu postulierenden Überwelt. Unter Beibehaltung der entdeckten Triebstrukturen der Seele oder der ererbten Hirnstruktur wird das Bemühen unübersehbar, mit Hilfe philosophischer oder allgemein-religiöser Kategorien das Besondere des Menschseins herauszuarbeiten. Die Parallele zur Betrachtung der körperlichen Entwicklung, die in die Evolution des Gehirns verlagert wird, ist unverkennbar, um zur Herausarbeitung des eigentlichen Humanum vorzustoßen.

Noch stand offen, was die Tierpsychologie und eine vergleichende Verhaltenskunde zutage fördern würde. K. Lorenz (geboren 1903)[15] ging als erster von einer für Tier und Mensch einheitlichen, naturwissenschaftlich zu untersuchenden Grundsituation aus. Der Vergleich von tierischem und menschlichem Verhalten führte zu wichtigen Entdeckungen. Die Seele wird nun erkennbar in den von der Gehirnstruktur abhängigen erblichen Möglichkeiten und Grenzen der Wahrnehmung und läßt sich somit an den Verhaltensäußerungen studieren. Also gibt es ein »angeborenes Verstehen«. Es bedarf lediglich bestimmter »Auslöser«, die die erblich festgelegten Reaktionen bewirken, die wiederum an den Verhaltensäußerungen meßbar sind. Diese »Auslöser-Mechanismen« sind angeboren und bei Tier und Mensch ähnlich, unter gewissen Umständen sogar gleich. Erbgut *und* Erfahrungsgut gehören somit schon beim Tier zur Seele. Damit wird zugleich klar, daß sich eine »Anatomie der Seele« durch Anwendung naturwissenschaftlicher Methoden und vor dem Hintergrund einer erkenntniskritischen Philosophie beschreiben läßt. Aus einer gemeinsamen Abstammung läßt sich beim Tier wie beim Menschen eine gemeinsame Entwicklung ablesen, die beim Menschen zu einer verschiedenartigen Kompliziertheit und einem höheren Aufbau führen. Als eine unwahrscheinliche Hypothese erweist sich, daß wir nur Körper, nur Geist oder Seele wären. Auch die Vorstellung einer Seele im Körper, die ihn verlassen kann, ist aus Gründen naturwissenschaftlicher Erfahrung unannehmbar. Am ehesten denkbar ist eine gegenseitige Einwirkung, wie sie die psychosomatische Medizin annimmt und bei Tier und Mensch nachgewiesen werden kann.

In einem langen und mühsamen Prozeß ist durch naturwissenschaftliche Methoden und Ergebnisse wieder zutage gekommen, was das mythische Denken zum Beispiel in Afrika auszudrücken versuchte: ein irgendwie zusammenhängendes, gleichgeartetes, wenn auch nicht gleichwertiges oder gleichmäßiges Verhältnis zwischen Tier und Mensch. Die Besonderheit des Menschseins kommt auf beiden Ebenen ebenfalls zum Ausdruck.

Ostspanien, Provinz Valencia, 2 Boviden, 1 Ziege, ursprünglich rot, nach Kühn T. V, nach Hernándes-Pachero.

17. Theologische Bemerkungen

An manchen Berichten ist schon zum Ausdruck gekommen, daß philosophische und theologische Aussagen mit im Spiele sind, auch wenn die jeweiligen Verfasser es ablehnten, daß sie etwas mit Theologie zu tun gehabt hätten oder zu tun haben wollen und die Verstrickung in diese Probleme weder aufgreifen noch sie zu diskutieren beginnen. Es ist das unleugbare Verdienst von Pater W. Schmidt, theoligische Probleme aufzunehmen und sie darzulegen, natürlich in der zuweilen zeitgeschichtlichen Bindung der damaligen Theologie. W. Schmidt ist dagegen vorgeworfen worden, sein ihm vorliegendes ethnologisches Material in einer bestimmten Auswahl benutzt und Aussagen, die sich seiner »urmonotheistischen These« nicht einfügen wollten, beiseite gelassen oder zu wenig beachtet zu haben. Auch andere Ethnologen haben dasselbe in ihrer Weise getan, wie jede wissenschaftliche These zunächst einseitig zu arbeiten pflegt, bis Korrekturen vorgenommen werden. Bei einem geistlich und theologisch so ausgeprägtem Manne wie W. Schmidt muß die Begegnung aber auf theologischem Gebiet gesucht werden, schwebte ihm doch ein Ausgleich zwischen Theologie und Ethnologie vor. Sein großer Gegner war nun einmal E. Tylor, und Tylor war Darwinist und hatte die Evolutionstheorie auf das Gebiet der Religion übertragen. Damit mußte, bis in unser Jahrhundert hinein, die Auseinandersetzung zwischen den *Schöpfungsberichten* in der Bibel *und* dem *Evolutionismus* erfolgen.

Das Alte Testament und der Talmud, aber auch christliche Theologen[1] haben die Dauer der Welt auf 5740, sagen wir auf knapp 6000 Jahre berechnet. Dagegen erhoben sich zunächst Geologen, die Mitte des 18. Jahrhunderts für die Erkaltung der Gesteine mit mindestens 75.000 Jahre rechneten; Charles Lyell, der auf Darwin Einfluß hatte, nahm 240 Millionen Jahre für die Entstehung der Meeressedimente an, ein anderer sprach von 65 Milliarden Jahre und griff damit viel zu hoch. Heute wird das Alter der Erde mit 4 Milliarden Jahre angesetzt, für das Alter der Tiere werden etwa 500 Millionen Jahre angenommen, für die Menschenaffen 25 Millionen Jahre, für die Menschen mit aufrechtem Gang und ersten Werkzeugen aus Stein oder Tierknochen etwa 15 Millionen Jahre. Zwischen zehn und zwei Millionen Jahre liegt die vielgenannte »graue Zone« – nach den Funden in Transvaal (Südafrika)[2] und in der Oldoway-Schlucht (Ostafrika).[3] Hier war die Differenz zwischen den biblischen Aussagen und der Evolution unüberbrückbar.

Auch die vor 200 Jahren begonnenen Untersuchungen der Mosesbücher ergaben verschiedene Quellen gegenüber den uns heute vorliegenden Berichten der Bibel; als Verfasser gelten der sogenannte *Jahwist* (J), um 850 in Israel zu Hause, unter dem Einfluß der Kaananiter und ihrem trockenen Land, und die *Priesterschrift* (P) um 550 v. Chr. in Mesopotamien unter dem Eindruck des babylonischen Weltbildes entstanden, in dem gerade umgekehrt das Wasser als furchtbare Macht galt.[4] Demnach sind die Schöpfungsberichte »nur« etwa 2800 bis 2500 Jahre alt. Deutlich treten die verschiedenen »Weltbilder« aus den Schöpfungsmythen der Babylonier, Phönizier, Ägypter usw.[5] zutage. Das bedeutet, daß der Glaube in der Begegnung mit dem Schöpfer verschiedene Weltbilder und Mythen benutzen kann. Noch wesentlicher aber ist ihre inhaltliche Veränderung durch den auf Offenbarung beruhenden Jahwe-Glauben, dem J wie P, um nur die bekanntesten Quellen hervorzuheben, angehören. Da ist zum Beispiel das Chaos am Anfang nicht mehr eine »Urwesenheit«, sondern in 1. Mos. 1 steht der Herr über dem Chaos, der es erschaffen (hebr. bara = formen) hat und zum Schöpfer des Lichtes wird, der Sonne, des Mondes, der Gestirne, der verschiedenen Lebensräume, denen jeweils die Tierwelt zugeordnet ist. Als »Krone der Schöpfung« erscheint zuletzt der Mensch – als »gottebenbildlich« benannt, das heißt, gleich in der »Gestalt« oder der »Figur« eines Bildes (hebr. Zelem) und zugleich doch nur in der »Ähnlichkeit« (hebr. demut). Inhaltlich ist damit die Funktion des Menschen als Herrscher über alle Tiere gemeint. Diese Aussagen sind natürlich mit der Evolution, die gar nicht im Gesichtsfeld der damaligen Zeit lag, unvereinbar. Sind es doch völlig verschiedene Ebenen, auf denen die jeweilige Bestimmung erfolgt. Christlich-theologisch gesehen wird darum die Schöpfung zurecht als eine creatio ex nihilo, eine Schöpfung aus dem Nichts beschrieben. Die sich in logischer Folge anschließende Frage, woher dann aber Gott komme, beantwortet der Glaube mit dem Hinweis auf die Ase-ität Gottes – daß Gott aus sich selbst kommt. Damit wird in extremer Weise die Gottheit Gottes umschrieben. Man kann diese der Dogmatik geläufigen Auskünfte als Folgerungen logischer Art nur für den Glauben gültig ansehen; sie bleiben durchaus unanschaulich und letztlich unbegreiflich. Das gilt sowohl für die Schöpfung aus dem Nichts wie für die Umschreibung der Ase-ität.

Bleiben wir noch einen Augenblick bei dogmatischen Bestimmungen. Für die ständig fortschreitende Schöpfung wurde der Terminus continuatio creationis vorgeschlagen, womit im Grunde die Erhaltung der Schöpfung beziehungsweise der Natur umschrieben wurde. Beides kann weder mit dem, was die Evolution oder theologischerseits die Eschatologie meint, in Einklang gebracht werden. Überlegenswerter ist dann schon der Vorschlag Pierre Teilhards de Chardin (1880 bis 1955), die Evolution selbst als den Willen Gottes zu interpretieren[6], an Evolution und einen »kosmischen« Christus gleichzeitig zu glauben in einer Art von romantischer Naturphilosophie.

Weniger glücklich scheint uns die Annahme einer doppelten revelatio, Offenbarung, zu sein, nämlich einer allgemeinen (generalis) und einer speziellen (specialis). Unter der letzteren versteht man die Offenbarung in Jesus Christus und ist damit ausschließlich an die Heilige Schrift gebunden. Allein aus dem Worte Gottes kommt so das Heil des Menschen und seine Erkenntnis Gottes, die auf dem natürlichen Wege einer revelatio generalis nicht erreicht werden kann. Wozu ist sie also da? Mit ihr wird die Vernunft des Menschen angesprochen, die zwar nicht mit dem Wort Gottes gleichgesetzt werden kann, aber in der doch eine scintilla notitiae, ein Funken von Gotteserkenntnis, nämlich daß Gott *ist*, angesiedelt wird, so daß bei allem Konflikt, bei allem Abbruch der menschlichen Beziehungen zu Gott – die Ur-Sünde –, wenigstens die Möglichkeit für seine geistige und sittliche Entwicklung offengehalten werden soll. Gerade diese Aussagen über ein angeborenes, vererbtes Gottes-Bewußtsein, auf das wir schon bei sehr verschiedenen Autoren in verschiedensten Formen gestoßen sind, werden ebenso häufig deshalb geleugnet, weil damit mindestens eine Mitwirkung zur Selbsterlösung des Menschen nicht ausgeschlossen und damit die Tat Gottes in Christus als geschmälert betrachtet wird. Setzt man anstelle des Begriffspaares generalis und specialis – natürlich und übernatürlich – ein, dann kann man eher von einem reibungslosen Übergang, von einer Ergänzung der natürlichen Erkenntnisse zum Beispiel auf naturwissenschaftlichem Wege, zu einer übernatürlichen Erkenntnis sprechen, die dann das Wort Gottes zu liefern hat. Aber im Gegensatz zu diesem Modell der »Ergänzung« steht die Selbst-Kundmachung Gottes im Verlaufe der sogenannten »Heilsgeschichte«.

Weil die dynamische Heilsgeschichte oder auch Heilsgeschehen genannt im Gegensatz zu einer angenommenen Unveränderlichkeit Gottes steht, wird sie vom Deismus wie vom Pantheismus beiseite geschoben. Beide kommen mit der Dynamik des Handelns Gottes nicht zurecht. Gott geht teilweise oder ganz weder auf in der Natur noch ist er ein deus otiosus, ein Gott ohne jede Bedeutung. Rückschlüsse, die, wie wir soeben sahen, vom Menschen her auf Gott hin angelegt werden, waren schon zum Beispiel das Thema der Scholastik[7] und wurden im Sinne der Gottesbeweise geführt. Von der Entstehung der Welt her ist Gott als primum movens, von der Wirkung her als causa efficiens prima verstanden. Nur haben alle diese »Beweise« keine Beweiskraft und bleiben darum Postulate. Man sollte sie auch in der Ethnologie besser unterlassen. In der Theologie hat die Vernunft für den Glauben bestenfalls vorbereitende Bedeutung. Sie macht auf Probleme aufmerksam, für die sie von sich aus niemals letzte Antworten zu geben vermag.

Die Debatte über das Problem Natur und Übernatur, Natur und Gnade und damit das des *»Anknüpfungspunktes«* ist durch die Jahrhunderte weiter gegangen. Auf protestantischer Seite hat sie die Kontroversen bestimmt, zum Beispiel im 16. Jahrhundert zwischen M. Flacius und V. Striegel oder in den dreißiger Jahren unseres Jahrhunderts zwischen Karl Barth und Emil Brunner. In beiden Fällen ist sie mit einem unzureichenden Instrumentarium erfolgt, nämlich von Flacius/Striegel mit den Mitteln einer Substanz- oder Accidens-Lehre, oder mit der Formel der »Ansprechbarkeit und Offenbarungsmächtigkeit«, die Emil Brunner anbot und das glatte »Nein« Karl Barths provozierte, mit dem alle Religionen als Machwerke der Menschen, dieser fabricatores deorum, vom Tisch gewischt wurden und damit auch die Gesprächsbasis in der Mission mit den Angehörigen anderer Religionen. Im Hintergrund dieser Diskussionen standen nicht nur zeitgenössische Ideologien, etwa der »Deutschen Christen«, zu denen es Pendants in vielen Kirchen anderer Völker gibt, sondern die Frage nach Christus als Erkenntnis- oder Realgrund, oder anthropologisch ausgedrückt, ob eine »natürliche Erkenntnis Gottes durch die Vernunft» in irgendeiner Weise möglich ist, der die übernatürliche Gotteserkenntnis durch den Glauben folgen kann. So formuliert, kommt die Lösung auf ein entweder-oder hinaus, beziehungsweise ein sowohl-als auch. Die Versuche, die Gegensätze miteinander auszugleichen, sind oft gescheitert. Im Verlaufe der verschiedenen Debatten, wurde immer wieder klar, was man jeweils schon vorher wußte, daß der Glaube nicht durch Argumente entstehen kann und schon gar nicht denknotwendig ist. Die Vernunft ist weder ein Weg noch ein Gegensatz zum Glauben. Eine »Gottes-Ahnung« im Menschen annehmen zu wollen, ist ein Wunschtraum, der immer, aber heute ganz besonders unrealistisch wirkt. Aber wie ist dann ein Dialog zu führen? Wir werden diese Frage später zu erörtern versuchen.

Zunächst wenden wir uns noch einmal dem Menschen, dem »Gott ähnlich gestalteten Bilde« zu. Dazu merkt P (Priesterschrift) folgendes an: als »Mann und Weib schuf er (sc. Gott) sie« und drückt damit die Zweigeschlechtlichkeit des Menschen aus, die aber niemals von Gott selbst ausgesagt wird. Und dann fährt P fort, den Gottessegen auszusprechen: »seid fruchtbar und mehret euch und füllt die Erde; macht sie euch untertan und herrscht über... alles Getier.« Uns geht es hier um das »Herrschen über... alles Getier«[8]. Nach diesem Bericht leben *Tier und Mensch* von »allerlei Grünkraut«; dem Menschen sind außerdem die Früchte der Bäume zugewiesen. Noch ist nichts gesagt von Fleischnahrung und damit auch nichts von Tiertötung. Tier und Mensch leben friedlich miteinander, so wie es nach Jesaja 11 wieder einen paradiesischen Zustand des Friedens in der Endzeit geben wird. Lediglich J (Jahwist) erzählt in seiner Schöpfungsgeschichte von einer Feindschaft zwischen Mensch und Schlange nach dem eingetretenen Sündenfall. P dagegen fährt erst in 1.Mos. 6 ff. fort, daß der Herr die große *Bosheit* der Menschen sah und alles lebendige Getier mit den Menschen in der Sintflut umkommen ließ. Nach diesem vernichtenden Urteil über Mensch und Tier steht aber doch wieder ein Neubeginn mit dem in der Arche geretteten Noah und den Seinen samt den paarweisen Tieren. Es bleibt jedoch das »Untertan-Sein-Müssen«, die Feindschaft zwischen Tier und Mensch. Niemals wird zum Ausdruck gebracht, daß Gott das Böse geschaffen hat und Gott also eine Art Demiurg wäre, wie es komplizierte gnostische Systeme (nach Christus) auszusagen versuchten. Es gibt innerhalb der Theologie der Kirche keine Spekulationen darüber, woher das Böse kommt, wenn man von einigen hilflosen Versuchen absieht, die das Problem nur zeitlich verschieben auf einen Hochmut von Engeln. Es bleibt dabei: Gott sieht das Böse, die Sünde des Menschen. Damit ist es ein unnötiges Unterfangen, das Bild des

Menschen, wie es die Evolution entwirft und in naturwissenschaftlichen Theorien zutage getreten ist, mit dem – aus anderer Quelle, nämlich der Offenbarung gespeisten – Schöpferglauben der Bibel zu parallelisieren und harmonisieren zu wollen. Die theologischen Aussagen beinhalten nämlich Ansätze, die von der »Heilsgeschichte«, von der Offenbarung endgültiges über das Verhältnis von Gott, Mensch, Welt und Natur und ihre Gefährdung festhalten.

Für W. Schmidt lag noch ein anderes Interesse vor, nämlich die Frage, *wie* der Mensch zur Erkenntnis Gottes kommt, die ja schon vorher für Schmidt, seine Mitarbeiter und jeden Christen unerschütterlich feststand. Er weiß, daß er damit ein schwieriges, ein dogmatisch für ihn nicht völlig ausdiskutiertes Gebiet betritt, das die Frage nach einer »Uroffenbarung« enthält und damit im Blick auf sein missionarisches Interesse nach einem »Anknüpfungspunkt« in der Begegnung mit Menschen anderer Religionen. Das sind außerordentlich wichtige, und wie wir sahen, auch heute noch nicht befriedigend gelöste Probleme, auch wenn man es aufgegeben hat, die »älteste gemeinsame Religion der Menschheit« zu entdecken. Schien es nicht, in Übereinstimmung mit Einzelheiten der Genesis-Berichte (Seite 189) möglich zu sein, daß Adam, der »Stamm-Vater«, Empfänger einer 1. Offenbarung war, mit dem doch Gott, der Schöpfer, zu »Beginn ... auf der Erde gelebt« habe?[9] Dieser Umgang Gottes mit Adam wird von Schmidt in liebevoller geradezu poetischer Weise geschildert. Dann aber schlägt die mythische Poesie um in Historie. 1. Mos. 1–2 werden als historische Ereignisse verstanden, obwohl schon einige Zeit vorher exegetische Erkenntnisse diese Sicht als unrichtig erwiesen hatten. Warum wurden diese Ergebnisse nicht zur Kenntnis genommen?[10] Waren sie nur der protestantischen Seite anzulasten? Keineswegs, es gab – und gibt – auch katholische Gelehrte, die die Quellentheorien von J und P (leider wissen wir nicht die Namen dieser Verfasser) akzeptierten. Sachlich geschah vorher aber folgendes: durch die Historisierung der Genesis wurden ihre Berichte zu Beweisen einer »Uroffenbarung«, und weil die Geschichte der Menschheit weitergegangen ist, müssen auch diese historischen Ereignisse weiter erzählt worden sein und müßten sich also bei den heute noch lebenden Naturvölkern finden lassen, wenn auch nur in kleinen Funken, den scintillae, eines einst ja vorhandenen großen Feuers. Die jetzt noch zu suchenden oder vorfindlichen Reste von Ur-Monotheismus befinden sich in statu moriendi (des Absterbens), keineswegs in statu nascendi (im Stadium der Geburt), denn dann müßten sie ja mit Begeisterung aufgenommen werden, wovon aber nichts zu spüren sei. Dagegen ließen sich »Aschefunken eines ausgebrannten Feuers« möglicherweise in den Initiationsriten entdecken oder bei Empfängern der geheimnisvollen Stammesriten. Vielleicht könnten auch Männer »an einsamen Orten nur unter Zittern und Beben das volle Geheimnis« mitteilen. Der sonst so rational und umsichtig diskutierende Schmidt setzt hier auf ein Mysterium. Die in der Theologie legitime Rede vom Geheimnis oder Mysterium, verändert ihren Sinn, wenn sie bei Naturvölkern schon entdeckt werden soll. Aus der Theologie lassen sich nicht erwünschte ethnologische Fakten erhoffen. Eher ist es umgekehrt: aus ethnologischen Befunden ergeben sich theologische Fragen.[9a]

Dasselbe Problem haben auf andere Weise schon die *frühen Apologeten* des 2. und 3. Jahrhunderts und viele andere, die ihnen bis in die Gegenwart folgten, in Angriff genommen. Sie haben von einem »logos spermatikos« (einem »ausgesäten Wort«) gesprochen, einem unter antiken Philosophen ausgestreuten »Samen der Weisheit und Wahrheit«, zum Beispiel schon bei Sokrates. Damit wollten sie die Offenbarung in Christus, dem »logos«, mit der Weisheit der Antike in Einklang bringen. Dieses Unterfangen erschien ihnen möglich, weil sie »logos« (gr. gleich »Wort« oder im Neuen Testament gleich »Christus«) als »nous«, die göttliche Vernunft, verstanden. Umgelegt auf die Anthropologie heißt das, daß in der menschlichen Vernunft zuerst eine Idee entsteht, die als Wort Gestalt gewinnt und damit schon immer, selbst in der Mythologie (Herkules) zu finden ist. So geht wesentliches der christlichen Botschaft schon weit in die Antike zurück und kann leicht akzeptiert werden. Daß damit die Apologeten des 2. und 3. Jahrhunderts die logos-Vorstellung des Neuen Testaments verfehlt haben, ist ihnen in ihrem einfachen Entwurf, oder andere meinen in ihrer zu geringen Bildung, wie zum Beispiel dem Palästinenser Justin, entgangen. Analog haben sie auch die im Alten Testament aufspürbaren Verheißungen auf einen kommenden Messias im Neuen Testament als bereits voll erfüllt gesehen. Es ist dies eine Methode, nach der in der Antike wie im Alten Testament ähnliche Ideen am Werk zu sehen sind. Nur eine weitergehende Verlängerung dieses »logos spermatikos« bis zu Adam und also bis zum Anfang der Welt ist ihnen nicht in den Sinn gekommen. Die erfaßbare Welt ging für diese Autoren noch nicht über den Horizont jener Völker hinaus, die innerhalb der Grenzen des römischen Reiches und die diese Grenzen bedrohenden Völker bekannt waren.

Als Ansatzpunkt für in diese Richtung weisenden Themen werden auch natürlich Aussagen herangezogen oder indirekt angesprochen, auf die wir einzugehen haben. In *Apostelgeschichte 17* berichtet der Verfasser über eine vom Apostel Paulus gehaltene Rede auf dem Areopag von Athen, wo es damals üblich war, philosophische Gespräche und Diskussionen zu führen, die, wie man sich erinnern wird, zur damaligen Zeit hauptsächlich von Stoikern und Epikuräern bestritten wurden. Die griechische Sprache kennt für »Religion« nur den Ausdruck »philo-sophia«, Freund der Weisheit. An die Adresse dieser Weisheits- oder Religionsphilosophen wendet sich Paulus. Hier ist die gängige deutsche Übersetzung »gottesfürchtige Männer« leicht irreführend; richtiger ist zu lesen »dämonen-fürchtige«, wobei »daimonion« auch das Göttliche im Menschen bedeuten kann. Paulus beginnt nun zu erzählen, daß er auch einen Altar mit der Inschrift »dem unbekannten Gott« gesehen habe, was besagen will, daß im Pantheon der vielen Götter möglicherweise einer übersehen wurde, dessen Namen man nicht kannte, eben den »Unbekannten« (gr. agnōstos). Die Interpretation dieser Stelle wird heute oft so verstanden, daß der unbekannte Gott (lateinisch deus ignotus) als Deus absconditus (der »verborgene Gott«) benannt wird.[11] Aber die von Luther gebrauchte Gegenüberstellung des deus absconditus und revelatus zielt auf den zürnenden, richtenden und auf den liebenden Gott und hat damit eine andere Thematik als die zitierte Stelle vom »unbekannten« Gott. Bleiben wir noch bei dem Bericht der Apostelgeschichte 17. In seiner Rede zitiert Paulus einen kretischen Philosophen Epimenides »in ihm leben, weben und sind wir« im Sinne der Stoa und stützt sich dann auf ein Zitat des Dichters Aratos[12] (»wir sind seines Geschlechts«). Das alles hört sich an, als ob Paulus ein religions-philosophisches Gespräch führen will und mit den Zitaten bei seinen Zuhörern Zustimmung sucht. Aber Paulus bricht hier abrupt ab und geht über zu einem Ruf zur Umkehr, zur Buße, zu Christus als den kommenden Richter, der von den Toten auferweckt ist. Er ist bei seinem eigentlichen Thema, das im völligen Widerspruch zu den genannten antiken Autoren steht. Genau in diesem Augenblick erntet der Apostel Spott und Ablehnung. Die Athener hätten mit sich über die Unsterblichkeit der Seele reden lassen, ein Thema, das seit Plato im Gespräch war.

Auch über die aphtharsia, die Unverweslichkeit, hätten sie diskutiert, aber die Auferweckung der Toten ist etwas völlig anderes. Noch Fichte hat sich dahin geäußert, daß der Glaube an die Auferstehung wie an die Schöpfung aus dem Nichts die Philosophie nur verderbe. So vernehmen wir denn, daß Paulus nur zwei namentlich angeführte Personen »und andere« folgen. Das bedeutet, daß die Predigt von der Natur nicht zur Übernatur, die Unsterblichkeit der Seele nicht zu Christus, dem Auferstandenen führt, noch geführt werden kann, sondern daß hier jene Distanz, jener Bruch vorliegt, den uns Menschen, die in Missionsgebieten aus einer natürlichen Religion, einer religio naturalis zum Glauben an Christus gekommen sind, immer wieder bezeugen.

Die eben zitierte Stelle in der Apostelgeschichte wird gern mit dem Römerbrief Kap. 1 verbunden. Paulus war im Judentum aufgewachsen und in ihm gebildet und hat selbstverständlich auch seine römisch-hellenistische Umwelt und ihre religiöse und sittliche Lage gekannt. Es ist eher unwahrscheinlich, daß der Apostel Plato oder Aristoteles gelesen hat, sicher aber hat er die monotheistischen Strömungen in der Stoa kennengelernt, die gang und gebe waren, auch in ihrem Polemik gegenüber dem Polytheismus und den tricksterhaften Mythen, die zum Gespött der Zeitgenossen geworden waren. Wir können uns hier nicht darauf einlassen, wie die Aussagen in *Röm. 1 und 2* eine Fülle von exegetischen und auch spekulativen Erklärungen hervorgebracht haben. Wir heben nur das für unseren Zusammenhang Wichtige hervor. Demnach ist Paulus sicher der Meinung, daß die Menschheit und die Religionen, soweit er sie kennt[13)], von einem Gott wissen und dieses Wissen ihnen »offenbart« wurde, diese ihre Kenntnis aber gleichzeitig so verfinstert ist, daß sie Gott in Tiergestalt darstellen, in Vögeln, Vierfüßlern und Schlangen. An allen Ecken und Enden des damaligen, noch einigermaßen befriedeten römischen Reiches ist eine sittliche Verwahrlosung in sexueller Hinsicht, im Lügen und Betrügen zu finden, die von T. Lucretius und den Satirikern in Melancholie, Hilflosigkeit oder Verachtung beschrieben wurden. Aber bei Paulus ist noch etwas anderes im Spiel als nur eine ähnliche Aufzählung in seinen Lasterkatalogen. Man spürt vielmehr sein Entsetzen über diese Situation, das ihn darum packt, weil er in der Beziehung zwischen Gott und Mensch, die ihm dauernd vor Augen steht, hier vom Zorn Gottes reden muß, der die Menschen in diese Lage »dahin gegeben« hat. Selbst in den kleinen christlichen Gemeinden finden sich Laster genug bei Menschen, die doch erlöst, aber immer auch noch Sünder sind. Um seines Auftrages willen aber hat Paulus nicht nur vom Gericht und Zorn Gottes zu reden, sondern vor allem die Liebe und Barmherzigkeit Gottes zu verkündigen und darum Buße und Vergebung, Erlösung und die künftige Auferweckung in den Mittelpunkt zu stellen. Diese doppelte Aussage über Gott in seinem Zorn und in seiner Liebe, wie über den Menschen als Geschöpf und als Sünder, zugleich im Ja und im Nein Gottes zum Menschen können wir nur als Paradoxon benennen, aber nicht vollständig begreifen, am ehesten noch in dialektischer Rede, die versucht, ihr Augenmerk von einem Pol zum anderen zu lenken.

Wenn im Neuen Testament gelegentlich auf Adam bezug genommen wird, dann wird von Paulus daran erinnert, daß wir uns in Sünde und im Todesschicksal in unserem Leben und in unserer Welt befinden. Adam ist der Mensch schlechthin, aber er wird nicht als historischer Empfänger einer ersten Offenbarung vorgestellt. Das Ziel des Paulus ist es, den Heiden wie den Juden in seiner und für jede Zeit zu zeigen, daß ihr Heil und die Heilung der Gesellschaft nur in Christus liegt. Um des Heiles willen muß beiden ihre Verlorenheit aufgedeckt »offenbart« werden, wenn auch Israel noch ein besonderes Problem darstellt. Das muß hier nicht ausgeführt werden. Aber die Klammer, die alles umfaßt, kann nicht eine Art »Uroffenbarung« für die ganze Menschheit sein, wie immer auch dieser Terminus in der ethnologischen Literatur gebraucht wird. In der damaligen griechisch-römischen Kultur waren zwar Erinnerungen an den Zug Alexander des Großen nach Indien lebendig, aber über die Religionen der Inder oder ihre Lebensweise besaß man keine Kenntnis und interessierte sich auch nicht dafür, so wenig wie ein Indonesier oder Chinese in Rom aufgetaucht sein dürfte. Von Afrika war der Norden und einzelne Vorstöße in die Sahara und den Nil aufwärts bekannt. Aber die Naturvölker, die »Primitiven« in Afrika oder in Asien lagen völlig außerhalb des Gesichtskreises. Man wußte im Grunde nur wenig von der Erde und nahm an, daß ihr Großteil von ungeheuren Wassermassen bedeckt war. Der antike Mensch fürchtete das große Meer ebenso wie das Hochgebirge. Das Alte Testament und Neue Testament teilten diese antike Sicht. Wenn die Bibel von Adam redet, tut sie es im theologischen Horizont, ohne daraus jene Konsequenzen zu ziehen, die – im vorigen Jahrhundert – die Ethnologie teilweise aufzustellen versucht hat. Darum mußte versucht werden, zu zeigen, wie an Hand der biblischen und dogmatischen Probleme theologisch argumentiert werden muß und die Verschiedenheit ethnologischer und theologischer Betrachtungsweisen nicht nahtlos ineinander übergehen kann und sich gerade darin ihren jeweilig besonderen Dienst erweist.

Eine hier fällige Missions-Theologie und Missions-Praxis zu entfalten und gängige Praktiken zu hinterfragen, würde die Aufgabe dieses Buches völlig sprengen und muß leider unterbleiben. Der aufmerksame Leser wird jedoch Hinweise und Denkanstöße durchaus vorfinden.

18. Zusammenfassung der aufgetauchten Probleme

Von verschiedenen Seiten her haben wir auf Grund eigener Beobachtungen und der auf sie bezogenen Überlegungen das bisher erörterte Material vorgelegt. Es wird zweifellos nötig sein, die verschiedenen Probleme nunmehr zusammenzufassen und sie an einigen Stellen zu erweitern. Die Grenzziehung unseres Themas beginnt auf der einen Seite dort, wo sich in der Evolution vom Tier zum Menschen das eigentliche Humanun abzuzeichnen beginnt, so verschieden es auch im einzelnen beschrieben wird. Auf der anderen Seite liegen die Grenzen im Neolithikum, das eine andere Welt vor uns entstehen läßt. Wir haben bereits darauf hingewiesen, daß man beide Grenzen nicht starr festlegen kann, als ob man durch eine Tür von einem Raum in einen anderen ginge. Im Gegenteil ist nach den heutigen Erkenntnissen zeitlich eine jeweils verschieden große Zone anzusetzen. Interessant aber bleibt, daß der Mensch einzelne Elemente der jeweiligen Entwicklung bis in unsere Zeit hinein mit sich genommen hat.

Es ist ja nicht nur die Neugierde der Forscher, die sich der Vergangenheit zuwendet, um diese einigermaßen zu erhellen, sondern sie möchten aufzeigen, daß die Vergangenheit, soweit wir sie zurückverfolgen können, überraschenderweise zugleich auch in der Gegenwart mächtig sein kann und sich weiter entwickelt. Diesen Tatbestand scheint uns van Baaren zu überziehen, wenn er seine Forschungen unter den Titel stellt: »Menschen wir wir«[1], auch wenn er sich auf »Religion und Kult der schriftlosen Völker« beschränkt. Wir werden auf die damit zusammenhängenden Probleme: Religion, Mythus, Magie und Zauberei noch zurückkommen, obwohl es sich schon gezeigt hat, daß keiner der genannten Begriffe exakt zu definieren ist.

Zunächst wenden wir uns dem umfassenderen Aspekt des Menschlichen schlechthin zu, eine Aufgabe, die in den letzten Generationen immer von neuem aufgegriffen worden ist. Wir denken in diesem Zusammenhang nicht daran, den »Darwinismus«, als ersten großartigen Entwurf der Tier-Mensch-Beziehung in allen Einzelheiten und seinen weltanschaulichen Verflechtungen – schon aus Raumgründen – verteidigen zu wollen. Man sollte besser mit dem Neo-Darwinismus von einer verfeinerten Erforschung der »Mutation« sprechen, die nirgends ernsthaft bestritten wird und damit die Evolutionslehre als weithin bewiesen angesehen wird. Innerhalb der Evolution hat A. Portmann das Spezifische des Mensch-Seins beschrieben mit dem Auftreten des aufrechten Ganges, der Sprache und einem einsichtigen Handeln. A. Gehlen hat von Herder die Beschreibung des Menschen als »Mangelwesen« übernommen. A. Portmann nennt ihn »Nesthocker«. Mit diesen Benennungen will ausgedrückt werden, daß dem Menschen eine andere Entwicklung mitgegeben ist als dem Tier. Man kann diese Veränderung als Mutation beschreiben, die durch die Gene weiter vererbt worden ist. Ob auch die Veränderung der Umwelt eine Rolle gespielt hat, ist ein offenes, verschieden diskutiertes Thema. Es könnte auch eine aufgetretene Veränderung der Sicht von Welt und Wirklichkeit in Frage kommen. Wie immer dem auch sein mag – die Grundfragestellung bleibt dieselbe.

Den Religionswissenschaftlern lag nahe, den Menschen von Anfang an als homo religiosus zu beschreiben, dafür Material zu sammeln und Deutungen zu versuchen. Da von einer institutionalisierten Form der Religion in der Vorzeit nicht die Rede sein konnte, hat man sich auf eine allgemeine Religiosität zurückgezogen, die zum Beispiel der Magie gefolgt sein könnte. Da wir Magie in rein innerweltlichen Zusammenhängen kennen, schien es auch möglich, Magie als Anfang einer Technik zu sehen, natürlich im vor-wissenschaftlichen Stadium, in einer mentalité primitive. Damit sind wir bei jenen Theorien, die jeweils Priorität für sich beanspruchten, und von denen noch zu handeln sein wird. Da die Prioritätsfrage jedoch nicht zu lösen ist (wir haben ja keine Urkunden für diese frühe Zeit – die älteste liegt nur 6000 Jahre zurück) ist dieses einmal so temperamentvoll umkämpfte Thema überhaupt fallen gelassen worden. R. Otto hat darum den Satz geprägt: »Wo Religion ist, beginnt Religion« und damit die Frage auf die vorhandenen und auffindbaren Religionen begrenzt.

Aber es schien doch noch eine Möglichkeit zu geben, über diese Feststellung hinauszukommen, nämlich mit Hilfe des Begriffes der »Offenbarung«, indem man ihn von den geschichtlichen Ereignissen löste und in die Natur verlegte, um dann von einer »religiösen Natur« des Menschen sprechen zu können, im Gegensatz zu »Äußerlichkeiten«. Zu untersuchen sei also der Mensch – von seinem ersten Vertreter an – als religiöses Wesen, was aber für die Vorzeit praktisch nicht durchführbar war. Also wandte man sich den noch aufspürbaren Mythen zu, die mündlich tradiert wurden und inhaltlich sich mit der »Urzeit« beschäftigten. Religion wäre demnach bekannt, »wenn die Mythologie bekannt« ist (P. Tillich). Eliade hält alle Mythologie sogar für »Onthophanie« (Mythes 9), denn der Mythos »offenbart und enthüllt«, Malinowski kann die Mythen als »nüchterne Urkunden primitiven Glaubens und primitiven Ethos«[2] erklären. Diese Reihe der Definitionen ließ sich beträchtlich vermehren. Sie beruhen zumeist darauf, daß die in der Geschichte sich vollziehende »Offenbarung Gottes« auch in mythischer Zeit sich finden lassen kann. Die Schlußfolgerung lautet dann, daß sich »auch im Mythos *σπερματα του λογου* (spermata tou logou) bergen«[3]. So weit sind freilich schon die Apologeten des 2. und 3. Jahrhunderts gegangen, bei denen wir diesen Begriff kennengelernt haben. Gedanklich nahe liegt die Ansiedlung der Religion im Irrationalen, Emotionalen, vielleicht in mystischer Frömmigkeit, die auch innerhalb eines Kultes gelegen sein könnte. Fatal daran ist, daß für die Vorzeit ein Kultus erst nachgewiesen werden müßte, und was wir unter Mystik verstehen, die Vereinigung Gottes mit einer Seele bis hin zur mindest punktuellen Vergöttlichung des Menschen schwerlich für die Vorzeit der »Primitiven« feststellbar noch belegbar ist.

Es kann auch ein Ansatz im kausalen Denken gesucht werden. Wir haben schon ausführlicher darüber gehandelt, daß kausales Denken bezogen auf ihr Weltbild sich auch bei den »Primitiven« finden läßt, freilich sehr unterschiedlich von unserem logisch-naturwissenschaftlichen Denken. Könnte man daraus folgern, daß es unterschiedliche Modelle des Denkens gibt, die nebeneinander stehen? Dem Vorwurf einer zu starken Betonung des rationalen Elementes ist leicht zu begegnen, wenn wir im Blickfeld behalten, daß auch in Bildern, in bildhaften Erzählungen, in Sprichwörtern, in Symbolen sich Begriffe ausdrücken lassen. »Beweise« für das Vorhandensein eines personalen Gottes lassen sich mit keinem Denkmodell führen; darüber sollte nicht mehr debattiert werden. Ersetzt man Beweise durch Impulse, dann bleiben alle »Anstöße« noch immer im Bereich des Unwägbaren und Relativen. Auf festerem Boden scheint man mit Überlegungen zu geraten, daß der Mensch als Glied einer Gemeinschaft, eines Clans anzusehen ist und darum bestimmte Verhaltensregeln einhält. Nicht immer lassen sich Verhaltensregeln auch auf bestimmte Denkmodelle zurückführen. Oder enger gefaßt: ist diese stabilere Grundlage, gemeinschaftliche Verhalten, etwa ein Hinweis auf ein nicht mehr zu bezweifelndes religiöses Verhalten?[4] Dagegen sprechen jedoch genügend Beispiele aus unserer eigenen Geschichte, besonders in Umbruchzeiten, wo eine Gruppe im Blick auf Lehrunterschiede oder Denkimpulse eine andere Gruppe viel leichter tolerieren konnte als in der Übernahme festgelegter Riten und Lebensgewohnheiten. Eine offensichtlich vorhandene Verbindung zwischen Lehren und Lebenshaltungen ist demnach viel lockerer und unverbindlicher als man gemeinhin anzunehmen gewohnt ist.

Wenn wir hier schon mit dem Begriff des ζον πολιτικον (Zoon politikon) bei Aristoteles sind, dann drängt sich das Leib-Seele-Geist Problem auf. Hat die Fragestellung bei Plato und seiner Ideen-Lehre begonnen, so setzt sein unmittelbarer Schüler Aristoteles ebenfalls zunächst bei der Seele an[5] als Ursache und Grund des lebenden Körpers, anteilhabend am »Ewigen und Göttlichen« als dem Endzweck; und er fährt fort, daß über den Schichten der Seele der »Geist« als Denk-Kraft zu verstehen ist. Vielen durch die Jahrhunderte diskutierten Fragen hat dann Thomas von Aquin ein vorläufiges Ende gesetzt, indem er als einheitliche Quelle die »Geist-Seele« beschrieb. Mehr als 2000 Jahre hat das aristotelische Schema, nachdem es durch Thomas in der angedeuteten Weise christianisiert worden war, das Denken des Abendlandes beherrscht. Ohne hier auch nur im Ansatz eine Geschichte der Philosophie ausbreiten zu wollen, stoßen wir heute auf ein auf naturwissenschaftlicher Basis beruhendes Denken und Forschen, das Leib und Seele als »eine unzerlegbare Ganzheit«[6] auffaßt, und auch die Theologie hat diese Einheit zu ihrem Vorteil aufgenommen.[7]

Bleibt als weiteres Problem die Entwicklung der Sprache. Bereits um 1850 sind aus den indo-europäischen Sprachen gemeinsame Wurzeln herausgearbeitet worden. Konnte man nicht darüber hinaus auf Grund der heute bekannten Sprachen vordringen, um zu einer »Ursprache« zu gelangen, die den Cro-Magnon-Menschen der letzten Eiszeit zuzuschreiben wäre? R. Fester[8] meinte auf sechs Urlaute zurückkommen zu können, von denen jeder einzelne eine ganze Reihe von Gegenständen und Beobachtungen umschließt, die erst später sich zu genaueren Begriffen entfalteten. Abgeschlossen lebende Naturvölker benötigen noch heute zur Verständigung nur zwischen 200 bis 600 Wortstämmen. Ein Wörterbuch unserer Umgangssprache hat nach einer Zählung 6000 Wörter festgestellt, bei Goethe hat man zirka 30.000 Wörter gefunden, in der heutigen Hochsprache mit ihren Fremdwörtern, ihrem Fachjargon etc. ist man auf mehr als 100.000 Wörter gestoßen.[9] Wie aber ist es zu dieser Entwicklung gekommen? Die Verständigung frühester Jäger und Sammler erfolgte durch Gesten. Seit aber bei der Jagd Faustkeile in Gebrauch kamen, wurden anstelle der Gestik einzelne Laute benutzt. Die dazu nötige Voraussetzung bildete die Erweiterung des Gehirns, die Ausbildung des Kehlkopfes und die Übernahme von Lauten und Wörtern aus der Umgebung. Woher wir das wissen und belegen können? Einmal aus der Beobachtung des menschlichen Säuglings im ersten Lebensjahr, dessen Entwicklung des Gehirnvolumens nach der Geburt in einem schnellen Tempo sich vollzieht, wie sich auch der Kehlkopf erst in dieser Phase bildet und in die entsprechende Lage kommt. Damit sind die Voraussetzungen geschaffen, Begriffe zu bilden oder zu übernehmen und sie in Laute umzusetzen. Das zweite ist die Beobachtung der gleichen Entwicklung bei Tieren, mögen sie dem Menschen näher oder ferner stehen. Nur die Entwicklung der beiden nötigen Instrumente zur Bildung der Sprache hören beim Tier viel früher auf. Es können dann Signale gesetzt werden, aber es kommt zu keiner ausgebildeten Sprache.

Wir erinnern uns, daß es nach den mythischen Aussagen der Buschmänner zwar zur Verständigung zwischen Tier und Mensch kommt, aber eine »Tiersprache« nicht verstanden wird, außer bei besonderen Gelegenheiten. Damit ist aber nicht entfernt ein analoges Wissen der Buschmänner im Blick auf die naturwissenschaftlichen Ergebnisse gemeint. Wir werden hier auch an jene Vermutungen erinnert, nach denen der Crô-Magnon sich in verschiedene Rassen geteilt haben soll, und so sich die Vielfalt der Sprachen, entwickelt aus der einer weiter zurückliegenden »Ursprache«, gebildet hätte.

Wir haben auch vielerlei über den *Tod* gehört und mehr oder minder mythische Aussagen über die Möglichkeit, mit ihm fertig zu werden, ob das nun Buschmänner oder Tiere betroffen hat. Zwei sehr auffällige und uns fremde Gedankengänge wurden dabei sichtbar. Zum einen das pars pro toto Denken. Bleibt auch zum Beispiel nur ein Teil eines getöteten Tieres übrig, so kann es wieder zu dem früheren oder einem anderen Tier sich erneuern oder erneuert werden, wobei Wind und Wasser ihre Rolle spielen. Das kommt aber für den Menschen nicht in Frage. Für ihn ist die Ausrichtung nach Osten das einzig unerklärlich Besondere. Sollte es von Bantus übernommen sein? Zum anderen, vor allem bei den Malereien, ist die Transformation, die Verwandlung vom Menschen zum Tier aufgefallen. Wir würden eher das Umgekehrte erwarten, eine Verwandlung vom Tier zum Menschen. Sollte es sich in den Darstellungen der Transformation nur um eine Wiedergabe eines seelischen Vorganges handeln? Auch wir wissen davon, daß die Phantasie Pflanzen, Bäume, Tiere oder auch anorganische Gegenstände, zu menschlichen Gestalten oder doch menschlichem Verhalten umfunktionieren kann und umgekehrt. Nicht nur das Spiel kleiner Kinder beruht auf diesen Möglichkeiten, auch Bilder- und Filmserien bauen auf solchen Voraussetzungen auf, gar nicht zu reden von dem Masken- und Verwandlungstreiben zu gewissen Jahreszeiten etc., wenn sie auch nur zur Unterhaltung oder zur Beflügelung der Phantasie anregen sollten. Hier würde sich nachvollziehen, was die Brüder Grimm über das ebenfalls raum- und zeitlose Märchen sagen konnten: Götter und Heldenmythen mit ihren Verwandlungen landen schließlich in den Kinderstuben. Abgesehen davon: im Märchen wie übrigens auch in einer bestimmten Art Dichtung gehen Naturbeobachtung und Phantasie ineinander über. Die Natur ist beseelt und die Grenzen zwischen Mensch und Tier werden fließend und stellen sich – etwa in den »Antilopenmenschen« – dar. Demnach würden zwar seelische Empfindungen in ein Tier hineingebildet und bestimmte Veränderungen der Gliedmaßen und des Kopfes vorgestellt werden und zur Darstellung kommen, der eigentliche Körper des Menschen aber gleichbleiben. Die knappen Mitteilungen der !Khung-Kinder, wie sie D. Bleek in Sprache und Bild wiedergibt, liefern einiges Material für die vielfachen Verwandlungen von χue (chue).

Haben es diese »Verwandlungen« mit einer Art Beseelung zu tun, so stehen wir noch einmal beim Animismus, den E. Tylor darum »das Fundament der Religionsphilosophie« nennen konnte, weil er hinter dem Namen Animismus eine tiefer gehende Lehre »the very essence« der spiritualistischen Philosophie im Gegensatz zum Materialismus verkörpert sah.[10] Ein Thema des 19. Jahrhunderts wurde so auf die Zeiten der Naturvölker zurück verlegt. Da »Soul« zugleich personalistisch aufgefaßt werden kann, ließ sich der Übergang zu persönlichen Gottheiten leicht herstellen. Die Belege, die Tylor anführen konnte, reichen aber nicht weit über das Neolithikum zurück und erreichen so nicht einmal das Paläolithikum, geschweige, daß der Animismus als Ur-Religion der Menschheit in Betracht kam. R. Otto nannte die Seelen-Vorstellung einen »Begriff nachträglicher Rationalisierung«.[11] Das von ihm in allen Religionen gefundene »Numinose« sah er auch *nicht* als ein seelisches Ur-Element an, bestenfalls führt es als natürliche Anlage in den Vorhof der Religion. Wieder stoßen wir auf die Tatsache, daß alle als religiös empfundenen Naturdinge oder »seelische Regungen« noch nicht eine Ur-Religion ausmachen.

Noch immer auf der Suche danach, wie und wann Religion in der Vorzeit entstanden sein könnte, stieß man auf Zaubertheorien eines Prä-Animismus, die der Magie[12] nahezustehen scheinen. Auch das war unbefriedigend, denn dort, wo magische oder zauberische Praktiken keinen Erfolg brachten, sollte der Mensch zur Religion gegriffen haben? In diesem Denkmodell müßte Religion ja schon vorhanden gewesen sein, wenn man zu ihr Zuflucht nehmen sollte. Karl Beth[13] und nach ihm G. van der Leeuw[14] suchen den Unterschied zwischen Religion und Magie *in* dem Verhalten des Menschen zu finden, so daß formuliert wurde »der magische Mensch herrscht, der religiöse Mensch dient«, eine einprägsame Formel, die aber hinsichtlich des religiösen Menschen in Frage zu stellen ist. In der christlichen Geschichte ist ein *Herrschaftsanspruch* mit der Formel »servus servorum« (Diener der Dienenden) begründet worden. Van Baaren[15], nachdem er weitgreifend das Ineinander von Religion und Magie diskutiert hat, empfiehlt eine dreifache Begriffsbestimmung: 1. Primitive Religionen soweit vorhanden als solche zu behandeln und sie nicht magisch mißzuverstehen; 2. das Wort Magie parapsychologischen Untersuchungen zuzuweisen; 3. Zauber und Hexerei unter dem Stichwort »Aberglauben« abzuhandeln. Dieser dreiteilige Vorschlag ist annehmbar, es ist nur zu befürchten, daß sich die drei angesprochenen Gebiete nicht mit der Zuweisung ihrer Arbeitsgebiete zufrieden geben werden, vielleicht auch nicht können. Deutlich wird jedoch, daß viele Phänomene noch genauer herauszuarbeiten sein werden.

Wenn am Anfang eine unpersönliche Energie gestanden haben soll, dann versuchte man sie eine Zeit hindurch allgemein als Kraft zu definieren und gab ihr den Namen Dynamismus. Damit ist nicht gerade viel gewonnen, auch wenn van der Leeuw den Animismus durch den Dynamismus ersetzen wollte. Fatalerweise schimmern hier Vorstellungen des 19. Jahrhunderts durch, als Stoff und Macht gleichgesetzt wurden. Der Missionar R. H. Codrington[17] hatte in seinem Buch »The Melanesians» 1891 die melanesische mana-Vorstellung hervorgehoben, die er als übernatürliche Macht[18] verstand, die nicht unpersönlich gemeint zu sein schien, wie sie viele Forscher verstanden. Andere Untersuchungen zum Beispiel von F. R. Lehmann[19] wollen mana als ein Gemeinschaftsverhalten – etwa bei den Maori auf Neuseeland – aufgefaßt wissen, dem aber eine religiöse Bedeutung erst an zweiter Stelle zukomme. Aus der Verbundenheit von Tier und Mensch könnten so Anfänge des Religiösen enstanden sein; beide verbindet das gleiche Symbol, ohne damit schon religiös zu sein. Erst die Aufstellung von Totempfählen dient als Versammlungsort – sowohl für die natürliche Gemeinschaft als auch für eine Kultgemeinschaft, die sich aus denselben Personen zusammensetzen. So könnten religiöse Gefühle entstanden sein. Schon E. Durckheim[20] hat es so beschrieben. Totem, das Wort stammt von Indianern und wurde zuerst 1791 von John Long, einem Dolmetscher, gebraucht – Totem kann außer einem Tier eines Clans auch ein Mensch sein, ein mythischer Ahne oder Pflanzen, Naturerscheinungen und Gegenstände. Man muß nicht unbedingt soweit gehen, bei diesem Ansatz schon eine »Vergöttlichung der Gesellschaft« zu sehen, in der jedenfalls ein Hochgott nicht untergebracht werden kann. Man kann jedoch hier auf der Suche nach einer primären Religion, die völlig im Dunkel liegt, einen konkreten Ansatzpunkt gewinnen, indem man innerhalb der Gemeinschaft nach religiösen Aspekten beziehungsweise Riten Ausschau hält und zum Beispiel die Bedeutung des Todeserlebnisses in der Gemeinschaft hoch einschätzt. Bestehen solche Zusammenhänge zurecht, dann wird umgekehrt eine Auflösung der Sozialstruktur auch einen Niedergang etwa des Ahnenkultes, des Totemismus, Fetischismus etc. mit sich bringen und verständlich werden lassen. Übrigens geht der Ausdruck »Fetischismus« (lateinisch factitius, künstlich gemacht) auf das 18. Jahrhundert[21] zurück und meint ebenfalls eine Verehrung von Gegenständen.

Alle diese eben diskutierten Möglichkeiten sind eng verbunden mit der evolutionistischen These. Das Anti-Schema hat bekanntlich W. Schmidt vertreten. Allgemein gesehen leuchten Dekadenz ebenso wie Evolution ein und haben gemeinsam, daß beide aus der Feldforschung allein nicht belegt werden können. Das Anliegen Schmidts liegt aber im Grunde woanders – in einer missionarischen Theologie und hier wieder im Suchen nach einem Anknüpfungspunkt, den wir schon diskutiert haben, und der bestenfalls in einem Analogieschluß unterschiedlicher Theologien gefunden werden könnte.

Alle hier genannten Thesen – Magie, Animismus, Dynamismus, Manismus, Totemismus, Fetischismus – bilden keine Einheit, sind aber oft so behandelt worden, als ob sie jeweils allgemeine menschliche Haltungen wiedergeben, die, verdrängt, auch heute unter uns gefunden werden, was sich zweifellos aufzeigen ließe. Könnte also ein allgemein menschliches Verhalten und Denken in verschiedenen Facetten annehmbar sein? Ebenso ist überlegenswert, folgende Schritte methodisch zu unternehmen: es gibt durchaus zutreffende einzelne Beobachtungen in verschiedenen Kontinenten, unterschiedlichen Völkern und Stämmen, die dann zu einer für die ganze Menschheit allgemein gültigen Theorie erhoben wurden. Daraus resultierende Absolutheitsansprüche ethnologischer Thesen sind zuweilen erstaunlich, aber nicht überzeugend. Es steht eine zu große Auswahl einander gegenüber. Es bietet sich eine weitere Möglichkeit an: hinter allen religiösen Gegebenheiten wäre eine Vorstufe als primärer Ausgangspunkt anzunehmen, auf der dann eine bereitliegende Hypothese aufgebaut werden könnte. Die so aufgestellten Theorien wollen sich nur nicht ineinander fügen. Letztlich könnte man folgenden Gedankengang nachgehen: der »Primitive« hat von Anfang an, eben in jenem nicht zu enthüllenden Dunkel als Ausstattung seines Menschseins ein religiöses Bedürfnis mitbekommen, das selbst heute, wenn auch nicht überall, zu finden sei, möglicherweise vom Beginn an in völliger Pervertierung. Die Beweisführung hätten dann eine Anthropologie zu liefern, die nicht mehr allein auf ethnologischem Material fußt, sondern Philosophien oder Religionen entnommen ist. Auf diesem Wege kann der Mensch als »homo religiosus« beschrieben werden, jedoch mit der Einschränkung, daß das Religiöse im Menschen eine wichtige Seite seines Wesens sei, aber nicht die einzig wichtige, wenn auch eventuell an erster Stelle stehend. Was ist damit mehr gewonnen, als daß wir uns im Kreis bewegt haben?

Bleiben wir bei dem von uns ausgewählten Beispiel der Buschmänner. Beobachtet wurde von einigen Forschern eine allgemein vorhandene Religiosität, von anderen bestritten. Gesichert ist das frühe Auftreten einer beachtlichen Kunst, die nur schwache, religiös deutbare Ansätze aufzuweisen hat. Das Vorhandensein einer Kunst zu einer Zeit, in der von einer Entwicklung der Religion noch keine Rede sein kann, ist sehr beachtenswert. In der Begegnung mit Buschmännern, die wir in diesen Jahren hatten, fehlte jeder Kultus, es fehlten Riten, Opfer und Gebete.[22)] Dagegen werden Götternamen genannt, sei es nun eines Hochgottes, eines deus otiosus, eines Demiurgen, kleiner, boshafter Geister etc. Offen bleibt, wie weit diese Namen und Vorstellungen importiert und übernommen wurden oder in dem einen oder anderen Fall auf Grund eigener Beobachtungen von den Buschmännern selbst gebildet worden sind. Laut W. Schmidt rufen zum Beispiel Buschmänner Tsui-Goab als »unseren Vater«, »den Vater unserer Väter« und vertrauen auf seine Hilfe. Baumann[23)] hält diesen Namen dagegen für einen Hochgott der Hottentotten und übersetzt ihn mit »Wundes Knie«, das er sich im Kampf mit Zauberern zugezogen hat, als Priesterhäuptling der Urzeit.

Diese und viele ähnliche Deutungsversuche gehen auf die Arbeitsweise Max Müllers zurück, der mit Hilfe der etymologischen Methode eine Deutung der Mythen, ihrer Helden, Götter etc. liefern zu können meinte. Wie weit man so im Bereich der Khoisan-Sprachen und ihren Vorstellungen kommen oder nicht kommen konnte, haben wir gesehen, weil wir leider von ihrer Geschichte zu wenig wissen. Auch über ihre Wanderungen, ihre kulturellen und rassischen Mischungen sind wir nur unzureichend orientiert und darum auf zwar, wie wir sahen, interessante, aber eben nur auf Vermutungen angewiesen. Letztlich ist also für die Buschmänner schlüssig nicht zu klären, ob sie seit Jahrhunderten oder auch heute, wenn auch nur vereinzelte, homines religiosi sind. Eine weitere Ausübung der Felsmalereien und Gravierungen ist ihnen notwendigerweise verloren gegangen. Ihr Gemeinschaftsleben, soweit es nicht von der westlichen Zivilisation bedrängt oder beeinflußt wird, ist dagegen wesentlich gleichartig, ihr Gemeinschaftsverhalten im Clan im großen und ganzen stabil geblieben. Das hängt, wie wir beobachten konnten, damit zusammen, daß sie ihr Leben als Sammler und Jäger beibehalten haben. Damit sind sie einer Zeit zuzuordnen, die noch nicht Ackerbau und Viehzucht gekannt hat, deren Anfänge im Dunkel der Vorzeit sich verlieren. Dieses Dunkel ist auch unsere Vergangenheit, die Vorzeit Europas, der wir begegnet sind und die die Anfänge unseres kulturellen Lebens bilden.

Gibt es also eine Beziehung zwischen Sammler-und Jäger-Kulturen im Süden Afrikas und in Europa? Eine direkte Abhängigkeit des südlichen Afrikas von Europa läßt sich nicht belegen. Die vorgelegten Annahmen sind zu vage und entbehren jeder Wahrscheinlichkeit. Erstaunlich in beiden Fällen bleibt, daß da und dort die gleichen Motive und – zeitweise – ein sehr ähnlicher Stil entwickelt wurden. Sie hängen, das scheint die wahrscheinlichste Erklärung zu sein, von dem gemeinsamen Lebensstil ab. Im Denken und dem als »religiös« gedeuteten Vorstellungen herrscht, wie viele Forscher bemerken, das magische Element vor. Der Unterschied liegt nur darin, daß wir die Bedeutung, was Magie eigentlich ist, im franko-kantabrischen und ostspanischen Bereich nur an den Felsbildern selbst ablesen zu können meinen, während wir im Süden Afrikas von den Buschmännern heute hören können, was sie unter Magie begreifen. Beides zusammen genommen bedeutet, daß wir es – im Vergleich mit uns heute – mit unterschiedlichen Modellen kausalen Denkens, der Vorstellung von Zeit und Raum zu tun haben.

Magie aber als mystisch zu verstehen, führt nur zu formalen Analogien, inhaltlich sind beide etwas ganz anderes. Bedeutungsvoll bleibt, daß in der Kunst, wir sagen es mit einigermaßener Gewißheit, früher eine hohe Entwicklung erreicht wurde als in der Religiosität oder gar in festen Formen einer Religion. Rafft man die vielen wiedergegebenen Interpretationen zusammen, so scheinen die aufgezeigten Probleme mehr bei den Interpreten zu liegen als zum Beispiel bei den Buschmännern. Projizieren also viele die Probleme des 18. und 19. Jahrhunderts nur zurück in das Leben der Jäger und Sammler oder sogar der paläolithischen Kunst? Nachweisbare Fakten in der Kunst und in den Mythen sollten aber von späteren Interpretationen sorgfältig unterschieden werden.

Südwestafrika, Bezirk Outjo, »Carstenplatte«: Nashorn, Oryx, Gnu, 2 Zebras, 2 Böcke, 1 Fuß etc. Gravierung, nach Scherz II/L 133/1.

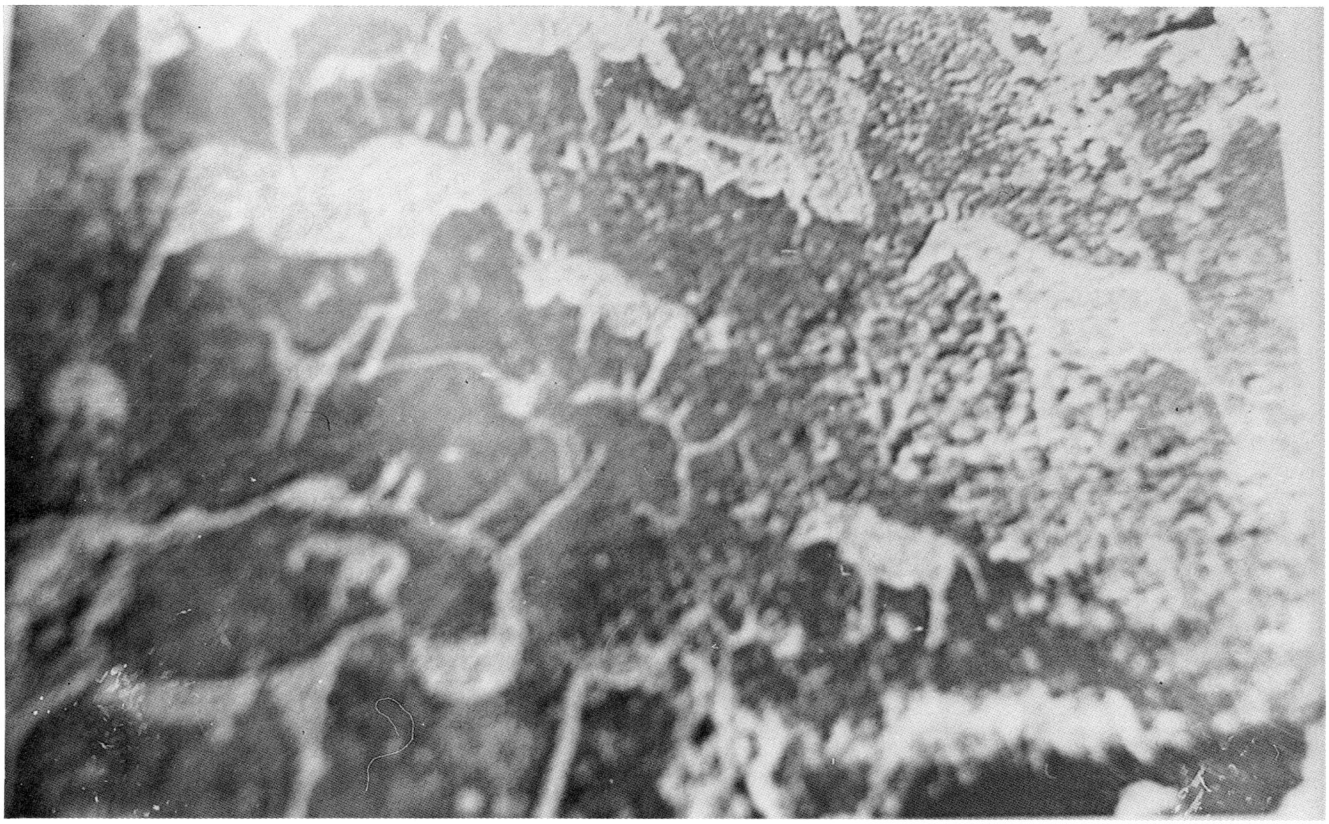

19. Aspekte zum gegenwärtigen Übergang

Seit einigen Jahrhunderten befinden sich, jeweils zeitverschoben, die Zivilisationen und Kulturen der Erde in einem neuen Übergang. Er begann mit der Veränderung des Weltbildes seit Kopernikus, geistesgeschichtlich und religionsgeschichtlich gesehen in Europa mit dem Rationalismus und der Aufklärung. Für das Christentum bedeuteten diese Veränderungen zuerst den Verlust beziehungsweise die Ablehnung des Offenbarungs- und Absolutheitsanspruches. Die positive Seite dieser Vorgänge ist erst nach langen Auseinandersetzungen sichtbar geworden. Indem sich die Offenbarungsreligion von einem Weltbild trennte, das nicht mehr das unsrige ist, ist die christliche Religion wieder frei geworden für ihre eigentlichen Aufgaben. In den Vordergrund des Interesses traten Naturwissenschaft und Technik und damit setzte der Beginn der Industrialisierung ein. Es ist müßig, darüber zu streiten, ob wir uns in einer zweiten oder dritten Industrialisierungswelle befinden. Wichtig als Hintergrund erscheint uns die Veränderung des Bewußtseins: alles scheint möglich, wenn wir es nur wollen, und weil alles möglich sein kann, erscheint es auch wünschenswert. Oder sollten beide Aussagen Fehleinschätzungen sein?

Wir stoßen hier zuerst auf wirtschaftliche Prozesse. Bei Beginn der Industrialisierung waren genügend Vorräte für den Fortbestand der Menschheit vorhanden. In den Industrieländern, verschiedener Systeme, richtete man sich auf ein Wachstum eines Massenkonsums vieler Wirtschaftsgüter für unabsehbare Zeit ein. Seit etwa zehn Jahren mehren sich die Stimmen, daß die Ressourcen, die nicht regenerationsfähig sind, schneller verbraucht werden, als man früher annahm und aller Zuwachs begrenzt und von kurzer Dauer ist. In Korrelation dazu wurden Technologien entwickelt, die auf der einen Seite Stolz, auf der anderen Seite Beunruhigung hervorriefen. Wir nennen als Beispiele die Kernphysik, die Besiedelung des Universums, die Gen-Manipulation, die Bedrohung der biologischen Bedingungen durch Luft- und Wasser-Verschmutzung, die Überbeanspruchung des noch vorhandenen Ackerbodens, die Vernachläßigung der Weideflächen, die Schlägerung in den großen Urwald-Flächen etc. Kompromiß-Vorschläge bringen auf Dauer keine Lösung. Was bedeutet das für kommende Generationen, da Forschung und technische Auswertung sich auf ihrem Wege nicht aufhalten lassen?

Wir können natürlich nicht in das Leben der Sammler und Jäger, in die Altsteinzeit, zurückkehren, die karikaturhaft an die Wand gemalt wird, um jede Besorgnis für die Zukunft zu zerstreuen.

Was aber das Leben der Buschmänner zum Beispiel bis heute bewahrt hat und möglicherweise den Sinn ihres Rückzuges in schwer zugängliche Gebiete für den nicht-technisierten Menschen ausmacht, liegt in ihrem Verhalten zur Umwelt.[1)] Ihre Zurückhaltung im Verbrauch der ihnen zur Verfügung stehenden Mittel und ihr sorgfältiger Umgang mit allen Gebrauchsgütern ist uns immer wieder aufgefallen. Das Wild wird nicht hemmungslos abgeschossen, Wurzeln, Knollen oder wilder Honig werden nur soweit mitgenommen oder verzehrt, daß auch für Nachkommende oder Verirrte notwendigstes übrigbleibt. Im Verbrauch und der Aufarbeitung der wenigen Güter wird alles, auch das geringste verwertet. Hier liegt einer jener Kulturgüter, die uns die »Primitiven« auch heute weiterzugeben haben. Die Anerkennung dieser Grenzen im Verbrauch scheint uns dagegen abhanden gekommen zu sein. Die außermenschliche

Schöpfung benutzen wir als Material, das bis zur Zerstörung zur Verfügung steht. Die Beziehung zwischen Mensch und Tier, Mensch und Natur droht offensichtlich verloren zu gehen und eine neue Harmonie zwischen Mensch und Natur erscheint vielen unrealistisch. Geblieben sind die eigenen, immer neuen Bedürfnisse, die Selbstverständlichkeit, sie zu befriedigen und übriggebliebenes wegzuwerfen. Ein neuer Typ Mensch tritt auf: der zerstörende Mensch, der die Natur nicht mehr als Partner begreift, sondern als totes Material zur beliebigen Verfügung. Sofern der Mensch aber ein Teil der Natur bleibt, wird er zu einem sich selbst ausbeutenden Menschen. Das alles wird von den verschiedensten Seiten her diskutiert und regt zu neuen Ansätzen, einem neuen Überdenken an. Es könnte bedeuten, daß die Evolutionsforschung und der Wachstumsübermut ihre Grenzen darin finden, daß eine Besinnung auf jene Lebensräume einsetzt, die Mensch, Tier und Natur zugewiesen sind, um ihnen von Anfang an bestimmte Grenzen zu setzen.[2)]

Die Veränderung läßt sich auch von einer anderen Seite her beschreiben: die Gemeinschaft oder wenn man will das Kollektiv auch der kleinsten Gruppe ist durch die Rechte in Auflösung begriffen, die das Individuum für sich beansprucht. Die geordnete Gemeinschaft hatte früher die Freiheit des Individuums begrenzt und umgekehrt das Gemeinschaftsleben lebendig erhalten. Stehen wir am Ende eines langen geschichtlichen Weges, den nachzuzeichnen überflüssig ist, weil die individuellen Rechte sich so in den Vordergrund geschoben haben, daß neu sich bildende Gemeinschaften noch keine dauerhaften Konturen und darum leicht utopischen Charakter haben? Man kann eine solche Tendenz etwa an einem heftigen oder gezügelten ökumenischen Drängen zu einer Einheit aller Konfessionen und Kirchen ebenso aufzeigen wie an ähnlichen Bestrebungen, alle Religionen der Erde zusammenzuschließen. Im Aufzeigen und Andeuten solcher Tendenzen kann man sich auch sehr irren. Ob ein solcher möglicher Trend von oben her organisiert werden möchte oder von Bedürfnissen der Basis her gefordert wird, ist unerheblich. Irgend etwas wird immer erhofft, aber zugleich auf weite Sicht gestellt. Es ist zum Beispiel im Blick auf die Ökumene kein Wunder, wenn man allein in Schwarzafrika zirka 3000 christliche Kirchen und Gruppen zählen kann. Eine anvisierte Verantwortung, von der in allen Bereichen eines Umbruchs so gern gesprochen wird, wird dann so gesehen, daß jede grenzenlose Individualisierung und jeder beengende, unbedachte Unitarismus zu relativieren sei. Was aber wirklich und konkret zu geschehen hat, wird damit nicht entschieden, sondern nur im allgemeinen umschrieben. Eine augenblicklich benutzte und praktizierte Formel lautet dann: Pluralismus und gegenseitige Toleranz. Ist damit ein vorläufiges Auffangnetz oder das Eingeständnis einer Ratlosigkeit gemeint, nämlich etwa Abbau der Institutionen zugunsten einer freien Religiosität oder Straffung im Suchen nach einem gemeinsamen Sinn des Lebens als einer Formel, die nicht recht zu handhaben ist? Hier läßt uns auch die Vorzeitforschung scheinbar im Stich, weil die Vorzeit einen Umbruch erlebte, der einem Zusammenbruch bis auf wenige Reste gleichkam. Wenn man nicht L. Frobenius und andere folgen will, der die Kulturen morphologisch betrachtete, im Wachsen, Vergehen und Weitergeben der unter Umständen beträchtlichen Reste einer Kultur an andere aufkommende Gruppen, die damit mühsam ihre neue Welt einrichten, droht ein Kultur-Pessimismus, den wir nicht teilen können. Die Stichwörter: Natur und begrenztes Wachstum, Schöpfung und Mythus, Gemeinschaft und Individualismus, Kunst und Religiosität, Tod und neues Leben, eine andere Weltsicht und anderes sind so entscheidend, daß einerseits wir uns auch in Zukunft mit ihnen beschäftigen und andererseits die Vergangenheit unverdrossen werden befragen müssen, auf welche Weise Lösungen schon so vielfach versucht wurden. Einige wichtige der bereits gefundenen Deutungen trugen, wie wir sahen, zu oft den Stempel der jeweiligen Zeit ihrer Entstehung an sich, so daß wir vor Wiederholungen gewarnt sind. Darum haben wir auch auf sogenannte Lösungsvorschläge weithin verzichtet und eher dauernd uns Fragen und Anstößen gestellt, um weiteres Suchen und Forschen in Bewegung zu halten. Ihnen zugrunde liegt dann nicht ein Glaube an unbegrenzte menschliche Möglichkeiten, sondern ein Hoffen

– im naturwissenschaftlichen Sinn auf neue Überraschungen, die auch heutiges Vorstellungsvermögen überschreiten;
– im Sinne eines christlichen Glaubens an ein Getragensein bis zu einem nicht mehr in unseren Händen liegenden sich verwandelnden vielleicht auch katastrophale Abschluß, um einen Neuanfang entgegen zu gehen.

Südwestafrika, Tsumkwe, Begrüßung des Vfs. durch Buschleute, Wiedersehen nach einem Jahr.

Anmerkungen

Auf eine vollständige Literaturliste verzichten wir, da sie für den Leser unerheblich ist und der Spezialist sie ohnehin kennt. Autoren wurden aufgenommen, wenn sie im Text auftauchen und den besonders interessierten Leser weiterführen können. Zu einigen wenigen Kapiteln haben sich Anmerkungen erübrigt oder sind nur allgemeiner Natur.

Einführung

1) A. *Toffler*, The Future Shock, New York 1970.
2) M. *Gusinde*, Von gelben und schwarzen Buschmännern, Graz 1966. Lorna *Marshall*, The Kung of Nyaw Nyae, Chicago 1976[2]. Elisabeth *Marshall-Thomas*, Meine Freunde, die Buschmänner. Bei den Nomaden der Kalahari, 1959.
3) R. *Budack*, Interethnische Namen in SWA, in: Ethnologische Publikationen Nr. 52, 1969. Dort auch weiterführende Literatur.

1. Europa sucht Afrika. Erste Kontakte und Forschungsergebnisse

1) E. G. *Ravenstein*, The voyager of Diego Cao and Bartholomeo Diaz 1481 bis 1488, Geographical Journal vol. 16, 1900. Edgar *Prestage*, Die portugiesischen Entdecker, Leipzig 1936. E. G. *Jacob*, Das portugiesische Kolonialreich, Leipzig 1942. Richard *Hennig*, Terrae Incognitae, Leiden 1956. J. D. *Clark*, The Prehistory of Southern Africa, London 1959. Josef *Engel*, Von der spätmittelalterlichen res publica christiana zum Mächte-Europa der Neuzeit, in: Handbuch der Europäischen Geschichte Bd. 3, Stuttgart 1971.
2) R. A. *Dart*, Australopithecus africanus, London 1925. L. S. B. *Leakey* etc. A new species of Homo from Olduvai Gorge, 1964. *Ders.*, Was Kenya the centre of human evolution, London 1946. R. *Andrey*, Adam kam aus Afrika, München 1969. J. *Illies*, Zoologie des Menschen, München 1971. J. *Jelinek*, Das große Bilderlexikon des Menschen in der Urzeit, Prag und München 1972.

2. Die Buschmänner in ihrem alltäglichen Leben

1) G. B. *Silberbauer*, Report of the Goverment of Beschuanaland and the Bushman Survey, 1965.
2) H. R. *Jenny*, Afrikanischer Heimatkalender 1970. Die Medical School Univ. Kapstadt hat bei einigen relativ reinrassig gebliebenen Buschmännern ein Serum Protein-Vorkommen nachgewiesen, das nirgendwo sonst in der Welt vorhanden sein soll. *Baumann*, a.a.O. S. 13: Die Blutgruppen A und 0 finden sich auch bei Lappen und Ur-Australiern, während die Blutgruppe B häufig bei den Schwarzen vorkommen soll.

3. Religiöse Beobachtungen und Bemerkungen

1) H. *Vedder*, Die Buschmänner Südwestafrikas und ihre Weltanschauung, 1937.
2) M. *Gusinde*, a. a. O. und dort genannte weitere Autoren.
3) G. *van der Leeuw*, Phänomenologie der Religion, 1933 S. 322 ff. Vgl. auch Lévy-Bruehl: die Spannung zwischen naturhaften Eins-Sein mit der Welt und der Versuch, sie schöpferisch zu bewältigen, sei die Grundlage der Religion.
4) F. *Metzger*, Narro and his Clan, Windhoek 1950 S. 7 f.
5) R. R. *Marett*, Glaube, Hoffnung und Liebe in der primitiven Religion, Stuttgart 1936 S. 40 ff.
6) L. *Fourié*, The Bushman of Southwestafrica in Native Tribes of Southwestafrica, 1928.
7) E. *Holm* u. a. reden von einem Liebeszauber für junge Mädchen.
8) F. *Metzger*, a. a. O.
9) E. *Marshall-Thomas* schreibt von einem zauberkräftigen Miniaturbogen zur Abwehr unsichtbarer Gefahren.

4. Weltbild und Phasen im Leben der Buschmänner

1) A. *Lommel*, Vorgeschichte und Naturvölker, 1966.
2) I. *Eibl-Eibesfeld*, die !Ko-Buschmann Gesellschaft, 1972.
3) F. *Metzger*, a. a. O.
4) Es handelt sich um Buschmänner auf der Farm Ultima Thule.
5) Nach einer mündlichen Mitteilung von Prof. Westphal, Kapstadt.
6) Musikinstrumente werden in Kap. 13 behandelt.

5. Ethisches Verhalten und moralische Überlegungen

1) M. *Gusinde*, a. a. O.
2) G. B. *Silberbauer*, a. a. O.

6. Mensch und Tier in der Sicht der Buschmänner. Der mantis religiosa

1) Eine Parallele findet sich in der bei uns bekannten Fabel vom Hasen und vom Igel.

2) T. *Jantunen,* pähkihänaydän, 1967 A. 104 ff.
3) *Dies.,* a. a. O.
4) L. *van der Post,* Das Herz des kleinen Jägers, 1962.
5) W. H. J. *Bleek* in: K. Woldemann, Das wahre Gesicht des Buschmanns, 1938.
6) E. *Holm,* Tier und Gott, 1965.
7) *Bleek*-Slg.: hier sind die von ihm aufgenommenen Mythen und Fabeln etc. gemeint.
8) J. N. *Orpen,* A Glimpse into the Mythologie of the Maluti-Bushman, 1874.
9) S. *Schmidt,* Die mantis religiosa in den Glaubensvorstellungen der Khoesan-Völker, 1973, ZfE Bd. 98 Heft 1.
10) *Dies.,* a. a. O.
11) J. M. *Orpen,* a. a. O.
12) M. *Gusinde,* a. a. O. S. 75.
13) S. *Schmidt,* a. a. O. S. 110.
14) L. *van der Post,* a. a. O. S. 218
15) Die Frage an Mantis »wie hoch steht das Wasser« ist wahrscheinlich eine alte Formel, deren Sinn nicht mehr klar ist.
16) E. *Holm,* a. a. O. S. 117.
17) S. *Schmidt,* a. a. O. S. 117.

7. Nach Bleek-Texten: Mythen, Fabeln, Jagd- und Tiergeschichten.

1) W. H. I. *Bleek* und L. C. *Lloyd,* Specimens of Boshman Folklore, 1911. Dor. F. *Bleek,* The Mantis and his Friends, 1925. *Dies.,* Beliefs and Customs of the /Xam Bushman, 1931 – 36.
2) Käthe *Woldemann,* Das wahre Gesicht des Buschmanns, 1938.
3) F. *Metzger,* a. a. O.
4) E. *Holm,* Tier und Gott, S. 40.
5) *Ebenda,* S. 44.
6) K. *Woldemann,* a. a. O. S. 74.
7) Das Motiv vom verzauberten Frosch finden sich in Märchen verschiedener Völker.
8) I. N. *Orpen* hat von seinem Gewährsmann Qing gehört, daß »Kaggen alle Dinge erschuf«, Cape Monthly 1874, vol. IX.
9) »Buchu« siehe bei K. *Woldemann* a. a. O., pulverisierte starkriechende Blätter.
10) E. *Holm* S 160

9. Felsmalereien und Gravierungen

1) Im Kesslerloch bei Schaffhausen hatte bei Ausgrabungen Stam, ein Arbeiter, auf einen Knochen durch einen Realschüler aus einer Jugendschrift zwei Zeichnungen, eines Bären und eines Fuchses, anbringen lassen und diesen Knochen als Fund ausgegeben.
2) Die berühmte Höhle Lascaux wurde z. B. erst 1940 durch vier Bauernburschen entdeckt; del Romito 1961, andere noch später.
3) W. F. *Libby,* Radio-Carbon Dating, Chicago 1955.
4) I. M. *Orpen,* a. a. O.
5) Wir stoßen auf dasselbe Jahr, in dem Sautuola zum ersten Mal in Altamira seine Forschungen begann. W. *Bleek,* A brief account of Bushman Folklore, 1875.
6) H. *Breuil,* Quatre cents sicles d'art pariétal, 1952.
7) P. *Graziosi,* Die Kunst der Altsteinzeit, 1956.
8) J. *Jelinek,* a. a. O. S. 488 ff.
9) S. *Reinach,* Cultes, Mythes et Religions, 1905. K. *Beth* schlug ein prämagisches Stadium vor, um die Magie religiös zu werten.
10) R. *Otto,* Das Heilige, 1932 S. 16 ff.
11) H. *Breuil,* Expedition of the Naukluft Mountains, 1947. *Ders.,* The White Lady of the Brandberg, 1955. R. *Maack,* Die »weiße Dame« vom Brandberg, E. N. F. 3, 1966.
12) V. *Lebzelter,* Rassengeschichte der Menschheit, 1932. *Ders.,* Eingeborenen Kulturen in Südwest- und Südafrika, 1934. H. *Baumann,* Schöpfung und Urzeit des Menschen im Mythus der afrikanischen Völker, 1936.
13) H. *Baumann,* E. *Thurnwald,* D. *Westermann,* Völkerkunde in Afrika, 1940. W. *Hirschberg,* Gibt es eine Buschmannkultur? ZFE 1933. H. *Kühn,* Kunst und Kultur der Vorzeit Europas, 1928.

10. Die Umwelt der Vorzeit

1) M. *Milankovitsch,* Astronomische Mittel zur Erforschung der erdgeschichtlichen Klimate, 1938.
2) E. *Holub,* 7 Jahre in Südafrika, 1872 – 79, 2 Bde., 1881. *Ders.,* Von der Capstadt ins Land der Maschumulumbe, 1883 – 87, 2 Bde., 1890.
3) G. *McCall Theal,* History of Southafrica 1795 – 1872, 1915.
4) Ch. J. *Anderson,* Reise in Südwestafrika, 2 Bde., 1857 – 58.
5) J. *Alexander,* A voyage en Sud Africa, 1905.
6) G. *Stow,* The nature races of South Africa, 1905. *Ders.,* und D. *Bleek,* Rock paintings in South Africa, 1930. R. *Pöch* hat über Buschmann-Gravierungen und die Kunst der Buschmänner von 1908 – 1917 in der Österr. Ak. d. W. und Anthrop. Ges. Wien berichtet.
7) L. *Frobenius,* Madsimu Dsangara (Bilder der Vergessenen) 1931, 1961^2. Frobenius lebte von 1870 – 1938.
8) O. *Moszeik,* Die Malereien der Buschmänner in Südafrika, 1910. Bei ihm weitere Einzelheiten.
9) Th. *Hahn,* Die Buschmänner, Globus Bd. 18, 1870. *Ders.,* Felszeichnungen der Buschmänner, Berliner Ges. f. Anth. S. 307 bzw. ZFE Bd. 16, 1879. *Ders.,* Tsumi Goam, 1881.
10) E. *Holub,* Von der Capstadt . . Bes. I/108 – 114, II/507.
11) A. *Lommel,* a. a. O. bes. S. 11, 42.
12) S. P. *Impey,* Origin of the Bushman and the Rock Paintings, 1923. A. *de Almeida,* Bushman and other Non-Bantu Peoples of Angola, 1965. A. *Viereck,* Die Spuren der alten Brandbergbewohner, 1938.
13) Ein negroides Volk. Heute leben ca. 70.000 verteilt in Namibia. Sie haben ihre eigene Sprache aufgegeben und das Nama der Hottentotten übernommen, ohne Anwendung von Zwang – ein seltener Vorgang.

14) L. *Frobenius,* a. a. O. I/13 ff. spricht von einem »Keilstil«.
15) E. *Holm,* Tier und Gott ..., 1968. *Ders.,* Die Felsbilder Südafrikas, 1969.
16) Den Panentheismus entwickelte zuerst K. Chr. *Krause,* 1781 – 1832, in Zusammenhang mit der Identitäts-Philosophie Schellings. Beachtung fand Krause besonders in Spanien.
17) Parmenides lebte 540 – 480 v. Chr., B. *Spinoza,* 1622 – 1677, W. *Wundt,* 1832 – 1920.
18) C. G. *Jung,* 1875 – 1961.

11. Ganzheitliche Darstellung der Felsbilder und Gravierungen
1) O. *Moszeik,* a. a. O., 1910.
2) L. *Frobenius,* a. a. O. II/31.
3) H. *Pager,* Ndedema, 1971; der Name kommt aus dem Zulu und bedeutet die »Widerhallende, das Echo«; dema als Suffix meint den »Platz von«. *Ders.,* Stone Age Myth and Magic, 1975.
4) alites (lat.) sind fliegende Wesen im weitesten Sinn – so genannt nach einem Vorschlag von Prof. Gangl, Graz.
5) H. *Pager,* a. a. O. S 164, fig 209, 212.
6) Auch in Lascaux findet sich ein Bison von einem Speer getroffen, dessen Eingeweide heraustreten – daneben offenbar ein toter Jäger und ein Vogel auf einer Stange; z. B. bei *Jelinek* a. a. O. S. 306, Bild 484.
7) So auch *Pager,* a. a. O. S. 343.
8) K. *Woldemann,* a. a. O. 1938 S. 127 und 77.
9) E. *Scherz,* Die Felsbilder in Südwestafrika Bd. I 1970, Bd. II 1975.
10) Gedruckte Vorträge zur Vorgeschichte der Völkerschaft SWAs im Journal der SWA Wissenschaftl. Gesellschaft, Windhoek »Buschmänner« Vol. I 1925/26, Wiederdruck Vol. IX 1953.
11) L. *Fourié,* a. a. O. 1928.
12) E. *Scherz,* Bd. II/146 Farm Otjitoroa-West.
13) Sie befinden sich auch in meinem Besitz.
14) L. Frobenius kann sich Gravieren auch durch Bantus vorstellen; dagegen lehnte H. Breuil diese These ab.

12. Magisches Erleben, Denken und Handeln
1) E. *Holub,* a. a. O.
2) H. *Baumann* zitiert in »Schöpfung und Urzeit..« 1936 Holub unrichtig mit »Blau des *Himmels*«; ihm folgen manche andere Autoren.
3) H. *Kühn,* a. a. O. 1929, S. 456 ff.
4) Wir sehen hier noch bewußt von den Überlegungen der Ethnologen und dem von ihnen angeführten Material ab.
5) H. *Wölfflin,* Kunstgeschichtliche Grundbegriffe, 1915.
6) P. *Graziosi,* a. a. O. 1956 S. 29.
7) H. *Breuil,* Quattre cents siécles d'art pariétal, 1952.
8) I. A. *Caruso,* Eros, Bios, Person, 1957, gest. 1981.
9) L. *Lévy-Bruehl,* Das Denken der Naturvölker, 1926. *Ders.,* Die geistige Welt der Primitiven, 1927. Vgl. auch *Gennep,* Les rites de passage und B. *Malinowski,* Magic, Science and Religion, 1955.
10) A. *Beltran,* Felskunst der spanischen Levante, 1982.

13. Musikinstrumente und Gesang.
1) E. *Scherz,* a. a. O. Bd. II S. 157.
2) D. *Bleek,* a. a. O. S. 70 u. S. 56.
3) P. R. *Kirby,* The Musical Practices of the !auni and !Khomanni Bushman, 1936. *Ders.,* The Musical Instruments of the Native Races of South-Africa, 1965. *Ders.,* Essays on Music and History in Africa, 1971.
4) B. *Ankermann,* Die afrikanischen Musikinstrumente, 1901.
5) H. *Vedder,* Die Berg-Dama, 1923.
6) W. *Schmidt,* Ursprung der Gottesidee, Bd. IV/669.

14. Namen der Götter und Geister und ihre Funktionen
1) F. *Ratzel* hat den afrikanischen Bogen als Merkmal einer gemeinsamen Kultur beschrieben. Vgl. ferner L. *Frobenius,* 1897 die Grundlagen einer »Chronologie der geordneten Kulturabfolge«. F. *Gräbner* hat die Kulturkreise der Südsee bearbeitet. B. *Ankermann,* die Kulturkreise Afrikas. W. *Schmidt* ist diesen Forschungen gefolgt und hat das aufgestellte Schema etwas verändert und erweitert. H. *Baumann,* 1936, 1940 hat auf die Einheit von »Rasse und Blut« in den Kulturen aufmerksam gemacht, aber auch hinzugefügt, daß wir über diesen Fragenkomplex nichts grundlegendes wissen. E. *Fischer,* 1961, hat die Rassenprobleme an den Rehoboter Bastards aufgezeigt.
2) R. O. *Moore,* geb. 1922, Ethnologe und Missionar, zuletzt kath. Studentenpfarrer in Dar es Salam.
3) *Ders.,* in »Theologie und Kirche in Afrika«, S. 51. Hrsg. H. Bürkle.
4) W. *Schmidt,* U. d. G. Bd. I/57.
5) H. *Vedder,* Das alte Südwestafrika, Geschichte Südwestafrikas bis zum Tode Mahareros 1890, Berlin 1934.
6) G. *McCall Theal,* a. a. O. 1964.
7) H. *Vedder,* a. a. O. S. 675.
8) F. *Metzger,* a. a. O. S. 7 Abs. 2 und S. 8.
9) E. *Marshall-Thomas,* a. a. O. 1959 S. 140.
10) M. *Gusinde,* a. a. O. 1966.
11) V. *Lebzelter,* a. a. O. 1932/34.

15. Europäisch-angelsächsische Interpretationen
1) J. J. *Rousseau,* Emile II/157 ff., III/3 f.
2) Denis *Vaitresse* in den utopischen Reise-Romanen: 1682 Geschichten der Severamber; 1794 Dialog de Mons. le Baron de la Hontan.
3) E. *Tylor,* Primitive Culture, Researches into the development of mythologie, philosophy, religion, art and custom. 1871.
4) van *Baaren,* Menschen wie wir, 1964.
5) R. *Otto,* Das Heilige, 1917.
6) A. E. *Jensen,* Mythus und Kult bei den Naturvölkern, 1951.

7) A. *Vierkandt,* Die Anfänge der Religion und Zauberei, Globus 1907.
8) Les carnets de Lucien *Lévy-Bruehl,* ed. 1948 posthum.
9) B. *Malinowski,* A Scientific Theorie of Culture, 1944 S. 159.
10) E. *Durckheim,* Elementare Form des religiösen Lebens, 1912.
11) A. *Gehlen,* Urmensch und Spätkultur, 1956 S. 69. Gehlen war u. a. 1940 – 1944 Professor in Wien.
12) A. van *Gennep,* Les rites de passage, 1969.
12a) L. *Frobenius,* Das sterbende Afrika 1923. *Ders.,* Das unbekannte Afrika 1923. *Ders.,* Kulturgeschichte Afrikas 1933.
13) P. *Hambruch,* Das Wesen der Kulturkreislehre, zum Streit um Frobenius, 1924.
14) B. *Ankermann,* Kulturkreise und Kulturschichten in Afrika, ZfE 1905. *Ders.,* Die Religion der Naturvölker in Chant. I, 1925[4].
15) F. *Gräbner,* Das Weltbild der Primitiven, 1923.
16) M. *Gusinde,* a. a. O. S. 79. Zitat.

16. Der anthropologische Weg im 19. und 20. Jahrhundert.

1) H. *Baumann,* a. a. O. S. 76 ff.
2) Noch heute taucht in Todesanzeigen die Redewendung auf »von einer seelenlosen Hülle des Verstorbenen«, was viele aber nicht hindert, am Grabe den Toten persönlich anzureden.
3) M. *Gusinde,* a. a. O. S. 20.
4) A. *Shoster* in: Theologie und Kirche in Afrika S. 32.
5) Analoges findet sich auch in den Exorcismen, den Teufelsaustreibungen bei Geisteskranken selbst bei M. Luther und darüber hinaus.
6) O. *Köhler,* Ahnenkult der Hereros, 1972.
7) Th. R. *Malthus,* anglikanischer Theologe und Nationalökonom, 1766 – 1834, hatte sich 1798 in »an essay on the principle of population« über das Verhältnis des Nachkommenüberschusses zu den Ernährungsreserven Gedanken gemacht. Vom Geologen Charles Lyell übernahm Darwin des Wachsen und Werden in der Natur. Charles *Lyell* rechnete 1830 mit der Entwicklung der Erde in Milliarden von Jahren.
8) P. *Tournier,* Der Zwiespalt des modernen Menschen, 1941 S. 126, weist darauf hin, daß der Darwinismus trotz seiner geistesgeschichtlichen Umklammerung nicht abgetan werden kann, wenn auch auf diese hinzuweisen ist, was Tournier wegen der Entkrampfung der Debatte gelegentlich unternimmt.
9) *Aristoteles* de anima II, 4 »die Seele ist des lebenden Körpers Ursache und Grund«; alle Lebewesen haben sie »damit sie nach Vermögen am Ewigen und Göttlichen Anteil haben«.
10) S. *Freud,* Zur Einführung in die Psychoanalyse, 1922[2].
11) A. *Adler,* Heilen und Bilden, 1922. *Ders.,* Menschenkenntnis, 1927.
12) C. G. *Jung,* Psychologische Typen, 1920. *Ders.,* Seelenprobleme der Gegenwart, 1931.
13) »Das Kollektiv-Unbewußte ist die gewaltige geistige Erbmasse der Menschheitsentwicklung, wiedergeboren in jeder individuellen Struktur« in »Seelenprobleme der Gegenwart« 1931 S. 175.
14) V. E. *Frankl,* ... trotzdem Ja zum Leben sagen 1947. *Ders.,* Ärztliche Seelsorge, 1947[4].
15) K. *Lorenz,* Die angeborenen Formen möglicher Erfahrung, 1943. *Ders.,* So kam der Mensch auf dem Hund, 1950.

17. Theologische Bemerkungen.

1) Der im 17. Jhdt. lebende Bischof von Island, James Ussler, hat nach der Bibel die Erschaffung der Welt auf den 23. X. 4004 v. Chr., 9 Uhr morgens, errechnet.
2) R. A. *Dart,* 1893 in Australien geb., lebt seit 1923 in Johannesburg. 1925 erfolgte durch ihn die Entdeckung des zunächst umstrittenen Australopithecus (africanus). Vgl. sein Werk: Adventures with the missing link, 1959.
3) L. S. *Leakey,* a. a. O. Kap »Erste Kontakte« Anm. 1.
4) Etwa H. *Gunkel,* Genesis, 1922[5].
5) W. *Beyerlin* (Hrsgb.) Religionsgeschichtliches Textbuch zum Alten Testament 1975.
6) In die Richtung gegen einen reinen Mechanismus gehen auch die Arbeiten der Neo-Vitalisten: H. Driesch, 1867 – 1941, J. Uexküll, 1864 – 1944.
7) *Thomas von Aquino,* Summa P I qu. II art. III.
8) Die Verben für herrschen, hebr. kabas und radah, haben die Bedeutung von niedertreten, der Geste des Herrschers und Siegers.
9) W. *Schmidt,* a. a. O. Bd. I bes. S. 181, 73, 103, 131.
9a) Vgl. E. *Dammann,* Die Religionen Afrikas 1963. *Ders.,* Das Christentum in Afrika 1968. Er hat das gesamte Afrika im Blickpunkt auf die Religionen und die Mission hin.
10) Eine Möglichkeit bot die Aufnahme der Dreigleisigkeit: Bibel-Tradition, kirchliches Lehramt. Das Tridentinum hat die Tradition an die 1. Stelle gesetzt und die Bibel auf die 2., was schon vorher teilweise üblich war. Das Vaticanum I führte aus: was Tradition ist, lehrt die Kirche, nämlich das kirchliche Lehramt. Auf unsere speziellen Probleme sind einige Enzykliken später eingegangen, 1938, 1943, 1950, wo noch immer die historisch-exegetische Methode als Irrtum verurteilt wurde, z. B. in ihr die Ablehnung der Historizität Adams.
11) H. *Bürkle,* a. a. O. S. 78.
12) Epimenides aus Kreta, der in Phästos und Knossos lebte, war 596 v. Chr. in Athen. Aratos aus Kilikien ca. 300 v. Chr.: dieses Zitat findet sich in einem Hymnus an Zeus.
13) Cicero, de nat. deor. I, 44, alle ihm bekannten Völker kennen soll.

18. Zusammenfassung der aufgetauchten Probleme.

1) Th. P. van *Baaren,* Menschen wie wir, Religion und Kult der schriftlosen Völker, 1964.
2) B. *Malinowski,* Magic, science and Religions, 1954.
3) G. *Kittel* (Hrsg.), Theol. Wörterbuch zum Neuen Testament Bd. IV S. 803.
4) van *Baaren,* a. a. O. S. 161 ff.

5) Aristoteles, de anima, I 1, II 2, II 4.
6) Vgl. J. Illies, a. a. O. S. 98 u. die dort genannte Literatur.
7) Wir verzichten hier auf die Geschichte der Auseinandersetzung mit Aristoteles seit der Zeit M. Luthers u. Erasmus etc.
8) R. *Fester,* Die Sprache der Eiszeit, 1962.
9) J. *Illies,* a. a. O. S. 114 ff., wo auch die angeführten Zahlen entnommen wurden.
10) E. *Tylor,* a. a. O. S. 425 ff.
11) R. *Otto,* a. a. O. S. 83
12) H. *Baumann,* a. a. O. S. 96 faßt den Prä-Animismus als Monismus.
13) Karl *Beth,* geb. 1872, in Wien luth. Dogmatiker, 1959 in Chicago als Unitarier gest., veröffentlichte »Religion und Magie«, 1927 S. 122.
14) G. *van der Leeuw,* Primive mensch, 1937 S. 77.
15) *van Baaren,* a. a. O. S. 261.
16) *van der Leeuw,* Phänomenologie S. 313.
17) Wie in einem Brief an Max Müller 1878.
18) mulungu bedeutet Lebenskraft, nach Malinowski »Höchster Gott«
19) F. R. *Lehmann,* Mana, 1922.
20) E. *Durckheim,* 1858 – 1917, Die elementaren Formen des religiösen Lebens, 1912.
21) De *Brosses,* du culte des dieux Fétiches 1760.
22) Auch *Silberbauer* konnte bei den !Gwi keine Gebete und Opfer feststellen, 1965.
23) H. *Baumann,* a. a. O. S. 91.

Eine umfassende Literaturliste über Publikationen der Non-Bantu Click Languages bietet:
L. Levy, Communications from the School of African Studies, Kapstadt 1968.

19. Aspekte zum gegenwärtigen Übergang

1) Vgl. die Literatur besonders bei Baumann, Schapera, Lebzelter, E. Fischer, K. Budack u. a. Aus diesen Literaturangaben sind auch Mitteilungen und Anregungen vom Autor verarbeitet.
2) Eine umfangreiche Literatur geht auch auf die beiden Berichte des »Club of Rome« zurück: Die Grenzen des Wachstums, Menschen am Wendepunkt. Siehe auch: Globus 2000, Frankfurt 1980.

Sachregister

Fundamenta

Monographien zur Urgeschichte. Hg. von Hermann Schwabedissen

9 *Hahn, Joachim:* Aurignacien. Das ältere Jungpaläolithikum in Mittel- und Osteuropa. 1977. 355 S., 71 Abb., 187 Tfn. Geb. 3-412-04376-1

10 *Bokelmann, Klaus:* Duvensee – ein Siedlungsplatz des Mesolithikums in Schleswig-Holstein (in Planung)

11 *Tode, Alfred:* Der altsteinzeitliche Fundplatz Salzgitter-Lebenstedt, eine Freilandstation des Mittelpaläolithikums.
I: Archäologischer Teil. Ca. 71 S., 128 Tfn. Geb.
II: Naturwissenschaftlicher Teil (in Planung)

12 *Fock, Gerhard F.:* Felsbilder in Südafrika.
I: Die Gravierungen auf Klipfontein, Kapprovinz. 1979. 119 S., 83 Abb., 170 Tfn. Geb. 3-412-02978-5
II: Kinderdam und Kalahari. Ca. 196 S., 164 Tfn. Geb.

Reihe B: Naturwissenschaftliche Beiträge

1 *Guenther, Ekke W.:* Sedimentpetrographische Untersuchung von Lössen. Teil I: Method. Grundlagen mit Erläuterungen an Profilen. 1961. 90 S., 29 Abb. Geb. 3-412-41061-6

2 *Frühe Menschheit* und Umwelt. Teil II: Naturwissenschaftliche Beiträge. Hgg: Karl Gripp, Rudolf Schütrumpf u. Hermann Schwabedissen. 1967. 329 S., 28 Abb., 42 Tab., 54 Tfn. Geb. 3-412-43167-2

3 Die *Anfänge d. Neolithikums* vom Orient bis Nordeuropa. Hg. unter Mitwirkung zahlr. Fachwissenschafter v. H. Schwabedissen.
VIIIa Anthropologie. 1. Teil. Zus.gestellt u. bearb. v. I. Schwidetzky. 1973. 308 S., 76 Tfn., 164 Tab., 73 Abb. Geb. 3-412-84573-6
VIIIb Anthropologie. 2. Teil. Zus.gestellt u. bearb. v. I. Schwidetzky. 1978. 351 S., 84 Abb., 100 Tab., 48 Tfn. Geb. 3-412-04677-9
IX Paläozoologie. Zus.gestellt u. bearb. v. Günter Nobis. Ca. 264 S., zahlr. Abb., Tab. u. Tfn. Geb. (in Planung)

4 *Asmus, Gisela:* Die anthropologischen Skelettfunde aus Schlesien (in Planung)

5 *Nobis, Günter:* Vom Wildpferd zum Hauspferd. 1971. 96 S., 184 Tab., 8 Abb., 6 Tfn. Geb. 3-412-31971-6

SÜDAFRIKA
ANGOLA
SAMBIA
CAPRIVI
SIMBABWE
BOTSWANA
KALAHARI
SÜDWESTAFRIKA
MOZAMBIQUE
VENDA
KRUEGERPARK
NORD-SOTHO
TSWANA
TRANSVAAL
PRETORIA
TSWANA
JOHANNESBURG
SWASILAND
SUED-SOTHO
ORANGE-FREISTAAT
Orange-Fluß
NATAL
LESOTHO
DURBAN
KENHARDT BEZ.
KAPPROVINZ
ATLANTIK
TRANSKAI
XHOSA
XHOSA
EAST LONDON
INDISCHER OZEAN
CAPE TOWN
PORT ELISABETH
CAPE OF